ALBRECHTSBERGER.

OEUVRES COMPLÈTES

DE

THÉORIE MUSICALE.

Cet ouvrage se trouve aussi :

A BORDEAUX,

CHEZ GASSIOT FILS AINÉ, LIBRAIRE,

FOSSÉS DE L'INTENDANCE, N° 61.

ET A BRUXELLES,

A LA LIBRAIRIE PARISIENNE,

RUE DE LA MADELEINE, N° 438.

IMPRIMERIE DE HUZARD-COURCIER,
rue du Jardinet, n° 12.

MÉTHODES
D'HARMONIE
ET
DE COMPOSITION,

A l'aide desquelles on peut apprendre soi-même à accompagner la basse chiffrée et à composer toute espèce de Musique;

PAR J.-GEORGES ALBRECHTSBERGER,
Organiste de la Cour impériale, et Maître de chapelle de l'Église cathédrale de Saint-Étienne de Vienne.

NOUVELLE ÉDITION,
Mise en ordre et considérablement augmentée d'après l'enseignement de l'auteur, et formant la collection complète de ses Œuvres de Théorie musicale; par M. le chevalier de SEYFRIED, maître de chapelle, son élève;

TRADUITE DE L'ALLEMAND, AVEC DES NOTES;

PAR M. CHORON,
DIRECTEUR DE L'INSTITUTION ROYALE DE MUSIQUE RELIGIEUSE DE FRANCE.

A PARIS,
CHEZ BACHELIER, LIBRAIRE POUR LES SCIENCES,
QUAI DES AUGUSTINS, N° 55,
ET A L'INSTITUTION DE MUSIQUE RELIGIEUSE,
RUE DE VAUGIRARD, N° 69.

1830

A MONSIEUR

SIGISMOND NEUKOMM,

CÉLÈBRE COMPOSITEUR,

élève

DE JOSEPH ET DE MICHEL

HAYDN.

Hommage

d'amitié, d'estime et de reconnaissance,

PAR

Alexandre-Etienne Choron.

PRÉFACE

PAR M. LE CHEVALIER DE SEYFRIED.

S'il y a quelque mérite dans l'entreprise que je forme aujourd'hui de réunir en un seul corps les Traités épars jusqu'à ce jour, d'un artiste aussi célèbre et aussi connu dans le monde musical, ce mérite vient entièrement de celui même de ses ouvrages, qui, rassemblés, forment un système vraiment classique et invariable, auquel ni la succession des temps ni les variations du goût ne sauraient jamais rien faire perdre de la valeur qui lui est propre.

Quant à l'ordre que nous avons adopté pour l'exposition des diverses parties de ce système, nous avons suivi exactement celui que l'auteur lui-même avait adopté comme le plus conforme à la pratique. Les nombreux exercices que l'on présente ici sont en grande partie ceux qui servaient de thèmes à l'éditeur, dans les cours d'étude qu'il suivait sous la conduite de ce savant professeur, qui était plutôt pour lui un ami, un père, qu'un maître, et qu'il conservait avec soin par écrit, comme tout ce qu'il composait sous la direction de son digne maître.

On a également inséré ici, pour l'utilité des élèves, les extraits et fragmens tirés des autres grands compositeurs que le professeur offrait comme modèles, et dont il faisait l'explication et l'analyse.

Puisse cet Essai, que peut-être il serait juste d'offrir comme hommage de reconnaissance à la mémoire d'un professeur à jamais vivant dans nos cœurs, couronner par son succès les vœux ardens de l'éditeur !

OBSERVATION.

Cette déclaration de M. le chevalier de Seyfried ne s'applique qu'au Traité d'harmonie et de Basse chiffrée qui est en tête de ce volume : le Traité de composition est entièrement d'Albrechtsberger, sauf quelques additions recueillies dans son enseignement oral.

PRÉFACE

PAR M. CHORON.

La Méthode de composition qui forme la seconde partie de ce Recueil, parut il y a quelques années et fut promptement épuisée. On en désirait une nouvelle édition, celle que nous publions aujourd'hui eût paru beaucoup plus tôt, si les additions qu'elle renferme n'eussent exigé un travail que des occupations multipliées ne nous permettaient pas de suivre avec toute l'activité requise.

De ces additions, la plus importante est celle de la Méthode d'harmonie que l'on voit en tête du Recueil, et dont l'absence formait, comme nous le remarquâmes alors, un vide sensible dans ce travail, auquel elle devait servir d'introduction. Cette imperfection a attiré l'attention de M. le chevalier de Seyfried, un des élèves les plus distingués du célèbre auteur de ces écrits, qui, en se chargeant de diriger une nouvelle édition de la Méthode de composition, a entrepris de placer en avant les préceptes et les exemples d'harmonie qu'il avait recueillis de son enseignement oral. En présentant au public cet ensemble de doctrine sur l'harmonie et la composition, il est, je crois, de mon devoir de lui en faire connaître l'objet et la disposition, et c'est ce que je vais essayer de faire en peu de mots.

Pour commencer par ce qui regarde l'harmonie, rien n'est plus facile à concevoir que la manière dont l'auteur envisage cette matière. Après avoir considéré les intervalles comme élémens des accords, l'auteur, établissant toute sa théorie sur la notion des formes directes ou renversées, ramène tous les accords à la triade harmonique consonnante, l'accord de tierce et quinte, susceptible de recevoir successivement ou simultanément l'addition des dissonances de septième, neuvième, onzième et treizième; en tout cinq accords directs, qui, avec leurs renversemens, comprennent tous les accords imaginables. Chacun de ces accords, tant directs que renversés, est l'objet d'une étude spéciale. L'auteur en fait connaître les divers genres et les diverses espèces : il donne les règles de leur emploi ; de nombreux exemples facilitent l'intelligence des préceptes, et familiarisent l'élève avec la pratique des opérations. Cette discussion, qui forme comme la première partie de la Méthode d'harmonie, est suivie de l'Étude de la modulation, et de la description des diverses cadences, qui complète cette partie des études.

L'enseignement du contre-point n'offre pas moins de simplicité. Après avoir exposé quelques notions qui complètent la doctrine de l'harmonie, telles que celles des consonnances et des dissonances, des mouvemens et des modes, l'auteur donne quelques règles pour placer l'harmonie sur la basse et la basse avec l'harmonie sous un chant, ce qui forme la matière de toute composition : ces notions préliminaires sont terminées par quelques observations sur la distinction des deux factures, l'antique et la moderne, et sur les espèces qui leur sont propres. (*V.* ci-après, p. xxxj.)

Cela fait, il entreprend d'enseigner à composer le contre-point simple, d'abord à deux parties, dans les cinq espèces. Pour cet effet, il prend deux thèmes de notes égales, l'un en majeur, l'autre en mineur, et après avoir prescrit les règles de la première espèce, il donne l'exemple des fautes que l'on peut faire sur ces thèmes, et en fait voir la correction ; il suit la même marche pour les quatre autres espèces de la composition à deux voix, pour celles du contre-point simple à trois et pour celles du même contre-point à quatre parties.

L'enseignement du contre-point simple est suivi de celui de l'imitation et de la fugue simple à deux, à trois et à quatre parties, auquel l'auteur ajoute quelques notions sur l'inversion. De là il passe au contre-point double à l'octave, à la dixième et à la douzième, ce qui le met en état de traiter la fugue double et les diverses espèces de canon. Les connaissances essentielles de l'art du contre-point se trouvant ainsi exposées, l'auteur termine par quelques notions sur la composition à cinq parties, sur les divers styles d'église, de chambre et de théâtre, enfin par une Instruction sur les instrumens les plus connus et les plus usités aujourd'hui.

Tout cet enseignement est présenté avec beaucoup de simplicité, et à peu près avec autant de clarté que la matière le comporte : d'excellens et nombreux exemples viennent à l'appui du texte, qu'ils servent à éclaircir.

Le Traité original offre une suite uniforme de trente-quatre Chapitres et d'un Supplément qui traite de divers objets. J'ai suivi cet ordre avec exactitude ; seulement, pour rendre plus sensible l'enchaînement des matières et faciliter l'étude, j'ai établi les sept divisions que l'on peut voir dans la Table des matières et qui servent de points de repos. J'ai cru devoir corriger quelques légers désordres qui se trouvaient dans la disposition des objets ; j'ai réuni en un seul le XXXIIe et le XXXIIIe chapitres, qui traitaient de la composition à cinq parties, et dont le dernier ne comprenait que des exemples sans texte ; et comme ils étaient entièrement hors de place, je les ai transportés à la suite du Traité du contre-point simple à quatre parties, où ils ont formé le chapitre XXIII; j'ai fait un XXIVe chapitre séparé de l'Instruction sur le contre-point libre, que l'auteur avait placée, sans séparation, à la suite du XXIIe qui traite de la cinquième espèce à quatre voix ; j'ai placé à la suite du chapitre XXXI, qui traite de la double fugue, le XXXIVe, qui traitait du canon; le XXXIVe est demeuré à sa place, et le Supplément a formé les chapitres XXXV et XXXVI.

Ma Traduction est d'une fidélité scrupuleuse; j'ai placé dans des notes au bas des pages, des observations que j'ai crues propres à faciliter l'intelligence du texte. Lorsque j'ai cru nécessaire d'insérer en celui-ci quelques explications passagères, je les ai renfermées entre des parenthèses de cette forme [ ]; celles de la forme ordinaire ( ) appartiennent à l'auteur. J'ai divisé l'Ouvrage en deux volumes, contenant, l'un le texte imprimé, l'autre les exemples gravés; l'économie m'a suggéré cette mesure. Traitée à la manière ordinaire, cette méthode eût été d'une étendue immense, et son prix aurait été quadruple. Au reste, la petitesse du format permet de rapprocher les volumes l'un de l'autre, pour l'étude. Le discours et les exemples, numérotés exactement de part et d'autre, se correspondent avec beaucoup d'ordre, et cette disposition en rendra l'usage très facile.

Indépendamment du Traité d'harmonie, cette nouvelle édition contient un grand nombre d'additions. Les plus importantes sont, 1° l'Instruction sur la facture libre, qui forme le chapitre XXIV de la Méthode de composition; 2° un grand nombre d'exemples qui sont renfermés dans les planches supplémentaires. Outre ces additions faites par l'auteur, j'ai cru devoir en faire quelques-unes propres à compléter l'enseignement; elles consistent, 1° dans un grand nombre de leçons de basse chiffrée, connues en Italie sous le nom de *partimenti*, que j'ai tirées des cahiers inédits d'un bon maître, et que j'ai placées à la suite de la Méthode d'harmonie, pour servir d'exercices d'accompagnement et de thèmes de composition; 2° dans une instruction très détaillée sur la classification des voix humaines, objet important, totalement omis par l'auteur et sur lequel on n'a communément que des idées fort inexactes et fort incomplètes; 3° dans un grand nombre de notes dont quelques-unes sont fort développées, et où je décris d'une manière plus détaillée et plus précise qu'on ne l'a fait jusqu'à présent, le procédé mécanique de la formation du contre-point, objet qui cause toujours beaucoup d'embarras aux commençans, qui ne savent comment s'y prendre.

J'ai placé en avant de l'Ouvrage quelques objets qui, dans l'édition originale, se trouvent à la fin; ce sont, 1° une Notice biographique sur l'auteur, par M. le chevalier de Seyfried, un Catalogue de ses œuvres, tant ceux qui ont été publiés, que ceux qui sont demeurés manuscrits; enfin, la liste de ses principaux élèves, parmi lesquels on distingue MM. Beethoven, Hummel, Weigl, etc. Une méthode qui a formé de si grands modèles ne peut manquer de leur créer d'habiles imitateurs.

NOTICE BIOGRAPHIQUE

SUR

ALBRECHTSBERGER,

PAR M. LE CHEVALIER DE SEYFRIED.

Jean-Georges Albrechtsberger naquit à Klosterneubourg, à deux lieues de Vienne, le 3 février 1736. Dès l'âge de sept ans, il entra comme enfant de chœur pour la voix de soprano, à la collégiale des chanoines réguliers de cette ville, et suivit en même temps les écoles de la ville. Le curé de l'église de Saint-Martin, dans la ville basse, Léopold Pittner, prit en affection l'enfant, et ayant remarqué son goût dominant pour la musique, il se chargea de son instruction. Il lui apprit lui-même la basse chiffrée : il devint pour lui, dans toute la force du terme, un véritable Mécène, et fit faire, pour son jeune élève, un petit orgue qui se trouve encore aujourd'hui dans le village de Kahlenberg, situé sur le Danube, au-dessus de Nussdorf, près Vienne, où cet instrument est en quelque sorte révéré comme une relique. Albrechtsberger conserva, pendant toute sa vie, pour son premier bienfaiteur, une vive reconnaissance, et s'attacha même en toute occasion à en inspirer les sentimens à ses propres enfans.

Dans son enfance, il lui arriva deux fois de tomber dans le Danube, mais, chaque fois, il fut sauvé par les bateliers.

Dès sa plus tendre enfance, il était tellement animé du désir de s'instruire, que chaque jour il prenait son petit clavichorde avec lui dans son lit, et en touchait jusqu'à ce que le sommeil vînt s'emparer de lui, de sorte qu'à son réveil, son cher instrument reposait encore sur lui.

Un jour, c'était un dimanche de Pâques, étant allé chez son maître de musique, il le pria de lui donner une leçon. Le maître s'y refusait à cause de la sainteté du jour ; mais comme l'enfant ne cessait point ses instances, il lui permit enfin de s'exercer sur son instrument. Transporté de joie, le jeune élève se mit au clavecin et joua si bien, que son maître qui l'écoutait ne se borna pas à lui donner des louanges, mais, charmé de son talent, il lui fit présent d'une poignée de petites pièces de monnaie.

Dans le dessein de continuer ses études, il entra quelque temps après au gymnase de l'abbaye des bénédictins de Mœlk, où, après avoir fini ses humanités, il remplit pendant douze années l'emploi d'organiste dans l'église de cet ordre. C'était l'usage chez les enfans de chœur d'exécuter de petits concerts au temps du carnaval, et il arriva que l'empereur Joseph assista à un de ces exercices. Le petit George attirant par sa belle voix de dessus l'attention de l'Empereur, ce prince se fit présenter l'enfant, lui donna des louanges et lui fit présent d'un ducat.

L'étude assidue et réfléchie qu'il fit des ouvrages de Caldara, de Fux, de Mann, de Riepel, de Pergolèse, de Graun, de Hændel, de Benda, de Hasse, de Bach et autres qui lui furent communiqués avec beaucoup de bonté par Robert Kimmerling, desservant du chœur de l'abbaye, lui fit acquérir de grandes connaissances dans la théorie de son art.

Au bout de plusieurs années, l'empereur Joseph étant passé de nouveau par Mœlk, assista un dimanche à la grand'-messe, pendant laquelle Albrechtsberger jouait l'orgue et préludait comme de coutume; son jeu plut tant à l'Empereur, que, vers la fin de la messe, il demanda à lui parler, et qu'il l'invita à se présenter pour la place d'organiste de la cour, lorsqu'elle viendrait à vaquer.

Le 21 janvier 1765, la princesse M. Joséphine de Bavière, épouse de ce prince, ayant, dans un voyage, passé par l'abbaye de Mœlk, Albrechtsberger composa, à cette occasion, une cantate qui fut chantée dans l'église, et reçue avec beaucoup d'applaudissement.

Quelque temps après, il passa à Raab, comme organiste, puis à Marientaferl; ensuite il fut, pendant quelques années, maître de musique en Silésie, chez un chevalier; et, enfin, il devint directeur du chœur à Vienne, chez les RR. PP. carmes. Cette dernière position lui procura l'avantage qu'il désirait depuis long-temps, de jouir de l'enseignement de Mann, organiste de la cour et très habile artiste.

Il fit alors la connaissance de Gassmann, des frères Haydn et de Reuter, et ce dernier conçut pour lui beaucoup d'estime, lorsqu'il le vit transposer à vue, sans faire aucune faute, une messe de *sol* en *sol* *, sur un orgue qui était trop bas.

En l'année 1772, il obtint lui-même enfin la place de Mann, comme l'empereur le lui avait promis, et en 1792, il succéda à Léopold Hoffmann, maître de chapelle de la cathédrale de Saint-Étienne. C'est ici que commence sa carrière proprement dite ; ce qu'il a fait comme compositeur et comme professeur est le plus beau monument qu'il se soit érigé à lui-même. Chéri de ses contemporains, son souvenir se perpétuera de même dans la postérité. L'an 1798, il reçut le diplôme de membre honoraire de l'Académie royale de Musique de Stockholm ; et en 1808, à l'occasion du couronnement, à Presbourg, sa nouvelle messe, composée pour cette solennité, fut exécutée par ordre exprès de S. M. l'empereur.

Peu de temps avant sa mort, il composa un *Te Deum* qu'il destinait à être exécuté après la conclusion de la paix de Vienne, et le retour de l'empereur dans sa capitale ; mais la mort mit obstacle à ses désirs. Peu de jours avant sa fin, il recommanda à son épouse de conserver cette partition jusqu'à ce qu'il arrivât un évènement remarquable et solennel dans la famille impériale, et de la déposer aux pieds de S. M. l'empereur, comme le dernier ouvrage que Dieu lui avait permis de produire, en témoignant à Sa Majesté qu'il désirait encore, par ce dernier vœu, rendre à Sa Majesté l'hommage d'un fidèle sujet.

Ce vœu fut accompli à l'occasion du mariage de l'empereur avec S. A. R. Caroline-Auguste de Bavière. Sa veuve fit présenter ce legs par une de ses filles, à Sa Majesté, qui daigna l'agréer avec une extrême bonté et avec les expressions les plus gracieuses. Quelques semaines après, il fit, non-seulement témoigner son contentement à la veuve, par M. Joseph Eybler, maître de chapelle de la cour, mais lui fit aussi remettre une gratification.

Tous les ouvrages d'Albrechtsberger portent l'empreinte de la grandeur, de la simplicité et de l'élévation ; ils sont modestes, pieux et religieux comme il l'était lui-même. Le style léger ne pouvait jamais être son genre, et il s'exprimait souvent à ce sujet avec franchise et naïveté. Je n'ai aucun mérite, disait-il, à composer de bonnes fugues, car je ne me souviens pas d'avoir eu jamais aucune idée qui ne pût servir à un contre-point double.

Il se maria le 31 août 1768, avec Rosalie Weiss, fille de Bernhard Weiss, sculpteur de la ville d'Eggenbourg, née le 30 août 1740. Il furent mariés dans la chapelle de la cour impériale, à Vienne. Il eut de son épouse quinze enfans, neuf garçons et six filles ; il ne reste qu'un des premiers et deux des autres. Pendant l'espace entier de quarante ans de leur mariage, elle lui fut attachée avec une fidélité, un amour sincère, et était, comme elle est encore aujourd'hui, sous tous rapports, un modèle pour toutes les femmes.

Albrechtsberger avait ordinairement l'air grave, mais toujours aimable, gracieux et parfois même jovial ; comme époux et père, il remplissait exactement tous ses devoirs.

Ses dernières années furent troublées par les infirmités, tristes compagnes de la vieillesse. Il sentit ses forces diminuer; l'heure de sa dissolution s'approcha, et le 7 mars 1809, à trois heures après midi, il mourut comme il avait vécu, dans une résignation filiale, en véritable chrétien, dans la soixante-treizième année de son âge. Sa dépouille terrestre est sur le même cimetière où, dix-huit ans auparavant, avait été déposé le célèbre Mozart, son collègue et son ami intime. L'illustre Joseph Haydn, leur ami commun, les suivit peu de mois après (le 31 mai 1809).

NOMS

DES PRINCIPAUX ÉLÈVES

D'ALBRECHTSBERGER.

Beethoven (Louis-Van), à Vienne.

Decret (Pierre-Edler de), à Vienne.

Doblhof (le chevalier de), à Vienne.

Eybler (Joseph), premier maître de la chapelle impériale, à Vienne.

Franz (Étienne), de la chapelle impériale, à Vienne.

Fuss (Jean), compositeur, mort le 9 mars 1819, à Pesth.

Gænsbacher (Jean), compositeur, maître de chapelle de l'église métropolitaine de Saint-Étienne, à Vienne.

Hummel (Jean-Nep), maître de la chapelle de la cour du grand-duc, à Weimar.

Krufft (Nic., baron de), mort le 16 avril 1818, à Vienne.

Leidesdorf (M.-J.), compositeur et maître de piano, à Vienne.

Preindl (Joseph), successeur d'Albrechtsberger, en qualité de maître de la chapelle de l'église métropolitaine de Saint-Étienne, mort le 26 octobre 1823, à Vienne.

Rieder (Ambroise), régent de chœur, à Berchtoldsdorf près de Vienne.

Seyfried (le chevalier de Ignatz), maître de chapelle et directeur du théâtre de l'Opéra, sur *la Vienne*, à Vienne.

Schneider (Fr.), ancien organiste de l'église principale, à Mœlk.

Triebensée (Joseph), maître de chapelle du théâtre des états de Prague.

Umlauf (Michel), maître de chapelle du théâtre de la cour, à Vienne.

Weigl (Joseph), maître de chapelle du théâtre de la cour et directeur de l'Opéra impérial, à Vienne.

CATALOGUE

DES OEUVRES DE JOHANN GEORG ALBRECHTSBERGER,

Qui ont été publiés par la gravure ou l'impression.

		Prix. Fl.	Kr.	Éditeurs
Op. 1.	Fugues pour piano-forte.....	4		Hummel.
		1	55	Cappi.
2.	Quatuors en fugue (in D, A, B, F, C, Es.) p. 2 viol., alt. et vclle.............	5		Hummel.
3.	Préludes et une fugue p. l'org.	3		———
4.	Fuga (in C) per l'organo.....		30	Cappi.
			15	Spehr.
5.	Fuga: do, re, mi, per l'organo.		30	Cappi.
6.	Fughe e preludj per l'organo..	1		———
7.	Fugues pour l'orgue........	1	30	Mollo.
8.	Fugues pour l'orgue........		50	Artaria.
9.	Fugues pour l'orgue.........	1	20	———
10.	Fugues pour l'orgue........	1		Steiner.
11.	Fugues pour l'orgue........	1		Cappi.
12.	Prélud. pour l'orgue, 1. 2. 3. Lief....................	2	15	Steiner.
13.	Sextuors (in Es, G-m., D-m.) p. 2 Vi, 2 alt., vclle. et B. Liv. 1..................	2	30	Riedl.
14.	Sextuors (in D, F, C) p. 2 Vi, 2 alt., vclle et B. Liv. 2 ..	2	30	———
15.	Fuga (in C) p. piano-f. à 4 m..		30	Artaria.
16.	Fugues pour l'orgue.........	1	30	Trag.
17.	Fugues pour l'orgue.........	1		Steiner.
18.	Fugues pour l'orgue........	1		Cappi.
19.	Quatuors (in G, B, Es, F, C, D-m.) per 2 violini, alto et basso..................	2	30	Artaria.
20.	Fugues pour le piano-forte...	1		———
21.	Quatuors (in A, D-m., G, C-m., F, B) p. 2 Vi., alt. et basse.	2	30	Riedl.
	Prélude et Fug. p. le piano-f. à 4 m...		45	Steiner.

	Prix. Fl.	Kr.	Éditeurs.
Prélud. à 3 ou 4 regist.		54	Peters.
	1	30	Weigl.
Versets pour le piano-forte		45	Cappi.
Duos instr. p. Vi .et Vclle. liv. 1. 2.	2		Peters.
Quintett (in C) p. 3 Vi., Alt. et Vclle.		45	Riedl.
Sonates à 2 chœurs (in D, G, C) p. 4 viol., 2 alt. et 2 vclles	2		———
Generalbass-Schule	1		Peters.
	1	12	Artaria.
	1	30	Cappi.
Méthode d'accomp., trad. de l'allemand. par M. Choron	3		S. Gaveaux.
Ausweichungen von C-dur u. C-m. in die übrigen Tonarten		15	Peters.
		15	Cappi.
		15	Steiner.
		12	Simrok.
Inganni (Trugschlüsse). 2. L. d. Ausw.		45	Peters.
		36	Cappi.
Unterricht üb den Gebrauch der vermind u. überm. intervalle, 3 Lief. d. Ausw.		45	Peters.
		30	Cappi.
Kurze Regeln des reinsten Satzes		30	Steiner.
Anweisung zur Composition	4	30	Breitkopf.
Méthode élément. de compos. traduite de l'allemand	5		Choron.
Clavier-Schule	1		Artaria.

CATALOGUE

DES OEUVRES D'ALBRECHTSBERGER,

Dont les Partitions sont déposées dans les Archives musicales de S. S. le prince Nicolas d'Estherazi-Galantha.

Messes.

N° 1. (in C) Nativitatis Beatæ Mariæ Virginis.
2. (in D) Nativitatis Domini nostri Jesu-Christi.
3. (in Es) Septem Dolorum Beatæ Mariæ Virginis.
4. (in C) Sancti Francisci Seraphici.
5. (in C) Resurrectionis Domini nostri Jesu-Christi.
6. (in C) Sancti Leopoldi.
7. (in D) Sancti Vincentii Fererii.
8. (in C) Purificationis Beatæ Mariæ Virginis.
9. (in G) a 4 Voc. et Org. Præsent. Beatæ Mar. Virg.
10. (in F) Visitationis Beatæ Mariæ Virginis.
11. (in C) Annuntiationis Beatæ Mariæ Virginis.
12. (in D) Dei Patris.
13. (in A) Desponsationis Beatæ Mariæ Virginis.
14. (in B) Sanctæ Magdalenæ.
15. (in C) Sancti Liborii.
16. (in G) Sancti Georgii.
17. (in F) } 4 Voc. (alla Capella). pro Hebdomade Sancta.
18. (in Es) } Sancti Josephi.
19. (in C) } — —
20. (in F) } — —
21. (in D) } — —
22. (in A) } — —
23. (in C) Beatæ Mariæ Virginis.
24. (in D) Nominationis Mariæ.
25. (in B) Sancti Spiritus.
26. (in E) Offertorium (in F), Hymnus (in G), Miserere (in H).

Graduels.

N° 1. (in C) de Paschate.
2. (in C) de Deo.
3. (in C) de Angelo.
4. (in Es) de Angelo.
5. (in Es) de Confessore.
6. (in D) pro Dominica.
7. (in D) de Confessore.
8. (in F) de St. Joanne.
9. (in D) de Beata Virgine.
10. (in D) de Sancta Trinitate.
11. (in F) de Tempore.
12. (in A) de Dominica.
13. (in G-m.) de Dominica.
14. (in A-m.) de Sancto Paulo.
15. (in C) pro festo Dedicationis Ecclesiæ.
16. (in B) pro Dominica.
17. (in D) pro festo SS. Omnium.
18. (in C) de Confessore.
19. (in F) de festo Purificationis Beatæ Mar. Virg.
20. (in C) de Sancta Maria Magdalena.
21. (in A) de Dominica.
22. (in D) de Venerabili sacramento.
23. (in C) de Apostolis.
24. (in C) de Martyre.
25. (in D) de Sancto, vel Sanctis.
26. (in G) de Dominica.
27. (in F) de Dominica Palmarum.
28. (in C) de Dominica Palmarum.
29. (in C) de Nativitate.
30. (in F) de Sancto Michaele.
31. (in C) de Dominica.
32. (in B) de Dominica.
33. (in C) de Dominica.

N° 34. (in F) de Dominica.
35. (in A-m.) de Sanctissima Trinitate.
36. (in A-m.) de Dominica.
37. (in F) de Beata Maria Virgine.
38. (in C) de Beata Maria Virgine.
39. (in F) de Dominica.
40. (in G) pro festo Pentecostes.
41. (in B) de Sancto Joanni Evangelista.
42. (in F) pro festo Purificationis Beat. Mar. Virg.
43. (in C) de Sancto Josepho.

Offertoires

N° 1. (in C) de Dominica.
2. (in A) de Dominica.
3. (in C) de Sancto Stephano.
4. (in B) de Beata Maria Virgine.
5. (in Fis-m.) de Dominica.
6. (in C) de Sanctissima Trinitate.
7. (in A) de Beata Maria Virgine.
8. (in C) de Beata Maria Virgine.
9. (in D) de quovis Sancto.
10. (in G) de quovis Sancto.
11. (in D) de Nativitate Domini.
12. (in G) Ave Maria.
13. (in G) de Sancta Maria Magdalena.
14. (in F) de Sancto Josepho.
15. (in A) de Sancto Josepho.
16. (in B) de septem doloribus Beatæ Mariæ Virg.
17. (in B) de Sanctissima Trinitate.
18. (in F) de Dominica.
19. (in G-m.) de Dominica.
20. (in F) de Beata Maria Virgine.
21. (in D) pro festo Dedicationis Ecclesiæ.
22. (in D) de Sancto Josepho.
23. (in C) de Dominica.

N° 24. (in E) de Dominica.
25. (in C-m.) de Dominica.
26. (in H) de Tempore.
27. (in G) de Dominica.
28. (in F) de Confessore.
29. (in G) de Martyre.
30. (in F) de Sancto Laurentio.
31. (in D-m.) de Tempore.
32. (in G) de Deo.
33. (in C) pro Dominica Palmarum.
34. (in C) de Sancto Bartholomæo.

Vêpres.

N° 1. (in C) de Confessore.
2. (in A) de Confessore.
3. (in Es) de Apostolis.
4. (in C) de Beata Maria Virgine.
5. (in D) de Beata Maria Virgine.

Litanies.

N° 1. (in D) de Sanctissimo Nomine Jesu.
2. (in C) de Sanctissimo Nomine Jesu.
3. (in C) Lauretanea.
4. (in B) Lauretanea.

Psaumes.

N° 1. (in D) Magnificat.
2. (in D) Magnificat.
3. (in C) Dixit Dominus.
4. (in A) de Confessore.

Te Deum.

N° 1. (in C).
2. (in D).
N° 3. (in C) Pour S. M. l'impératrice Thérèse.
4. Te Deum (in B).

Veni Sancte Spiritus.

N° 1. (in C). N° 2. (in D).

Motets.

N° 1. (in A). N° 4. (in F-m.).
2. (in C–m.). 5. (in E).
3. (in C). 6. (in G-m.).

Salve Regina.

N° 1. (in F). N° 4. (in F).
2. (in D). 5. (in G).
3. (in C-m.).

Ave Regina.

N° 1. (in C). N° 4. (in G).
2. (in F). 5. (in A).
3. (in C). 6. (in H).

Regina cœli.

N° 1. (in B). N° 4. (in D).
2. (in F). 5. (in B).
3. (in A).

Alma Redemptoris.

N° 1. (in G). N° 4. (in F).
2. (in D). 5. (in C).
3. (in B).

Tantum ergo.

N° 1. (in C). N° 2. (in C)

Hymnes.

N° 1. (in D-m.) in Ascensionem Domini.
2. (in E).
3. (in A).
4. (in C-m.).
5. (in F).
6. (in B).
7. (in F).
8. (in A).
9. (in G-m.).
10. (in C).
11. (in G).
N° 12. (in C-m.).
13. (in D-m.).
14. (in C).
15. (in A) de Sancto Michaele.
16. (in C) de Sancta Maria Magdalena.
17. (in G) de Martyribus.
18. (in G) pro festo Paschali.

Alleluia.

N° 1. Alleluia (in C).

Divers Chœurs.

N° 1 Chorus de Sancta Theresia (in C).
2. De profundis (in D-m.).
3. Memento (in G).
4. Introitus (in F).
5. ——— (in D-m.).
6. ——— (in F).
7. Circuitus (in C).
8. ——— (in D) de Beata Maria Virgine.
9. Tenebræ (in C-m.).
10. Responsorium (in F).

Oratorios.

N° 1. Die Pilgrine auf Golgatha.
2. Kreuz-Erfindung.
3. Geburt Christi.
N° 4. Applausus Musicus.
5. De Nativitate Jesu.
6. De Passione Domini.

Compositions diverses.

N° 1. (in B) de Sancto J. Nepomuceno.
2. (in Es) de Sancto J. Nepomuceno.
3. (in G) de Beata Maria Virgine.
4. (in F) de Beata Maria Virgine.
5. (in D-m.) de Passione Domini.
6. (in F-m.) de Passione Domini.
7. (in G) de Sancto Joanne Nepomuceno.
8. Duetto (in B) de Sancto Joanne Nepomuceno.
9. Coro (in Es) de Sancto Joanne Nepomuceno.

Un petit opéra (en allemand).

Quatuor de violon.

N° 1. 6 Quat. m. fug. Op. 1.
2. 6 2.
3. 6 5.
4. 6 7.
5. 6 10.
6. 1 Quat. (Christus ist erstanden) 11.
7. 6 Sonaten 14.
8. 6 Quartetten 16.
9. 6 Sonaten 18.

N° 10. 3 Sonaten mit Doppel-quartett. Op. 17.
11. 6 Sonaten 20.
12. 6 21.
13. 6 23.
14. 6 24.
15. 3 1. lief. 26.
16. 3 2. 24.
17. 3 Quartett. 19.

Quintettes de violon.

N° 1. 6 Quint. p. 2 viol., 2 violes et vcll. op. 3.
2. 6 Quint. 6.
3. 1 9.
4. 6 12.
5. 6 15.

N° 6. 6 Quint. p. 2 viol., 2 violen et vcll. op. 22.
7. 3 25.
8. 3 27.
9. 1 8.

Sextuor de violon.

N° 1. 6 Sextuor p. 2 V., 2 viola, vcll. et bass. Op. 13.
2. 1 Sextuor . . . . 28.

Pièces diverses.

Serenade à cinq parties avec hautbois obligé.
Quintette avec flute concertante.
Nocturne avec flute obligé.
Idem avec hautbois obligé.
6 Divertimenti a quattro.
1 Divertimenti a quattro.
1 ——————————
Concertino a quattro.
28 Divertimenti pour 2 violons und violoncell.

Concerts de divers instrumens.

N° 1. Concerto pour harpe.
2. pour orgue.
3. pour trombonne.
4. pour pianof.
N° 5. Concert für die mandora (7 morceaux).
6. Concertini pour harpe (4 morceaux).

Symphonies.

N° 1. Symphonie (in F).
2. (in D).
3. (in D).
N° 4. Symphonie (in C).
Un chœur à grand orchestre.

Il existe encore de lui dix-sept messes qui ne sont point énumérées en ce càtalogue, dont une partie avait été commandée par S. M. l'Empereur, et dont le reste est devenu la propriété du chœur auquel il avait consacré les derniers momens d'une vie laborieuse.

TABLE DES MATIÈRES.

MÉTHODE D'HARMONIE ET DE BASSE CHIFFRÉE.

TABLE DES ARTICLES.

MÉTHODE DE COMPOSITION.

TABLE DES CHAPITRES.

I. NOTIONS PRÉLIMINAIRES.

II. DU CONTRE-POINT SIMPLE A DEUX PARTIES.

III. DU CONTRE-POINT SIMPLE A TROIS VOIX.

IV. DU CONTRE-POINT SIMPLE A QUATRE VOIX,

DU CONTRE-POINT A CINQ ET DU CONTRE-POINT LIBRE.

V. DE L'IMITATION ET DE LA FUGUE.

VI. DU CONTRE-POINT DOUBLE.

VII. NOTIONS SUPPLÉMENTAIRES.

FIN DE LA TABLE DES CHAPITRES.

MÉTHODE
ÉLÉMENTAIRE
D'HARMONIE
ET DE COMPOSITION.

DE LA BASSE CHIFFRÉE
ET DE L'HARMONIE (1).

L'étude de la basse chiffrée est le premier degré de celle de la composition à plusieurs parties.

La basse chiffrée, que l'on nomme autrement *basse continue* ou *basse générale*, prend ces diverses dénominations de sa forme ou de ses usages. On la nomme *basse chiffrée*, parce que ses notes sont chargées de chiffres qui indiquent les accords qu'elle doit porter; on la nomme *basse continue*, parce qu'elle règne dans toute l'étendue du morceau, se formant à chaque instant des notes les plus graves des parties effectives, c'est-à-dire de celles qui n'ont point de pauses. On la nomme *basse générale*, parce qu'elle sert de base à

(1) Nous avons cru devoir supprimer un préambule qui ne contient que des considérations vagues et insignifiantes sur les propriétés et l'importance de la basse continue, et le remplacer par ce sommaire qui présente des notions plus précises.

toute la composition. Il faut observer, à cette occasion, que cette dernière dénomination est plus usitée en Allemagne que chez toutes les autres nations musicales ; mais comme elle a beaucoup de justesse, et qu'elle donne une idée fort nette des propriétés de cette basse, on peut l'admettre sans inconvénient.

La connaissance de la basse chiffrée repose sur celle de l'harmonie. L'harmonie fait connaître les accords et les lois générales de leur succession ; la basse chiffrée, celles de leur emploi ou de leur choix, selon les circonstances.

Cet ouvrage est consacré à l'exposition de ces deux genres de connaissances.

I.

Des intervalles.

L'intervalle est la distance d'un ton à un autre, calculée en degrés de l'échelle générale du système. Fig. 1. A.

On compte huit intervalles simples, c'est-à-dire n'excédant pas l'octave ; on les nomme *uniton* ou *unisson*, *seconde*, *tierce*, *quarte*, *quinte*, *sixte*, *septième*, *octave*, ce qui, avec la *neuvième* et la *dixième*, comprend tous les intervalles harmoniques primitifs. Fig. 1. B.

L'unisson figure ici numériquement ; mais ce n'est point un véritable intervalle, parce que ses deux tons sont sur le même degré. Nous observons de même que la dixième n'est qu'une tierce augmentée ou accrue d'une octave.

Ces intervalles peuvent être, suivant leurs diverses positions, mineurs ou majeurs, diminués ou superflus, ou justes.

Le demi-ton est majeur ou mineur : mineur, si les deux tons qui le forment sont sur le même degré ; par ex. fig. 1. C. Majeur, s'ils sont sur deux degrés différens. Fig. 1. D (1).

---

(1) Toute cette doctrine des intervalles, qui du reste est à peu près celle que l'on trouve dans les divers Traités de Musique, est on ne peut plus mal

Deux demi-tons, c'est-à-dire un majeur et un mineur, forment un ton entier; par ex., d'*ut* à *ré* il y a un ton entier; les deux demi-tons sont, le demi-ton mineur *ut-ut*♯, et le demi-ton majeur *ut*♯*-ré*, ou le majeur *ut-ré*♭, et le mineur *ré*♭*-ré* (1).

Ce ton entier s'appelle *seconde*. Fig. 1. E.

Un intervalle qui contient trois degrés s'appelle *tierce*. Fig. 1. F.

Un intervalle de quatre degrés est une *quarte*. Fig. 1. G.

Un intervalle qui contient cinq degrés s'appelle *quinte*. Ex. 1. H.

Un intervalle de six degrés, *sixte*. Ex. 1. I.

Un intervalle de sept degrés, *septième*. Ex. 1. J.

Un intervalle de huit degrés, *octave*. Ex. 1. K.

Un intervalle de neuf degrés est une seconde accrue d'une octave, et s'appelle *neuvième*. Ex. 1. L.

Un intervalle de dix degrés, ou une tierce accrue d'une octave, s'appelle *dixième*. Ex. 1. M.

Par une progression semblable, naissent les onzièmes, ou quartes redoublées; les douzièmes, ou quintes redoublées; et l'on peut de même augmenter les intervalles d'une ou plusieurs octaves, sans en changer les dénominations simples.

Voyez fig. 1. N., une seconde accrue de deux octaves, et fig. 1. O., une tierce accrue de deux octaves.

établie, et ce qu'il y a de pire, très fautive et très inexacte. Je la laisse néanmoins subsister ici, parce que l'on ne pourrait la réformer sans beaucoup de travail, ou sans introduire beaucoup de confusion et de contradictions dans cet ouvrage. Je renvoie le lecteur, pour des notions plus précises, à l'ouvrage que je me propose de publier sous le titre d'*Introduction à l'Étude générale et raisonnée de la Musique*.

J'observe en outre que ces connaissances appartiennent moins à l'harmonie en particulier qu'aux principes généraux de la Musique : que le lecteur qui veut étudier l'harmonie doit, depuis long-temps, être familiarisé avec toutes ces notions : c'est pourquoi j'insiste peu sur cet objet.

(1) En prenant précisément l'opposé de ces évaluations, on approchera de la vérité.

Cependant la seconde, la quarte et la sixte font exception à la règle, parce qu'elles paraissent quelquefois sous le nom de *neuvième, onzième* et *treizième;* il faut alors les distinguer des véritables secondes, quartes et sixtes (1).

II.

Il y a deux sortes d'unisson : le parfait et le superflu Fig. 2. A (2).

Il y a trois sortes de secondes : la 2e mineure, la 2e majeure, et la 2e superflue. *V.* les ex. 2. B. (3).

La 2e mineure embrasse un demi-ton ; la seconde majeure, un ton ; la 2e superflue ou augmentée, un ton et un demi-ton mineur.

Il y a trois sortes de tierces, savoir : la tierce diminuée, la tierce mineure, et la tierce majeure. Ex. 2. B.

La tierce diminuée équivaut à deux demi-tons majeurs (4) ; la tierce mineure, à un ton entier et un demi-ton majeur ;

---

(1) La seconde, la quarte et la sixte redoublées prennent en harmonie les noms de neuvième, onzième et treizième, quand elles doivent être employées à la distance indiquée par ces dernières dénominations. On verra en outre par la suite que la neuvième n'a, harmoniquement parlant, rien de commun avec la seconde : que celle-ci a lieu par le retard de la basse et provient du renversement de la septième, tandis que l'autre est une dissonance directe qui a lieu par le retard de la partie aiguë.

(2) Au lieu de superflu, il faut dire augmenté : et puisque l'auteur admet l'unisson altéré, il ne devait pas exclure l'unisson diminué. Ex. *Ré-ré*♭.

(3) Par une contradiction remarquable, l'auteur range ici parmi les secondes, un intervalle que, dans ce qui précède immédiatement, il vient de placer parmi les unissons, sous le nom d'*unisson augmenté.* Ces sortes d'incohérences et de contradictions sont on ne peut plus fréquentes chez les praticiens qui se sont mêlés d'écrire sur la théorie de leur art. Cependant, dans l'état où sont les choses, il faut se contenter de cet enseignement, faute et en attendant mieux.

(4) Il ne faut pas oublier que l'auteur appelle *demi-ton majeur* ce qui doit être appelé *demi-ton mineur,* et réciproquement. En faisant cette rectification on obtiendra le véritable énoncé de sa proposition.

tandis que la tierce majeure vaut deux tons (entiers) (1).

Il y a trois espèces de quarte, savoir : la quarte diminuée, la quarte parfaite, et la quarte superflue. Ex. 2. D.

La quarte diminuée contient un ton majeur et deux demi-tons majeurs ; la quarte majeure ou parfaite, deux tons entiers avec un demi-ton majeur ; la quarte superflue, trois tons (2).

La quinte suit les mêmes gradations ; elle est donc diminuée, juste, superflue. Ex. 2. E.

La quinte diminuée embrasse deux tons et deux demi-tons majeurs ; la parfaite, trois tons entiers et un demi-ton majeur ; enfin, la superflue, quatre tons.

La sixte est de quatre sortes : diminuée, mineure, majeure, et même superflue. Ex. 2. F.

La sixte diminuée a deux tons et trois demi-tons ; la sixte mineure, trois tons et trois demi-tons majeurs ; la sixte majeure, quatre tons et un demi-ton majeur ; la sixte superflue, cinq tons.

La septième est de trois sortes : diminuée, mineure et majeure. Ex. 2. G.

La 7e diminuée contient trois tons et trois demi-tons majeurs ; la 7e mineure, quatre tons et deux demi-tons majeurs ; la 7e majeure, cinq tons et un demi-ton majeur.

L'octave n'a que deux espèces : diminuée et parfaite. Ex. 2. H. (3).

---

(1) Il y a une quatrième sorte de tierce dont l'auteur ne parle point ici : c'est la tierce augmentée ou maxime ; ex. *fa*, *la*✻. Cet oubli de sa part est d'autant plus étonnant, que quelque part ailleurs il donne des exemples de l'emploi de cet intervalle.

(2) Les notions vulgaires sur la quarte et la quinte sont on ne peut plus inexactes. Il y a quatre espèces de chacun de ces intervalles, savoir : majeure, mineure, augmentée et diminuée. Dans l'enseignement ordinaire, on confond perpétuellement la quarte augmentée avec la quarte majeure, la quinte mineure avec la quinte diminuée, et réciproquement (Voyez mon *Introduction à l'Étude générale et raisonnée de la Musique*.)

(3) L'auteur néglige encore ici l'octave augmentée. Ex. *ut-ut*✻, dont plus tard il donnera l'exemple et réglera l'emploi.

L'octave diminuée embrasse quatre tons et trois demi-tons majeurs ; l'octave parfaite, cinq tons et deux demi-tons majeurs. Il y a des cas où l'octave se trouve élevée ; alors elle a un demi-ton mineur de plus que l'octave juste.

La neuvième ne peut être que mineure et majeure. La dixième, qui n'est évidemment qu'une tierce accrue de huit degrés, est, comme la tierce, diminuée, mineure et majeure. Ex. 2. I.

III.

Quant à l'impression qu'ils produisent sur l'oreille, on distingue deux sortes d'intervalles : 1° les intervalles consonnans, qui excitent en nous un sentiment agréable et satisfont l'oreille ; 2° les intervalles dissonans, qui produisent dans l'âme un sentiment pénible et causent une sorte d'inquiétude.

Parmi les intervalles consonnans, on compte (a) l'unisson juste ; (b) la tierce mineure ; (c) la tierce majeure ; (d) la quinte juste ; (e) la sixte mineure ; (f) la sixte majeure ; (g) l'octave juste ; enfin, les deux tierces redoublées, c'est-à-dire (h) la dixième mineure, (i) et la dixième majeure. Ex. 3. A.

Tous les accords qui ne sont composés que de ces intervalles, s'appellent *accords consonnans, justes, parfaits.*

A la classe des dissonances appartiennent, (a) l'unisson superflu (1), ou demi-ton mineur ; (b) la seconde mineure ou

---

(1) Cette division des intervalles en consonnans et dissonans, qui est conforme à la doctrine la plus généralement reçue, est très superficielle et très peu satisfaisante. En effet, elle n'assigne aucun caractère auquel on puisse reconnaître les intervalles tant consonnans que dissonans, et les distinguer les uns des autres, et ne consiste que dans un dénombrement sommaire qui n'est établi sur aucune base. Il faut néanmoins se contenter ici de cette doctrine, par la raison que nous avons précédemment indiquée.

L'auteur range ici, sans examen, la quarte parmi les dissonances. Beaucoup d'auteurs, et c'est aujourd'hui le plus grand nombre, la rangent parmi les consonnances. Et en effet, si cet intervalle était dissonant, comment pourrait-il faire partie d'un accord consonnant, comme il le fait habituellement ? On verra dans l'ouvrage que j'ai annoncé précédemment l'éclaircissement de toutes ces difficultés.

demi-ton majeur ; et tous les autres intervalles non consonnans.

Tous les accords formés de ces intervalles s'appellent *dissonans* (1).

Néanmoins, de véritables consonnances peuvent aussi devenir dissonances, si elles s'emploient associées avec tel ou tel intervalle, comme, par exemple, la quinte juste avec une sixte, la sixte avec une septième, l'octave juste avec une neuvième, comme on le voit. Ex. 3. C.

Les consonnances sont, d'après une autre classification, les unes parfaites, les autres imparfaites. Les parfaites sont la quinte et l'octave ; les imparfaites, les tierces et sixtes majeures et mineures.

De là résulte naturellement que chaque accord composé de trois consonnances placées sur une basse doit être parfait ou imparfait.

Il n'y a de parfait que l'accord de tierce, quinte et octave $\substack{8\\5\\3}$, lequel est susceptible de deux autres positions, savoir : 1° celle de quinte, octave, tierce $\substack{3\\8\\5}$, ou 10e ; 2° celle d'octave, tierce, quinte $\substack{5\\3\\8}$; ou avec le retranchement de l'un et le redoublement de l'autre intervalle, transporté à une autre place de tierce, quinte et tierce $\substack{3\\5\\3}$ ou de quinte, tierce et quinte $\substack{5\\3\\5}$, etc. Ex. 3. D.

L'accord consonnant imparfait est composé de tierce, sixte, octave, $\substack{8\\6\\3}$, et dans ses transpositions de sixte, octave, tierce, $\substack{3\\8\\6}$, ou d'octave, tierce et sixte $\substack{6\\3\\8}$ avec les diverses combinai-

(1) L'auteur range ici, parmi les dissonances, l'unisson augmenté, ou, comme il dit, superflu. C'est un intervalle d'une nature toute différente. Les dissonances remplissent des fonctions harmoniques et s'emploient en substance : il n'en est pas de même de l'unisson augmenté, qui est, non dissonant, mais discordant, et n'a point, à proprement parler, de fonction harmonique. Sur ce point, je renvoie de nouveau au même ouvrage.

sons opérées par les retranchemens ou redoublemens; savoir: tierce, sixte et tierce, $\begin{smallmatrix}3\\6\\3\end{smallmatrix}$, et sixte, sixte et tierce, $\begin{smallmatrix}4\\6\\3\end{smallmatrix}$. Ex. 3. E.

Si dans un accord il se rencontre une ou plusieurs dissonances, cet accord appartient à la classe des accords dissonans; tels sont les accords de tierce, quinte et sixte $\begin{smallmatrix}6\\5\\3\end{smallmatrix}$, de quinte, sixte et octave, $\begin{smallmatrix}8\\6\\5\end{smallmatrix}$, dans lesquels la quinte et la sixte forment entre elles une dissonance de seconde; ceux de seconde, quarte et sixte, $\begin{smallmatrix}6\\4\\2\end{smallmatrix}$; de tierce, quinte, septième, $\begin{smallmatrix}7\\5\\3\end{smallmatrix}$; de quarte, quinte, octave, $\begin{smallmatrix}8\\5\\4\end{smallmatrix}$; de tierce, quinte, neuvième, $\begin{smallmatrix}9\\5\\3\end{smallmatrix}$; et même celui de tierce, sixte et octave $\begin{smallmatrix}8\\6\\3\end{smallmatrix}$.

a Si la tierce et la sixte sont mineures, l'octave étant parfaite;

b Si la sixte est majeure, la tierce mineure et l'octave parfaite;

c Si la tierce et la sixte sont majeures, mais cependant l'octave parfaite. Ex. 3. F. *a, b, c.*

Ces accords, quoique appartenant selon la règle, aux accords imparfaits consonnans, ne laissent pas de faire une exception, ainsi que ceux de tierce majeure avec une sixte mineure, diminuée ou augmentée (1).

---

(1) Nous avouons franchement que nous ne concevons pas le motif qui décide l'auteur à porter dans la classe des accords dissonans les accords de tierce et de sixte mineures, et de tierce et sixte majeures qui sont les renversemens des accords parfaits majeur et mineur, renversemens universellement regardés comme consonnans. Nous avons examiné ce passage avec la plus grande attention, et, ni le texte, ni les exemples, ne laissent aucun doute sur le sentiment de l'auteur. Nous ne partageons nullement son opinion; nous ne la discuterons cependant point, mais nous invitons le lecteur à ne s'y point arrêter.

Il est remarquable que l'auteur ne parle point ici de l'accord de quarte et sixte. Il y aurait encore beaucoup d'autres observations à faire du même genre; mais elles peuvent se réduire à celle-ci: c'est que l'auteur, fort habile praticien, était peu exercé dans l'art de penser et d'écrire, et qu'en conséquence sa théorie pouvait se ressentir de ce qui lui manquait à cet égard. Ceci

On compte généralement en musique cinq accords principaux, savoir :

1. L'accord de trois sons ;
2. L'accord de septième ;
3. L'accord de neuvième ;
4. L'accord de onzième ;
5. L'accord de treizième (1).

L'accord de trois sons purs est composé de tierce et quinte, auxquelles on ajoute à quatre parties l'octave, et c'est dans cet état que l'accord prend le nom d'*accord parfait*. Il y en a deux espèces principales : l'accord parfait majeur, dont la tierce est majeure ; l'accord parfait mineur, dont la tierce est mineure. Les exemples 3. K. font voir l'accord parfait de la tonique de tous les modes majeurs ; et les exemples M. N., l'accord parfait de la tonique de tous les modes mineurs.

---

ne doit au reste faire aucun tort à son ouvrage, parce que la doctrine qu'il renferme est fort saine et assez clairement présentée, parce que, malgré le vice que nous y reconnaissons, cet ouvrage reste pour le moins au niveau de tous les autres Traités de Musique, sans en excepter un seul, et qu'il l'emporte sur tous par le mérite de la brièveté et de la simplicité.

(1) Les accords doivent être considérés sous deux points de vue : 1° *quant à leur structure*, c'est-à-dire quant au nombre et à l'arrangement des sons dont ils sont composés ; 2° *quant à leur nature*, c'est-à-dire quant à leur qualité harmonique résultante de celle des intervalles qu'ils renferment. Ces deux propriétés sont totalement distinctes et indépendantes l'une de l'autre. Tous les systèmes d'harmonie sont plus ou moins fondés sur l'une ou l'autre de ces deux considérations, et c'est à l'omission de l'une d'elles, ou à la confusion de toutes les deux, qu'il faut attribuer les imperfections des divers systèmes ; le seul véritable est celui qui les réunit sans les confondre, et développe convenablement, par rapport à chacune d'elles, cette partie importante de la théorie. (*Voyez* sur cet objet, mon *Introduction à l'étude générale et raisonnée de la Musique.*) Considéré par rapport à la structure, tout accord est originairement un accord de tierce et quinte surchargé d'une ou plusieurs dissonances, telles que septième, neuvième, onzième ou treizième, ou bien un dérivé ou renversement de cet accord. C'est ce que l'auteur cherche à établir dans ce qui va suivre. (*Voyez*, pour plus ample développement, le *Manuel général de Musique pratique et théorique*, livre IIIe, où cette théorie est exposée d'une manière satisfaisante, d'après Marpurg, Sabbatini et divers autres auteurs.)

IV.

Il y a plusieurs accords parfaits, savoir :

1°. L'accord parfait majeur avec tierce majeure et quinte juste. Ex. 4. A.

2°. L'accord parfait mineur avec tierce mineure et quinte juste. Ex. 4. A. A.

3°. L'accord parfait diminué, avec tierce et quinte mineures. Ex. 4. B. (1).

4°. L'accord parfait, superflu ou augmenté. Ex. 4. C. (2).

Chaque accord de tierce et quinte est susceptible de deux renversemens :

1°. Celui où la tierce est prise pour base, d'où résulte un accord de tierce et sixte $^{6}_{3}$. Ex. 4. D.

2°. Celui où la quinte est prise comme basse ; ce qui forme un accord de quarte et sixte $^{6}_{4}$. Ex. 4. E.

Cela explique comment on peut, d'un parfait accord consonnant, faire un accord imparfait ou bien un dissonant.

Lorsque la quarte parfaite se trouve jointe à la sixte mineure ou majeure, elle s'appelle ordinairement *quarte consonnante;* mais si elle est jointe avec la quinte, elle prend le nom de *quarte dissonante*. Ex. 4. F. (3).

---

(1) Cette dénomination est vicieuse, attendu que cet accord ne renferme point d'intervalle diminué, mais une tierce et une quinte mineures ; il serait mieux appelé *bis mineur*. Il faut remarquer en outre que cet accord n'est point, à proprement parler, un accord parfait ; mais ce n'est pas ici le lieu de discuter cette question. (*Voyez* mon *Introduction*.) J'ai déjà fait observer que l'on confond ordinairement la quinte mineure avec la quinte diminuée : ces deux intervalles n'ont rien de commun, mais ce dernier, peu praticable et peu pratiqué, est inconnu de la presque totalité des praticiens. On en verra l'exemple dans l'ouvrage dont je viens de parler.

(2) Il y a encore d'autres espèces d'accords de tierce et quinte ; l'auteur n'en parle pas, et nous ne croyons pas devoir en faire mention. Nous renvoyons, sur ce point comme sur les autres, à notre Traité.

(3) Il est évident que, dans ce dernier sens, la quarte devient dissonante, non comme quarte, mais comme seconde de la quinte ; d'où il suit que la

L'accord parfait ne se chiffre pas. En conséquence, on doit sur chaque note non chiffrée de basse, mettre la tierce, la quinte et l'octave; quelquefois seulement un dièse ou un bémol, indiquent la qualité de la tierce, et par là même l'espèce de l'accord parfait, soit majeur, soit mineur. Ex. 4. G.

Ce ♯, ♭ ou ♮ ne se rapporte jamais qu'à la tierce; si, par exemple, cette tierce est majeure, il est clair que l'octave et la quinte doivent être justes (1).

---

quarte est par elle-même consonnante. Au reste, il faut encore ici faire une observation, c'est que la qualité harmonique des intervalles ne dépend pas proprement de leur grandeur, c'est-à-dire de la distance des sons dont ils sont formés, mais de leur situation ou des degrés de l'échelle sur lesquels ils sont placés, c'est-à-dire par conséquent de la qualité mélodique essentielle de ces mêmes tons. En vertu de cette loi, la quarte jouit d'une harmonie différente, selon les degrés auxquels elle appartient, et son emploi se règle d'après cette considération.

(1) L'auteur parle ici de l'emploi des chiffres pour représenter les intervalles et les accords, sans faire connaître les principes de ce procédé. Nous croyons devoir le suppléer en insérant ici ce que nous avons écrit sur cette matière, dans un *Traité inédit d'harmonie*, qui, dans la première édition de cet ouvrage, devait tenir lieu de celui-ci.

On emploie, en harmonie, pour représenter les intervalles et les accords qui en sont composés, un procédé abréviatif auquel on a donné le nom de *chiffrage :* il consiste en un choix de chiffres indiquant le genre de l'intervalle, auxquels on joint des signes particuliers qui en indiquent l'espèce, et que l'on place sur la note qui porte l'intervalle.

Les chiffres sont, jusqu'à l'octave pour tous les intervalles, et au-delà de ce terme, pour ceux de rang impair, seulement jusqu'à la treizième, les chiffres des nombres d'où ces intervalles tirent leur dénomination. Ainsi, l'uniton est représenté par 1, la seconde par 2; la tierce, la quarte, la quinte, etc., par les chiffres 3, 4, 5, 6, 7, 8, 9, 11, 13. Tous les autres intervalles s'indiquent par le chiffre de celui des intervalles précédens dont ils sont les redoubles, etc.

Quant au choix des signes qui indiquent l'espèce de l'intervalle et qui se placent, tantôt avant, tantôt après le chiffre, on suit deux méthodes ou systèmes différens, qui sont fondés l'un et l'autre sur la propriété dont jouissent les chiffres et la dénomination d'être communs à l'intervalle et à la note qui le forme.

Dans l'un de ces systèmes, le signe s'applique à l'intervalle lui-même, et est par conséquent le même dans tous les cas; c'est pourquoi nous le nom-

V.

De ces quatre espèces d'accords parfaits, deux sont consonnantes, savoir : l'accord parfait majeur et l'accord parfait mineur ; deux dissonans, savoir : le diminué et le superflu ou augmenté. *V*. Ex. 5. A.

Chaque accord parfait, imparfait ou dissonant, peut se présenter dans trois positions différentes, savoir :

1°. La position de l'octave, si l'octave du ton principal ou primitif, appelé *tonique*, se trouve au-dessus ;

---

mons *chiffrage absolu* : dans l'autre, il s'applique à la limite opposée à sa base, et varie selon l'état de cette limite ; c'est pourquoi nous le nommons *chiffrage relatif*.

Les signes usités dans le chiffrage absolu sont,

Pour les intervalles	mineurs, le signe	/	ex. 8/
	majeurs,	\	4\ 6\ 7\
	diminués,	∼	∼3 ∼4 ∼6 ∼7
	augmentés,	× ou +	×3 +5 ×6.

Il faut remarquer que ces signes, tels que nous venons de les présenter, forment une rectification du chiffrage ordinaire ; car dans celui-ci, il n'y a point de signe particulier pour la diminution, qui est représentée par le signe de la minorité ; et d'une autre part, les signes de majorité et d'augmentation sont communs à ces deux états de l'intervalle. Ainsi une sixte majeure et une sixte augmentée, se représentent indifféremment par 6\ ou par × 6 ; ce qui rend fort obscur ce chiffrage d'ailleurs incommode en beaucoup de cas par le calcul que l'on est obligé de faire pour trouver la limite de l'intervalle indiqué.

Le chiffrage relatif est exempt de tous ces inconvéniens ; il indique, non l'intervalle lui-même, mais la note qui le forme, et cela au moyen des signes accidentels ♯, ♭, ♮ dont cette note peut se trouver affectée selon les circonstances, à l'aide desquels on la trouve aussitôt sans calcul, sans réflexion, et sans avoir besoin de s'inquiéter de l'espèce de l'intervalle.

Le chiffrage vulgaire n'est autre chose qu'un mélange, plus ou moins confus des deux procédés que nous venons de décrire. Il varie selon les temps, selon les lieux, selon les écoles et selon les maîtres. Dans toutes les méthodes d'harmonie, on entre dans de grands détails sur ces minuties auxquelles

2°. La position de la quinte, si la quinte appelée *dominante* occupe la partie supérieure.

3°. La position de la tierce, si c'est la tierce qui est a cette place. *V.* Ex. 5. B. C. D. E.

Ces expressions de position de l'octave, de la quinte, de la tierce, ne peuvent pas servir pour les accords dans lesquels il manque un de ces intervalles, et l'on emploie alors les termes de *première, seconde, troisième position* (1).

---

on attache une grande importance; nous croyons inutile de nous appesantir sur cet objet: le lecteur bien pénétré des principes comprendra facilement tous ces détails sans qu'il soit nécessaire de les lui expliquer.

Nous ne devons néanmoins pas omettre quelques abréviations généralement usitées et d'un fréquent usage.

Le signe accidentel ✱, ♭ ou ♮, placé sur une note, seul et sans chiffre, indique l'espèce de la tierce, ainsi la notation suivante ♭ *ut* annonce que la note *ut* doit porter un *mi*♭. Ce même signe a la même signification quand il se trouve seul sous un chiffre, ainsi 7 ✱ *re* équivaut à *ut* *fa*✱ *re*. Un chiffre suivi d'un trait et couvrant une suite de notes, indique que toutes ces notes se passent sous la même harmonie.

Les mots *tasto solo*, en abrégé *T. S.*, indiquent une note sans harmonie. Les mots *all' unissono*, à l'unisson, indiquent une suite d'unissons ou d'octaves.

Telles sont les principales abréviations. L'usage et le bon sens feront connaître les autres.

(1) Et ordinairement on désigne par première position, celle où l'octave est au-dessus; par deuxième, celle où c'est la tierce, et par troisième, celle où c'est la quinte qui est à cette place.

En général, les accords sont susceptibles d'autant de positions qu'ils renferment de sons. La première est généralement celle où les sons se trouvent dans l'ordre direct, c'est-à-dire celui des tierces superposées; la seconde, celle où la note inférieure de la première position est transportée à l'octave, au-dessus et ainsi de suite. De toutes ces positions, la première est celle qui est la meilleure pour l'effet harmonique.

VI.

Ainsi que nous l'avons déjà déclaré, les accords de seconde, de quarte, de septième et de neuvième sont des accords dissonans ; mais si ces intervalles sont liés, c'est-à-dire si les tons qui les forment, entendus précédemment, se prolongent sans être frappés de nouveau, alors ces intervalles prennent le nom de *prolongation* ou de *ligature*. Ex. 6. A. B.

VII.

La seconde espèce d'accords principaux, celle des accords de septième, se compose des intervalles de tierce, de quinte et septième. Ex. 7. A.

Il y a trois espèces d'accords de septième : celui de 7e majeure, celui de 7e mineure, et celui de 7e diminuée. Ex. 7. A. B. B1. B2.

Chacun de ces accords est susceptible de trois dérivés ou renversemens (1) : le premier, lorsque la tierce est placée dans la basse ; le second, lorsque c'est la quinte ; et le troisième, lorsque c'est la septième elle-même qui est placée dans cette partie.

Dans le premier renversement, l'accord de 7e se change en un accord de quinte et sixte. Ex. 7. C.

Dans le second renversement, on a un accord de tierce-quarte et sixte. Ex. 7. D.

Enfin, dans le troisième renversement, l'accord de septième se transforme en un accord de seconde, quarte et sixte. Ex. 7. E.

---

(1) On appelle en général *dérivés*, ou *renversemens d'un accord*, les diverses faces de cet accord qui ont pour basse une des notes de son harmonie, autres que celles de l'harmonie directe ; mais on appelle plus particulièrement *dérivés*, ceux où la basse est une des consonnances, c'est-à-dire la tierce ou la quinte de l'accord direct, et *renversement*, celui qui a la dissonance pour basse. La raison de cette distinction est assez sensible.

La quarte qui résulte de ce renversement est regardée comme une consonnance ; cependant tous les accords de septièmes, y compris leurs renversemens, sont et restent toujours des accords dissonans (1).

VIII.

La troisième espèce d'accords principaux, savoir, celui de neuvième a lieu, lorsque, dans un accord de septième, on ajoute un nouveau ton à la distance d'une tierce, au-dessous de sa consonnance. Par exemple, lorsqu'à un accord de septième, tel que *sol, si, ré, fa,* on ajoute la tierce *mi* au-dessous du *sol* de la basse, alors on obtient un accord de neuvième, composé de tierce, quinte, septième et neuvième. Ex. 8. A.

Dans l'harmonie à quatre parties, on a coutume de retrancher de cet accord un intervalle, soit la septième, soit la quinte, soit la tierce.

Exemples de l'accord : sans septième, 8. B. ; sans quinte, 8. C. ; sans tierce, 8. D.

Quoique la neuvième puisse être formée par les mêmes tons que la seconde, et qu'elle représente cet intervalle accru d'une octave, néanmoins, il y a entre les deux accords une différence essentielle ; c'est que dans la neuvième et dans tous les accords de cette espèce, c'est la partie supérieure qui fait la liaison, tandis que dans la seconde, la liaison est faite par la basse, qui ensuite descend d'un degré. *V.* ex. 8. F.

IX.

La quatrième espèce d'accord principal, c'est-à-dire l'accord de onzième, a lieu lorsqu'à un accord de septième on ajoute un nouveau ton, qui ne peut être que la quinte inférieure de la note primitive. Par exemple, si l'on ajoute *ut*

(1) Dans tous ces renversemens, la septième et la fondamentale constituent toujours l'intervalle dissonant.

comme basse à l'accord *sol, si, ré, fa,* il en résulte l'accord dissonant de 11e, composé de quinte, septième, neuvième et onzième. Ex. 9. A.

Ici encore, on doit dans l'accompagnement retrancher un, souvent même deux sons de l'accord. Si c'est la septième et la neuvième, alors l'accord, qui se trouve composé de quinte et de onzième, s'appelle *accord de quarte-quinte;* et si maintenant on le renverse, en sorte que la quarte soit dans la basse, il en résulte un accord de seconde et quinte.

V. les ex. 9. B. pour l'accord complet; B1. pour l'accord sans quinte; B2., sans neuvième; B3., sans septième ni neuvième, et B4. pour l'accord de seconde et quinte.

C'est en ces divers points que la neuvième diffère de la quarte; l'une et l'autre ont des accompagnemens différens, et s'emploient d'une manière qui leur est propre, comme on le verra par la suite.

X.

La cinquième et dernière espèce d'accords principaux, est celui de treizième, que l'on obtient au moyen de l'accord de septième, en plaçant un nouveau ton à la septième, au-dessous de la fondamentale d'un accord de septième. Par exemple, si au-dessous de l'accord de 7e diminuée *sol*-si-ré, fa,* on place le *la* qui est à la 7e, au-dessous de la fondamentale *sol*,* on aura l'accord de 7e, 9e, 11e et 13e, *la, sol*, si, ré, fa.* Ex. 10. A.

On peut encore retrancher un des sons de cet accord, soit la septième, soit la neuvième, soit la onzième. *V.* ex. 10. B. C. D.

Il ne faut pas du tout confondre cette treizième avec son unisson la sixte, dont elle diffère tant par son accompagnement que par sa résolution.

XI.

De la marche des consonnances.

La succession des consonnances a lieu de quatre manières :

1°. Par mouvement direct ou semblable, quand les deux parties montent ou descendent en même temps. Ex. 11. A. (Pl. 8.)

2°. Par mouvement contraire ou opposé, lorsque l'une des parties va en montant et l'autre en descendant. Ex. 11. B.

3°. Par mouvement oblique ou mixte, lorsqu'une des parties reste immobile ou se répète, pendant que l'autre monte ou descend. Ex. 11. C.

4°. Par mouvement parallèle, lorsque les parties restent sur le même degré et ne font que répéter le même son. Ex. 11. D.

C'est ici le lieu de donner la règle des mouvemens.

(a) En passant d'une consonnance parfaite à une autre parfaite, il faut employer le mouvement contraire (ex. 11. E.), ou le mouvement oblique. Ex. 11. F.

(b) En passant d'une consonnance parfaite à une consonnance imparfaite, comme d'une octave ou quinte à une sixte ou tierce, on peut employer toutes les espèces de mouvemens. Ex. 11. D. G.

(c) En passant d'une consonnance imparfaite à une consonnance parfaite, il faut encore se servir du mouvement opposé, ou du mouvement oblique. Ex. 11. H.

(d) En passant d'une consonnance imparfaite à une autre consonnance imparfaite, on peut employer de même toutes les espèces de mouvemens. Ex. 11. I. (1).

---

(1) Ces règles sont sujettes à beaucoup d'exceptions qui toutes peuvent être renfermées dans les préceptes suivans :

Toutes les consonnances peuvent être prises pour toutes sortes de mouvemens; mais dans le mouvement semblable, il faut, pour passer à l'octave ou à l'unisson, que l'une des parties procède par demi-ton; pour passer à la quinte que l'une des parties procède au plus par un ton ; enfin, en passant à une imparfaite, il faut que les deux parties ne fassent pas ensemble un saut plus grand que la tierce mineure.

L'emploi du mouvement contraire est soumis à quelques restrictions ; ainsi, on ne peut point passer de l'unisson, ou de la tierce majeure, à la sixte majeure, quand la partie supérieure monte de quinte ou de tierce, et

(e) Il faut soigneusement éviter de faire entendre de suite deux quintes ou octaves justes : celles-ci, parce qu'elles n'ont point d'effet ; celles-là, parce qu'elles en produisent un très désagréable à l'oreille.

Cette défense ne concerne pas les dispositions à plusieurs parties où des instrumens différens, soit aigus, soit graves, marchent par forme de redoublement à l'octave ou à l'unisson entre eux ou avec les voix ; par exemple, quand une partie de flûte est à l'octave au-dessus du premier violon, une clarinette à l'unisson d'un haut-bois, etc.

XII.

Marche des dissonances.

On emploie les dissonances de trois manières :

1°. Comme notes de passage. *V.* ex. 12. A. (Pl. 9.)

Dans cet exemple, les dixièmes *ut-mi* et les sixtes *si-sol. mi-ut,* sont les consonnances, et les deux *fa,* le *ré* et le *si* sont les dissonances régulières de passage (parce qu'elles tombent dans les parties faibles du temps).

2°. Comme notes changées. *V.* ex. 12. B.

Dans cet exemple, *fa* et *ré* sont des notes changées, ou des dissonances qui tombent sur un bon temps, et tiennent la place des consonnances suivantes *mi* et *ut.*

3°. Par prolongation avec répercussion, ou avec liaison, (ex. 12. C.) Dans cet exemple, la 7e *ré-ut* est amenée par la prolongation de la partie supérieure.

XIII.

Lorsque, sous un accord quelconque, on place, soit dans la

---

que l'inférieure descend d'un degré. On défend également de passer de l'unisson à la quinte par saut de tierce réciproque, ex. *ut, mi.* Ces passages
ut, la.
sont défendus parce qu'ils amènent une mauvaise harmonie. *Voyez* le *Manuel de Musique,* liv. IIIe.

partie supérieure, soit dans la partie inférieure, deux notes consécutives, il n'y en a qu'une des deux qui appartienne à l'accord même. Si c'est la première tombant sur la partie forte de la mesure, alors la seconde, qui forme le complément de la mesure ou du temps, est appelée *note de passage.* (Ex. 13. A. Pl. 9.) Dans cet exemple, *ut* et *mi* appartiennent à l'accord; mais *ré* et *fa* sont des notes de passage. Quand, au contraire, c'est la seconde note qui appartient à l'accord, tandis que la première, quoique tombant sur un bon temps, est étrangère à l'harmonie, et n'en fait pas partie, alors elle prend le nom de *note changée.* (Ex. 13. B.) Dans cet exemple, *mi* et *ut* placés dans la partie faible du temps, font partie de l'accord; *fa* et *ré*, placés dans le premier et le troisième quart, sont des notes changées (1).

Dans l'emploi des dissonances par prolongation, il faut avoir égard à trois choses : 1. la préparation; 2. la percussion; 3. la résolution (2).

La préparation d'une dissonance consiste à employer préalablement comme consonnance, dans un temps convenable, la partie de l'accord qui fait la dissonance. Ex. 13. C.

La résolution s'opère en faisant descendre ou monter cette même partie d'un degré sur une consonnance, après la percussion.

Par là, on voit que la percussion proprement dite, qui

(1) C'est-à-dire des notes de passage hors de leur véritable place, mais tolérées à cause de leur peu de valeur, et parce qu'elles font ou laissent pressentir les véritables harmoniques dont elles tiennent la place, et qui arrivent encore à temps pour produire leur effet.

(2) La dissonance, pour produire tout l'effet dont elle est susceptible, doit généralement être placée au frappé de la mesure; c'est en cela que consiste la percussion : pour que cet effet soit agréable, il faut qu'elle ait été entendue comme consonnance dans le dernier temps de la mesure précédente; c'est en cela que consiste la préparation. Enfin comme elle n'est que le retard d'une consonnance qu'elle remplace, il faut que dans le second temps de la mesure où elle occupe le premier temps, elle soit suivie de cette consonnance; c'est en cela que consiste la résolution.

se fait ordinairement avec liaison, est seule dissonante, mais que la préparation et la résolution doivent être consonnantes. Ex. 13. D.

Il faut à présent remarquer :

(a) Que dans les accords de quarte, de septième, de neuvième, de onzième et de treizième, c'est la partie supérieure qui est dissonante, et que la résolution doit se faire en descendant d'un degré. Ex. 13. E.

La septième majeure fait cependant exception lorsqu'elle est accompagnée de quarte, sixte mineure et neuvième, ou de onzième ou treizième mineure, car alors elle doit monter d'un degré. Ex. 13. F. (Pl. 9.)

(b) Que dans les accords de seconde et quarte superflue, c'est la partie grave qui est dissonante, et qui régulièrement doit descendre d'un degré pour opérer la résolution. Ex. 13. G.

(c) Que dans les accords de quinte mineure, c'est la partie supérieure qui est dissonante, et qui doit descendre d'un degré. Ex. 13. H.

(d) Que, quoique certaines dissonances, par exemple, la septième mineure, la seconde de dominante, et la quinte diminuée avec son renversement, la quarte superflue, puissent s'employer sans préparation dans le style libre, on doit pourtant les résoudre régulièrement.

(e) Que souvent, dans le style libre, une dissonance se résout sur une autre, mais que c'est une licence fondée sur des principes dont nous parlerons dans la suite. (LIX.)

XIV.

Pour rendre la lecture plus facile et plus rapide, on a adopté pour règle de ne point indiquer tous les intervalles qui entrent dans les accords ; il est donc indispensable, à celui qui veut accompagner d'après la basse chiffrée, de savoir quels intervalles il doit ajouter à ceux qui sont indiqués (1).

---

(1) La règle d'accompagnement faisant connaître les accords que doit

Lorsque, comme on l'a déjà dit, il n'y a point de chiffre sur une note de basse, on y place toujours un accord parfait. Ex. 14. A. (Pl. 10.)

Le ♭ ou ♮ indiquesi la tierce doit être diminuée, mineure ou majeure. Ex. 14. B.

La seconde, indiquée par le chiffre 2, veut toujours la quarte et la sixte. Ex. 14. C.

Cependant, si la quinte est indiquée au-dessus de la seconde, de cette manière $\frac{5}{2}$, il faut redoubler un de ces intervalles, soit la quinte. Ex. 14. D.; soit la seconde. Ex. 14. DD.

Les traits placés après les chiffres $\frac{5}{2}$ $\frac{-}{-}$, signifient que les intervalles qu'ils indiquent doivent durer pendant toute la durée de la note de basse suivante. En effet, la basse étant comme on sait, en ce cas, forcée de se résoudre en descendant d'un ton entier ou d'un demi-ton, la seconde se change naturellement en une tierce que l'on se dispense d'indiquer.

En résolvant ainsi la seconde liée en tierce, il résulte de là un nouvel accord qui, dans l'harmonie à quatre, est accompagné de tierce, quinte et sixte. Ex. 14. E. F. (1).

XV.

La tierce diminuée exige pour accompagnement la quinte mineure ou diminuée, et la septième diminuée. Ex. 15. A.

Nous avons déjà vu que la tierce mineure ou majeure, soit

---

porter chaque note de basse, selon son caractère et sa marche, les chiffres sont la plupart du temps inutiles ; aussi les supprime-t-on en général, et ne les emploie-t-on que dans les cas douteux. Outre cela, il faut remarquer que dans chaque accord il y a un intervalle caractéristique, lequel étant donné, les autres s'ensuivent ; c'est cet intervalle que, dans ces cas mêmes, on se contente d'indiquer.

(1) Le texte original porte de quinte-sixte et septième, mais comme il n'est point d'accord avec l'exemple, il est évidemment fautif. Du reste on aura l'accompagnement de quinte-sixte et septième en substituant dans l'exemple 14. E. *Si♭-re* à *sol-si♭*.

que la basse soit ou non marquée du chiffre 3, demande toujours la quinte et l'octave pour former l'accord parfait en mineur comme en majeur. De toute manière, s'il arrive plusieurs accords parfaits de suite, il faut employer le mouvement contraire, parce qu'en employant le mouvement semblable on aurait des suites de quintes ou d'octaves. Ex. 15. B.

Dans une suite de tierces, on n'accompagne à quatre parties que la première et la dernière; les autres chiffrées ou non, ne s'accompagnent qu'à trois parties. Ex. 15. C. (Pl. 11.); et même seulement à deux, quand le mouvement est rapide. Ex. 15. D.

XVI.

Dans la quarte diminuée, on redouble la sixte mineure, ex. 16. A., pl. 11. Cette harmonie se pratique ordinairement sur la septième majeure de l'échelle que l'on appelle *note sensible* ou caractéristique du mode, comme on le voit dans l'exemple proposé, où le *fa** est la sensible du mode du *sol.*

La quarte juste demande la quinte juste avec l'octave, et, dans cette disposition, elle est tout-à-fait propre aux accords finals, aux terminaisons ou cadences. Ex. 16. B.

Cependant, si au lieu de la quinte, on veut se servir de la sixte, il faut que celle-ci soit expressément marquée par le chiffre. Ex. 16. C.

A la quarte superflue ou triton, on ajoute la seconde et la sixte majeures. Ex. 16. D.

Mais, ce qui arrive surtout dans les gammes mineures, si au lieu de la seconde, on veut prendre la tierce mineure, cet intervalle doit expressément être marqué par le chiffre. Ex. 16. E. Excepté lorsque la basse monte à cette tierce même, cas où cette indication devient inutile, parce que la basse indique elle-même cet intervalle. Ex. 16. EE.

XVII.

A la quinte mineure, liée ou non, on ajoute la tierce et la

sixte mineures. Cette harmonie se pratique sur le septième degré ou note sensible, ou sur le quatrième degré du mode initial, devenu par modulation sensible du mode de la dominante (1). La résolution se fait en montant d'un demi-ton au cinquième, ou à la tonique. Ex. 17. A. (Pl. 11.)

Dans le cas où la note de basse est sur le second degré d'un mode mineur, ou sur le septième degré d'un mode majeur, et n'a pas sa résolution sur la tonique, on peut, au lieu de la sixte, se servir de l'octave. Ex. 17. D. DD.

Dans le premier de ces exemples, *la* est la seconde du mode mineur de *sol*, dans le second, la septième du mode majeur de *si*♭ (2).

La quinte juste exige la tierce mineure ou majeure, et l'octave; réunion qui, comme on sait, constitue l'accord parfait. Ex. 17. E. (Pl. 12.)

Cet intervalle n'a donc pas besoin d'être chiffré, puisque toute basse non chiffrée demande l'accord parfait; ce n'est que l'espèce de la tierce qu'il faut désigner, afin d'indiquer si elle doit éprouver quelque variation relativement à l'état de la modulation.

A la quinte superflue, qui ne s'emploie ordinairement que comme note de passage, on ajoute toujours la tierce majeure et l'octave juste. Ex. 17. F.

Il arrive rarement que la septième majeure s'emploie comme une suspension de l'octave (3).

XVIII.

La sixte diminuée, qui est de même très rare et s'emploie toujours comme ligature et comme préparation à la fausse-

---

(1) Cet accord se place sur toutes les notes sensibles, naturelles ou accidentelles.

(2) Dans les deux cas elle appartient à une série d'accords parfaits procédant par quarte et quinte alternatives.

(3) Cette suspension n'a lieu que dans les cadences finales.

quinte, veut tierce mineure et septième diminuée. Ex. 18. A. (Pl. 12.)

La sixte mineure ou majeure exige la tierce et l'octave. On peut redoubler la tierce ou la sixte. Ex. 18. B.

On peut aussi employer la tierce ou la sixte seules, sans les redoubler. Ex. 18. C. Mais il faut bien se garder de redoubler la tierce ou la sixte majeures lorsqu'elles forment le septième degré majeur, ou quelques tons appellatifs, tels que la note sensible, parce qu'elles saisissent trop fortement l'oreille, et font entendre l'octave de la basse (1). Ex. 18. D. *Si*♮ est le septième degré de la gamme d'*ut*, et produit par son redoublement un effet très désagréable. Le passage du *la*♭ au *si*♮, dans la partie supérieure, ex. 18. DD , n'est pas moins vicieux , parce qu'il n'est pas naturel et qu'il est d'une intonation difficile (2).

---

(1) La raison de cette prohibition est que, ces tons ayant, à raison de leur qualité appellative, une marche déterminée, il résulte de leur redoublement deux octaves de suite, à moins de donner à celle des parties qui les prononce, une marche contraire à son appellation, ce qui produit un effet d'autant plus mauvais, que ces tons sont très saillans et toujours très remarqués.

(2) En général, on défend entre les parties le saut de seconde augmentée, parce qu'il est difficile. Nous en trouvons cependant un bel exemple dans une composition du célèbre Emm. Bach, que nous regrettons de ne pouvoir rapporter ici, dans laquelle ce passage est employé d'une manière très originale, et produit un excellent effet : c'est dans la *Smorzato* de la cadence finale de la prière *Gott, deine Güte.*

L'emploi des intervalles mélodiques est soumis à quelques conditions dont l'auteur a négligé de parler ; nous croyons devoir suppléer à son silence par un extrait de ce que nous avions rédigé sur cet objet, dans l'ouvrage dont nous avons déjà parlé.

Si l'on en excepte, 1° la septième augmentée qui est entièrement inusitée ; 2° la sixte diminuée et la tierce augmentée qui ne peuvent jamais figurer dans les parties vocales, tous les intervalles que nous venons de décrire peuvent, étant employés convenablement, être admis dans une partie principale qui est donnée, et dépend du caprice du compositeur. Il n'en est pas de même de la basse et des parties accessoires. On n'y permet généralement, dans les parties de chant, que les intervalles naturels d'intonation

Dans une suite de sixtes, on fera bien de recourir au mouvement contraire pour éviter les suites d'octaves et de quintes. Ce qui contribue encore à l'élégance de la facture, c'est d'omettre de temps en temps un intervalle, et d'en redoubler un autre. Ex. 18. E.

La sixte superflue veut, ou la tierce majeure redoublée, ou une tierce majeure avec triton (quarte superflue), ou la quinte juste pure, avec la tierce majeure; toutefois, pour éviter les deux quintes, celle-ci ne peut-être immédiatement suivie d'un accord parfait, mais d'un accord de quarte-sixte, ex. 18. F., seconde et troisième mesure du second exemple (1).

---

facile, savoir : l'unisson, la seconde majeure et mineure, la tierce majeure et mineure, la quarte mineure, la quinte majeure, la sixte majeure et mineure, la septième mineure et l'octave. On remarquera même que la sixte majeure et la septième mineure sont exclues de toutes les parties vocales, dans la composition sévère. On doit, dans les parties vocales, s'abstenir de la quarte et de la septième majeures, de la seconde, de la quinte et de la sixte augmentées, et même dans les parties instrumentales, on doit à ces derniers intervalles, préférer leurs renversés, c'est-à-dire la quinte et la seconde mineures, la septième, la quarte et la tierce diminuées.

L'unisson soit augmenté, soit diminué, est permis lorsque l'on admet le genre chromatique qu'il constitue.

Les intervalles plus grands que l'octave, ne peuvent jamais s'employer dans les parties de chant accessoires.

Ces préceptes sont très importans en ce qu'ils renferment les règles de la mélodie, auxquelles il faut avoir égard dans la composition de la basse et des parties d'accompagnement ; c'est pourquoi nous invitons le lecteur à s'en bien pénétrer.

(1) Beaucoup d'auteurs tolèrent les deux quintes dans ce cas particulier, et cette tolérance me paraît motivée d'abord par cette considération que les deux quintes n'ayant lieu qu'entre la basse et l'une des parties intermédiaires, elles sont peu remarquables et que leur effet est peu sensible ; mais une raison plus puissante me paraît encore justifier cette tolérance : c'est que en général, les deux quintes produisent un mauvais effet lorsque les deux parties procèdent par un ton entier, parce que ces deux parties font entendre à la quinte l'un de l'autre deux chants semblables qui ne s'identifient pas et rendent la modulation indécise. Il n'en est pas de même lorsque les deux parties procèdent par demi-ton, parce que dans ce cas le mode étant, par le fait, bien déterminé, l'indécision cesse et avec elle le mauvais effet qui en

XIX.

Toutes les septièmes, lorsqu'elles sont employées par ligatures, et qu'elles se résolvent en descendant, s'accompagnent (à quatre parties) de la tierce et de la quinte, ou bien de la tierce et de l'octave, ou enfin d'une tierce redoublée. *V.* ex. 19. A. (Pl. 13.), pour la septième diminuée; AA. pour la septième mineure ; AAA., pour la septième majeure.

La septième majeure, qui comme note appellative sur une tenue de basse, se résout dans l'octave, est toujours accompagnée de la seconde majeure et de la quarte juste, même lorsqu'elle s'emploie sans être préparée. Ex. 19. B. C.

XX.

L'octave diminuée ne s'emploie que par mouvement oblique. On y ajoute la tierce et la sixte mineures. Ex. 20. A. (Pl. 13.)

L'octave juste fait partie de tout accord parfait ou imparfait $\left(\begin{smallmatrix}8\\5\\3\end{smallmatrix}, \begin{smallmatrix}8\\6\\3\end{smallmatrix}, \begin{smallmatrix}8\\6\\4\end{smallmatrix}\right)$. On la trouve aussi de temps en temps avec la septième mineure, surtout lorsque la basse, en montant d'un ton entier, produit par là un accord de septième. Ex. 20. B.

Une suite d'octaves n'est, à proprement parler, qu'un redoublement de l'unisson, et s'exécute à l'unisson sans autre accompagnement. On désigne donc ces sortes de traits par le mot *unisson* ou par une ligne transversale. Ex. 20. C. (Pl. 14.)

Une suite de petits traits – – – indique qu'il faut conserver l'accord précédent. Ex. 20. D.

L'octave augmentée, qui n'est pas proprement un intervalle harmonique, ne peut être regardée que comme note de passage, et comme préparation de l'intervalle suivant. Ex. 20. E. (1).

---

resultait. (*Voyez*, sur tous ces objets, mon *Introduction à l'étude générale et raisonnée de la Musique.*)

(1) La même réflexion s'appliquait à l'octave diminuée.

XXI.

Les deux neuvièmes doivent, comme les quartes et les septièmes, être préparées et liées dans les parties supérieures, et se résoudre en descendant d'un demi-ton et d'un ton entier; on y ajoute la tierce et la quinte. Cependant il est bon, lorsque la basse monte, de supprimer la quinte et de redoubler la tierce pour éviter les deux quintes. Ex. 21. (Pl. 14.)

Nous avons déjà fait remarquer la différence qui existe entre la neuvième et la seconde : nous croyons donc inutile de revenir sur cet objet.

XXII.

Le lecteur qui voudra acquérir la facilité d'accompagner à vue correctement toute basse chiffrée, devra se bien familiariser avec les formules qui suivent; il devra s'attacher à bien graver dans sa mémoire les intervalles qui conviennent à chaque note, et à cet effet exercer ces formules dans tous les tons.

Une basse non chiffrée, si elle n'est surmontée de ces mots *unissono*, ou *tasto solo*, qui indiquent la main gauche seule, sans autre accompagnement, demande toujours un accord parfait. Ex. 22. A. (Pl. 14.)

A la seconde, on ajoute quarte et sixte. Ex. 22. B.

A la tierce, quinte et octave. Ex. 22. C.

A la quarte, quinte et octave. Ex. 22. D.

A la quarte superflue (triton) seconde et sixte majeures. Ex. 22. E.

A la fausse-quinte (quinte diminuée ou mineure), tierce et sixte mineures. Ex. 22. F.

A la quinte juste, tierce et octave. Ex. 22. G.

A la sixte, tierce et octave. Ex. 22. H.

A la septième, tierce et quinte. Ex. 22. I.

A l'octave, tierce et quinte. Ex. 22. J.

A la neuvième, tierce et quinte. Ex. 22. K.

A la dixième, quinte et octave. Ex. 22. L.

XXIII.

S'il y a deux chiffres sur une note de basse, il faut y ajouter les intervalles complémentaires suivans, savoir :

A la seconde mineure avec tierce majeure, la quinte. Ex. 23. A. (Pl. 15.)

A la seconde avec quarte, la sixte. Ex. 23. B.

A la seconde avec quinte, un de ces mêmes intervalles doublés. Ex. 23. C.

A la seconde avec septième majeure, la quarte. Ex. 23. D.

A la tierce mineure avec quarte majeure, la sixte majeure. Ex. 23. E.

A la tierce avec quinte, l'octave, ou l'un de ces mêmes intervalles doublé. Ex. 23. F.

A la tierce avec sixte, l'octave, ou l'un de ces mêmes intervalles doublé. Ex. 23. G.

A la tierce avec septième, la quinte ou l'octave, ou la tierce doublée. Ex. 23. H.

A la tierce avec octave, la quinte. Ex. 23. I. (Pl. 16.)

A la tierce avec neuvième, la quinte. Ex. 23. J.

A la quarte avec quinte, l'octave. Ex. 23. K.

A la quarte avec sixte, l'octave ou la sixte doublée. Ex. 23. L.

A la quarte avec septième mineure, la quinte ou l'octave. Ex. 23. M.

A la quarte avec octave, la quinte. Ex. 23. N.

A la quarte avec neuvième, la quinte. Ex. 23. O.

A la quarte avec dixième, la sixte superflue. Ex. 23. P.

A la quinte avec sixte, la tierce ou l'octave. Ex. 23. Q.

A la quinte avec septième, la tierce. Ex. 23. R.

A la fausse-quinte avec octave, la tierce mineure. Ex. 23. S.

A la quinte avec dixième, la tierce. Ex. 23. T. (1).

A la sixte avec septième, la seconde ou la tierce. Ex. 23. U.

---

(1) Ou l'octave qui vaut autant pour le moins.

A la sixte avec octave, la tierce. Ex. 23. V.
A la sixte avec neuvième, la tierce. Ex. 23. X.
A la septième avec octave, la tierce. Ex. 23. Y.
A la septième avec neuvième, la tierce. Ex. 23. Z. (Pl. 17.)
A l'octave avec neuvième, la quarte. Ex. 23. AA
A l'octave avec dixième, la quinte. Ex. 23. BB.

XXIV.

Il est on ne peut plus nécessaire de se familiariser d'abord avec l'accord de tierce et quinte et ses dérivés, l'accord de sixte et celui de quarte et sixte, dans toutes leurs positions et dans toutes les gammes; et avant tout, dans la première position, celle où l'octave est mise au-dessus, la quinte au milieu et la tierce au-dessous. *Voyez* les exemples 24. (Pl. 17 et 18.)

XXV.

Ensuite, dans la seconde position où la tierce se trouve au-dessus, l'octave au milieu et la quinte au-dessous. *Voyez* les exemples 25. (Pl. 18.)

XXVI.

Enfin, il faut s'exercer dans la troisième position et mettre la quinte au-dessus, la tierce au milieu et l'octave au-dessous. Ex. 26. (Pl. 19.)

XXVII.

Les accords mineurs se traitent de la même manière.
1°. Dans la position de l'octave. Ex. 27. (Pl. 19.)

XXVIII.

2°. Dans la position de la tierce. Ex. 28. (Pl. 20.)

XXIX.

3°. Dans la position de la quinte. Ex. 29. (Pl. 21.)

XXX.

Si plusieurs accords parfaits se suivent immédiatement, il faut observer,

(a) Que la tierce, la quinte et l'octave occupent tour à tour le degré supérieur.

(b) De pratiquer soigneusement le mouvement oblique et le mouvement contraire, afin d'éviter la faute des quintes et des octaves.

(c) De rapprocher les accords autant que possible, et d'éviter que les mains marchent par sauts.

(d) Que l'on peut remplacer quelquefois l'unisson par octave, lorsque les parties, et par conséquent les mains viennent à se rapprocher. *Voy.* ex. 30. A., pl. 22, un exemple de ce rapprochement. L'exemple 30. B. est mauvais à cause des successions de quintes et d'octaves: l'exemple C est meilleur.

L'exemple 30. D. est mauvais à cause du saut de la main droite (1).

Le surplus des exemples compris sous le même numéro offre un exercice sur les divers accords de tierce et quinte, placés sur une basse qui procède par quarte et tierce.

XXXI.

Dans les exemples compris sous le n° 31, pl. 23 et 24, on voit l'accord de tierce et quinte mineures sur le second degré, intervenir au milieu des deux autres espèces, savoir : l'accord parfait majeur et l'accord parfait mineur.

Pour bien fixer la place de cet accord, on n'a qu'à analyser l'échelle et la qualité des quintes qui répondent à chaque degré.

---

(1) Cet exemple est exagéré : aucun accompagnateur ne s'avisera de faire ainsi sauter l'harmonie. On évitera les mauvais sauts en ayant soin d'établir la liaison entre les accords successifs, en donnant le mouvement oblique à l'une des parties.

Tout accord contenant une quinte diminuée devient par là même un accord parfait diminué ; cet accord se place toujours sur le septième degré du mode majeur , par exemple , sur le *si* dans l'échelle d'*ut*.

Sur le deuxième degré des modes mineurs , par exemple , sur le *si* de l'échelle de *la* mineur ; enfin , sur la sixième et septième majeures, dans tous les modes mineurs ; par exemple sur *fa** et *sol**, dans le mode mineur de *la*.

Nous avons déjà dit que la quinte diminuée , comme une dissonance réelle , doit toujours se résoudre en descendant : nous parlerons en temps et en lieu des exceptions propres à cette règle (1).

Dans l'exemple 31. A., pl. 23, l'harmonie se présente dans la position de la quinte ; dans les exemples B. , dans celle de la tierce, et dans l'exemple C. , en octave.

XXXII.

Pour éviter la faute des quintes et des octaves que l'on est exposé à rencontrer dans le mouvement semblable , il est quelquefois nécessaire de redoubler un ou plusieurs intervalles ; tout accompagnateur doit chercher à se former un coup d'œil sûr, afin de reconnaître sans peine , à la vue de la partie chiffrée, la marche que doit tenir l'harmonie.

On peut redoubler , dans les accords consonnans,

(a) La tierce mineure ou majeure ; cette dernière , si elle n'est pas la note sensible du mode. Ex. 32. A. (Pl. 24.)

Cependant, dans une composition à cinq voix , on redouble cette tierce, lorsqu'elle est accompagnée de la quinte.

---

(1) Cette règle est très mal énoncée dans l'enseignement vulgaire. Le vice de cette énonciation provient de ce que l'on a généralisé mal à propos une loi particulière. Toute la doctrine de l'harmonie est remplie de ces sortes d'erreurs , mais ce n'est point ici le lieu de les combattre. Nous en renvoyons la rectification à l'ouvrage dont nous avons déjà parlé.

(b) La sixte mineure et la sixte majeure, pourvu que celle-ci ne soit pas non plus note sensible. Ex. 32. B.

(c) La quinte pure.

(d) L'octave, mais seulement lorsque la basse, portant la septième de dominante, fait cadence sur un accord parfait. Ex. 32. C.

Dans les accords dissonans, on redouble les intervalles suivans :

(a) La seconde majeure, quand elle est accompagnée de la quinte. Ex. 32. D.

(b) La quarte pure, dans l'accord consonnant de quarte sixte. Ex. 32. E.

(c) La quinte accompagnée de seconde. Ex. 32. F.

XXXIII.

Tous les intervalles superflus sont mal chantans, et sont exclus des parties harmoniques ; il vaut mieux y substituer les intervalles diminués qui en sont les renversemens ; ainsi la septième diminuée au lieu de la seconde augmentée, la quinte diminuée au lieu de la quarte augmentée, et la quarte diminuée au lieu de la quinte augmentée. Ex. 33. A. B. (*V.* la note 2, page 24.)

XXXIV.

Dans l'exemple compris sous le n° 34, il devient indispensable de redoubler la tierce ou la sixte, parce que sans cela on tomberait dans la faute des octaves.

XXXV.

On appelle *règle de l'octave* (1), une formule harmonique

(1) Dans le langage musical allemand, cette formule reçoit une dénomination analogue, mais un peu différente, *Octave-Gang*, qui veut dire *trait d'octave*. Il résulte de là quelques différences de langage qui eussent rendu inintelligible la traduction littérale de ce paragraphe ; ce qui m'a obligé d'y faire quelques modifications.

qui fait connaître les accords que l'on doit placer sur chacun des degrés de l'échelle diatonique, lorsque la basse parcourt cette échelle dans toute son étendue, soit en montant, soit en descendant.

Une des premières études de l'accompagnateur doit avoir pour objet de se familiariser avec l'usage de cette formule, dans tous les modes, tant majeurs que mineurs. Les exemples compris sous le n° 35, en offrent le modèle. Les exemples A., B., C. contiennent la gamme ascendante dans les trois positions, en mode majeur: les exemples D., E., F. donnent cette même gamme dans les trois positions en mode mineur. Les exemples suivans se rapportent à la gamme descendante, tant en majeur qu'en mineur.

XXXVI.

Dans un mouvement lent, l'accompagnement sera plus élégant et plus varié si l'on applique deux accords sur chaque note, en les traitant à l'aide du mouvement oblique. Ex. 36. A., pl. 29.

Quoique nous ayons établi que dans la quarte superflue la note la plus grave doit se résoudre en descendant, il faut pourtant remarquer que cette disposition n'est indispensable que lorsque cette note est dans la partie la plus basse; mais lorsqu'elle se trouve dans une partie intermédiaire, elle peut procéder en montant. *V.* ex. 36. B., où la quarte majeure *ut-fa**, qui est entre le premier et le second dessus, passe à la quarte *ré-sol* (1).

Avec la sixte majeure, on peut encore, au lieu de l'octave ou de la tierce doublée, prendre la quarte; et cet intervalle vaut mieux comme étant l'octave de celui avec lequel cette sixte forme une tierce majeure, tandis que la tierce

(1) Entre des parties vocales, ou entre des parties instrumentales moins rapprochées, il serait plus convenable de faire descendre l'*ut* au *si*, et monter le *la* au *ré*.

mineure n'en est que la septième, et par cette raison ne devrait pas, rigoureusement parlant, être doublée, quoique des exemples innombrables, tirés des maîtres les plus sévères, justifient cette disposition (1).

Une suite de sixtes sur une basse qui monte ou descend diatoniquement, peut se traiter seulement à trois, par l'addition de la tierce. Ex. 36. E.

Pour obtenir le *quatuor* complet, il faut doubler tantôt la tierce, tantôt la sixte, tantôt l'octave. Ex. 36. F.

Cependant la première disposition est préférable, parce que celle à quatre parties donne des quintes et des octaves cachées par mouvement semblable, qui, bien qu'elles n'arrivent que dans les parties de remplissage, sont cependant défendues dans le style rigoureux (2).

---

(1) Cette observation de l'auteur porte sur une véritable confusion d'idées que nous allons essayer de démêler.

Lorsque la deuxième note de l'échelle descend à la première ou monte à la troisième, on lui donne la sixte majeure; cette sixte majeure, à trois parties, s'accompagne de la tierce. Cette harmonie, la seule qui convienne en cette occasion, est le premier dérivé de l'accord de tierce et quinte mineures de sensible. Si l'on essayait de substituer la quarte à la tierce, ainsi que l'ont essayé quelques systématiques modernes, on aurait une harmonie de quarte-sixte, second dérivé de l'accord de tierce et quinte de la dominante, qui serait beaucoup moins flatteuse et beaucoup moins convenable, qui même produirait une fausse modulation. Cela n'a pas empêché, comme je viens de le dire, quelques systématiques modernes égarés par de faux raisonnemens de proposer et de préférer cette quarte et sixte : le sens musical commun a prévalu et rejeté cette innovation mal conçue.

Maintenant, lorsque l'on écrit à quatre parties, on peut, à son choix, s'en tenir à la première harmonie, ce qui se fait soit en doublant la basse, soit en doublant la tierce, ou bien prendre le deuxième dérivé de l'accord de septième de dominante, ce qui se fait en ajoutant la quarte à la tierce. Cette harmonie de quarte-sixte est alors admissible a raison de la tierce qu'elle renferme, et qui en corrige le vague et la crudité.

(2) Dans l'usage ordinaire ces sortes de suites s'écrivent toujours à trois parties, parce que la quatrième n'ajoute rien à l'effet harmonique : c'est seulement dans les contrepoints d'imitation que l'on ajoute une quatrième, et même un plus grand nombre de parties, pour accomplir quelque dessein.

En général, ces progressions de tierce et sixte sont de celles qui nous font commettre facilement la faute des quintes et des octaves couvertes, parce que les chiffres dont la basse est surmontée peuvent bien indiquer les intervalles de l'accord voulu, mais nullement la disposition des parties supérieures qui peuvent marcher entre elles en quarte ou en quinte, selon l'arrangement qu'on leur donne. Ex. 36. G. (1)

XXXVII.

Le cas qu'on vient de citer nous donne occasion de traiter spécialement ce que l'on nomme les *progressions dangereuses*, sur lesquelles il est nécessaire d'être prévenu pour éviter les fautes où elles font tomber naturellement

Ces progressions dangereuses sont au nombre de six, et ont lieu dans les cas suivans :

(*a*) Lorsque, dans un accord de seconde, cet intervalle est le plus bas de l'harmonie, c'est-à-dire entre le ténor et la basse. Ex. 37. A., pl. 31.

Il faut donc prendre une autre position, ex. 37. B., ou plutôt omettre un intervalle. Ex. 37. C.

Si parmi les deux quintes, l'une est juste et l'autre diminuée, ex. 37. D., cette disposition peut avoir lieu dans le style libre; cependant il est plus sûr de changer la position du second accord, comme on voit ex. 37. E.

(*b*) Lorsque la quarte superflue se trouve au milieu des intervalles accompagnans. Ex. 37. F.

---

(1) La tierce et la sixte de l'accord forment entre elles une quarte, lorsque la tierce occupe le milieu. Ex. 6 *ut* / 3 *sol* / 1 *mi* quarte. Elles forment une quinte lorsque cette tierce est au-dessus. Ex. 3 *sol* / 6 *ut* / 1 *mi* quinte. Il est clair que si l'on forme une suite de sixtes dans cette dernière disposition, on aura une suite de quintes entre les parties supérieures, et que le seul moyen de l'éviter est de prendre l'autre disposition.

On remédie à cet inconvénient, soit en retranchant la seconde, ex. 37. G., soit en faisant descendre le premier accord sur celui du triton. Ex. 37. H.

(*c*) Lorsque la basse procédant diatoniquement, l'accord de sixte passe à l'accord parfait, ou réciproquement, il en résulte un effet dont la dureté ne saurait être adoucie même par le mouvement contraire, et qui ne peut être évité que par le retranchement du troisième intervalle, octave de la note fondamentale. Ex. 37. I., pl. 32.

Mais si, au lieu de cela, l'accord parfait qui succède à la sixte porte la quinte diminuée, il faut que les intervalles accompagnans procèdent en montant par mouvement contraire avec la basse. Ex. 37. J.

Le cas opposé où la sixte suit la quinte, est encore vicieux, parce que dans les parties supérieures se trouvent deux quintes justes, ex. 37. K.; on double alors la sixte, ou l'on transporte les intervalles à une autre position. Ex. 37. L.

Il est défendu de procéder d'une fausse quinte à une quinte pure, en montant comme en descendant, ex. 37. M.; quand même, en vertu de la position de la note fondamentale, la première formerait un accord de sixte; il faut donc aussi retrancher un intervalle ou choisir une autre position. Ex. 37. M. (1).

---

(1) Nous ne devons pas négliger ici une observation importante, c'est que le mauvais effet que produisent ces exemples dépend moins de la succession des intervalles que de l'impropriété de l'harmonie. Nous rappellerons à cette occasion ce que nous avons dit précédemment, que les mêmes accords, aussi bien que les intervalles harmoniques, jouissent de propriétés différentes, selon leur lieu, c'est-à-dire selon les degrés de l'échelle sur lesquels ils sont placés, propriétés qu'ils tirent du caractère des tons ou degrés dont ils sont formés. C'est une considération qu'ont perdue de vue, ou plutôt que n'ont jamais soupçonnée les auteurs qui ont écrit jusqu'à présent sur l'harmonie, et c'est à cet oubli qu'il faut attribuer l'obscurité et les contradictions de toute espèce qui encombrent la théorie de cette science. Sur ces points importans, je renvoie le lecteur à mon *Introduction à l'Étude de la Musique*, où j'ai essayé de discuter ces questions, et dans laquelle j'ai ainsi envisagé la science sous un point de vue entièrement nouveau.

(*d*) Lorsque plusieurs sixtes se suivent par mouvement direct, d'où résultent tantôt des quintes, tantôt des octaves couvertes avec la basse. Ex. 37. O.

Le mouvement contraire et des doublemens ménagés à propos, font éviter ces diverses fautes. Ex. 37. P.

(*e*) Lorsque les septièmes se présentent accompagnées de la tierce et de la quinte, qu'elles se résolvent sur un accord parfait, et engendrent ainsi une succession de quintes défendues. Ex. 37. Q.

Il faut alors changer la position, et se servir du mouvement contraire, ou doubler de temps en temps un intervalle, ex. 37. R., pl. 33, ou enfin partager les intervalles entre les deux mains. Ex. 37. S.

Dans ce cas, il faut encore se tenir en garde contre les quintes cachées qui peuvent survenir. Ex. 37. T. Il vaudrait mieux alors doubler la tierce et faire monter celle du premier accord vers celle du second. Ex. 37. TT.

Il serait vicieux, en pareil cas, de résoudre la note sensible en descendant, même par mouvement contraire. Ex. 37. U. Cette note demande toujours à être résolue en montant d'un degré. Ex. 37. UU.

(*f*) Lorsque la neuvième, soit majeure, soit mineure, occupe le haut ou le milieu de l'harmonie, et que, par un saut de tierce, la basse tombe sur l'accord de quinte mineure et sixte, succession qui engendre une suite de deux quintes. Ex. 37. V.

Cet inconvénient, qui est surtout à craindre dans la position de la quinte, peut être évité :

1°. Par le retranchement d'une consonnance et le doublement d'une autre ; ainsi dans les tons mineurs, on retranche la fausse quinte et l'on double la tierce mineure. Ex. 37. X. Dans les tons majeurs, on peut conserver la quinte, mais il faut doubler la tierce de l'accord suivant de quinte et sixte, et faire suivre la sixte, ou diviser en deux cet accord et faire suivre en deux notes la quinte après la sixte. Ex. 37. XX., pl. 34. (1).

2°. Souvent ces sortes de successions de neuvièmes, de même que celles de septièmes et de quartes liées, et de secondes, ne peuvent être traitées qu'à trois. Ex. 37. Y.

3°. Si cependant on veut les traiter à quatre parties, on y parviendra au moyen du mouvement contraire, qui, comme dans tout autre cas, fournit ici le procédé le plus sûr. Ex. 37. Z.

XXXVIII.

Les exercices suivans ont pour objet les accords de septième et les progressions qui s'en forment. Pour en acquérir la connaissance, qui est des plus utiles, il faut examiner attentivement l'exemple 38. A., pl. 34.

1°. On remarquera d'abord que dans le deuxième accord, la quinte est retranchée et qu'on y a substitué l'octave de la basse, pour éviter les deux quintes par mouvement direct *sol-la.* / *ut-ré.*

2°. Que la septième *ut* du deuxième accord est préparée dans le premier où elle figure comme octave, et se résout sur la tierce de l'accord suivant, tandis que la tierce de ce second accord devient à son tour septième dans le suivant.

3°. Que la tierce *ut* du cinquième accord figure également comme septième dans l'accord suivant, et devient en descendant à *si,* la quinte de l'accord parfait mineur de *mi,* dans lequel au lieu de l'octave *mi*, on a doublé la tierce *sol* pour éviter les deux quintes, l'une mineure, l'autre majeure, de

---

(1) Toutes ces explications écrites, en les supposant même aussi bien rédigées qu'il soit possible, ont toujours le défaut d'être obscures et difficiles à saisir : heureusement les exemples sont là, et suffisent pour l'instruction du lecteur qu'ils éclairent mieux que des énoncés le plus souvent mal faits.

suite. Le lecteur peut, d'après ce modèle, transposer cet exercice dans tous les tons.

XXXIX.

Quand on sera suffisamment familier avec la marche de la septième, on apprendra facilement à traiter les accords qui en dérivent, parce que la quinte dans l'accord de quinte et sixte, la tierce dans l'accord de tierce-quarte et sixte, enfin la seconde, la plus rapprochée de la basse dans l'accord de seconde, quarte et sixte, sont soumises aux mêmes lois, comme nous allons le faire voir par des exemples.

Renversons d'abord les deux septièmes que l'on voit ex. 39. A., pl. 35, en commençant par le premier accord dans lequel il faut comprendre la quinte, quoique retranchée dans ce premier temps; on aura l'accord de tierce, quinte et sixte, ex. 39. B., dans lequel le *fa*, tierce mineure de l'accord précédent, est maintenant pris pour basse, et relativement auquel *la* devient tierce, *ut* quinte et *ré* sixte. L'accord suivant succède tout naturellement à celui-ci : la septième primitive *la* reste comme basse; *sol* devient seconde, *si* quarte et *ré* sixte. La basse descend d'un degré sur *mi*, et demande un accord de tierce et sixte pour la demi-cadence, au lieu de la finale parfaite de l'exemple précédent.

Les exemples que l'on voit à la suite des deux que nous venons de donner ont pour objet d'exercer l'élève à la transposition de cette harmonie.

Maintenant, pour transformer le deuxième accord en un autre de tierce, quarte et sixte, il faut, dans le premier accord de septième, retrancher la quinte *la* et l'octave *ré*, et doubler la tierce, ex. 39. D.; la septième *ut*, partie supérieure, descend au *si*, la basse reste sur *ré*, quinte de l'accord précédent, et les autres intervalles changent leur position de manière que la septième devient la tierce, la note fondamentale quarte, la tierce devient sixte, et la basse monte d'un ton entier sur une nouvelle sixte.

On voit, à la suite de ces deux exemples, douze exercices pour les transpositions de cette harmonie dans les divers modes, pl. 36.

Dans une troisième transformation, nous voyons le premier accord de septième devenir accord de seconde. Ex. 39. E. F., pl. 36.

La note fondamentale *ré* forme seconde sur la basse *ut*, qui, de septième et partie supérieure qu'elle était, devient ligature de seconde dans la basse ; la tierce *fa* devient quarte, et la quinte *la* devient sixte. La ligature de la basse *ut*, en descendant selon sa nature sur *si*, entraîne aussi avec elle, dans la même direction, la sixte supérieure *la* vers le *sol*, pendant que les deux autres intervalles, bien qu'ils changent de nom, continuent de garder la même place ; en sorte que la quarte *fa* devient quinte, et la seconde *ré* devient tierce, et qu'enfin par ce moyen l'on obtient pour résultat l'accord complet de tierce-quinte et sixte, qui va se résoudre sur la tonique comme finale parfaite (1).

Les exemples placés à la suite de ceux-ci servent pour l'exercice des transpositions de cette harmonie.

Accord de neuvième et ses dérivés.

Ainsi que nous l'avons déjà exposé, l'accord de neuvième provient de l'accord de septième, auquel on ajoute une tierce au-dessous de la fondamentale ; par exemple, qu'on ajoute à

---

(1) Toute cette analyse écrite de la marche des parties est assez difficile à saisir pour le lecteur peu expérimenté. Nous l'engageons donc à se bien pénétrer des exemples, soit en les exécutant sur le *forté-piano*, s'il est en état de le faire ; soit en les étudiant attentivement, s'il ne connaît pas l'instrument : lorsque, par l'un ou l'autre de ces moyens, il se les sera rendus familiers, l'analyse lui en deviendra tellement facile, qu'il pourra la faire de lui-même, sans le secours du livre.

l'harmonie de septième *fa* *ré*, *si* *sol*, la tierce inférieure *mi*, et l'on aura l'accord de neuvième *fa* *ré* *si* *sol* *mi* *V*. ex. 39. G. H. (1).

Cette neuvième n'étant proprement que la septième de l'accord primitif, veut être traitée suivant la même loi. *Fa*, originairement septième de la basse *sol*, devient la neuvième en prenant *mi* pour ton fondamental ; *ré*, qui était précédemment quinte, devient septième (2). Mais comme cet accord de neuvième n'est pas toujours nécessairement traité à cinq parties, et que l'on peut retrancher à volonté, tantôt la quinte, tantôt la septième, ex. 39. I., il est très utile de s'exercer des deux manières et dans tous les tons, sur cet accord. *V*. les exemples qui suivent celui-ci, pl. 37.

Accord de onzième.

L'accord de onzième, que l'on obtient en ajoutant une quinte au-dessous de l'accord de septième, *voy*. ex. 39. K., pl. 37, demande un traitement semblable : à quatre parties, on peut omettre la quinte ou la neuvième. Ex. 39. L.

---

(1) Il est incontestable qu'en ajoutant une tierce au-dessous d'un accord de septième, on obtient un accord de neuvième ; mais outre que l'auteur ne dit pas comment se fait cette addition qui ne laisserait pas d'être embarrassante à effectuer, il est également certain que l'accord de neuvième peut avoir une toute autre génération, et être conçu indépendamment de celui de septième. Celle que lui assigne ici l'auteur est tout-à-fait systématique, et n'a son principe que dans la généralisation exagérée d'un cas particulier.

(2) Si le lecteur éprouve quelques difficultés à comprendre tous ces raisonnemens, qui sont très obscurs et très équivoques, il fera bien de ne s'y point arrêter et d'aller au fait, c'est-à dire à la pratique de l'harmonie.

L'exemple suivant, 39. M., sert d'exercice pour les diverses positions; mais il faut remarquer qu'au lieu du chiffre 11, on met toujours le chiffre 4, la onzième n'étant qu'une quarte transportée à l'octave (1).

On voit, ex. 39, N., pl. 38, la onzième sans quinte; et 39. O., le même accord sans neuvième (2).

Les exemples placés à la suite servent d'exercice pour cette harmonie.

Dans l'ex. 39. P., la neuvième fondamentale peut se résoudre en montant à la dixième, ou en descendant à l'octave. Lorsqu'on retranche la septième, l'harmonie de onzième est préparée plus convenablement par l'accord de septième dont elle dérive par le renversement. Ex. 39. P.

Les exemples qui suivent servent d'exercice pour cette harmonie.

Pour rendre sensible et claire, autant que possible, l'origine de l'harmonie de onzième, prenons encore une fois pour modèle, l'accord de septième sans la quinte *la*. Ex. 39. Q., pl. 39. Substituons à la fondamentale *ré* sa quinte inférieure *sol*, ex. R.; il vient l'accord incomplet de onzième, avec retranchement de la neuvième, ex. 39. S., ou la septième et la neuvième; mais en doublant dans ce dernier cas l'octave de

---

(1) Les rapports de la onzième et de la quarte ont été la matière de graves contestations : les uns soutenant que ces deux intervalles étaient distincts, les autres qu'ils sont identiques. Pour savoir à quoi s'en tenir sur cette question, il faut remarquer avant tout que toute neuvième doit être à la distance réelle de la note sur laquelle elle fait dissonance. Cela posé, il peut arriver deux cas en ce qui concerne la onzième : c'est que cette dissonance soit accompagnée de la tierce sur laquelle elle fait sa résolution, laquelle serait amenée par mouvement contraire; ou qu'elle n'en soit pas accompagnée. Comme elle doit, dans le premier cas, faire neuvième sur cette tierce, elle se trouve alors nécessairement à la distance de onzième de la basse; dans le second cas, elle peut être indifféremment à cette distance, ou simplement à celle de quarte.

(2) La onzième doit être accompagnée de la quinte ou de la neuvième, son harmonie propre étant trop faible pour être employée isolément.

la basse, on a ce que l'on appelle ordinairement l'*accord incomplet de onzième*, ou en général l'accord de quarte et quinte, *V*. ex. 39. T., U., U. et suivans, des exercices sur la première manière; et ex. 39, V., V. etsuivans (ceux-ci, pl. 40), des exercices sur la deuxième manière, dans laquelle la septième et la neuvième sont retranchées et la basse doublée.

Accord de treizième.

Enfin, puisque l'accord de treizième provient également des accords de septième, il veut aussi être traité de même. Nous savons déjà qu'on obtient cet accord en ajoutant une septième au-dessous de la basse, ex. 39. X., pl. 40, ce qui transforme la septième en une treizième ou sixte redoublée; la quinte en onzième ou quarte redoublée, la tierce en neuvième, et la basse en septième. Ici, la onzième se résout toujours en descendant, mais la neuvième peut se résoudre en montant ou en descendant, à volonté.

Suivant ce que nous avons dit, on simplifie l'accord de treizième en retranchant, tantôt la septième, tantôt la neuvième. On le prépare ordinairement par son accord primitif, celui de septième, afin que ses intervalles se trouvent déjà sous la main et soient employés comme ligatures. Ex. 39. Y.

L'exemple 39. Z. et les suivans servent pour l'exercice de cette harmonie.

XL.

Le chiffrage de la basse est un point trop essentiel pour ne point le traiter en détail. Les signes dont on se sert pour indiquer sur les notes de basse, les intervalles qui composent un accord, sont:

1°. Les chiffres, c'est-à-dire ceux de l'unisson jusqu'à la neuvième, car les intervalles de onzième et de treizième sont toujours marqués par ceux d'une octave plus bas, c'est-à-dire comme des quartes et des sixtes;

2°. Les signes *, +, ♭, ♭♭, qui servent tantôt pour hausser, tantôt pour baisser les intervalles ou pour les ramener sur les degrés naturels indiqués par les clefs ;

3°. Des petits traits ---- moyennant lesquels on indique la répétition du même intervalle.

XLI.

Les principaux caractères du chiffrage sont d'être exact et commode. Il sera court et commode, si les accords sont indiqués par le moins de chiffres possible, parce qu'un trop grand nombre de chiffres ne fait que fatiguer la vue et gêner le coup d'œil ; il est même alors sans utilité, parce que, quiconque a bien étudié les principes de la basse chiffrée, doit savoir d'avance, ce qu'exige chaque intervalle, d'après les règles établies. Il est exact, lorsque les divers accords sont désignés par des signes tellement suffisans et précis, qu'il n'y ait pas de possibilité de prendre un accord pour un autre.

XLII.

Si un accord ne peut être suffisamment indiqué par un seul chiffre, il faut se servir de deux ou de plusieurs. Ordinairement, on place ces chiffres les uns sur les autres au-dessus de la note de basse ; mais quelquefois aussi, on les met au-dessous, faute de place. Ex. 42, pl. 41.

XLIII.

Si les accords doivent se répéter sur une basse, il faut l'indiquer par des répétitions convenables. Ex. 43, pl. 41.

XLIV.

Si une harmonie doit être frappée sur une note de passage, cela s'indique par un trait transversal qui va en montant, et le chiffre ne se place que sur la note qui sert de basse à l'accord véritable. Ex. 44, pl. 41.

XLV.

L'accord parfait n'a besoin d'aucun chiffre, si ce n'est du chiffre 8, 5 ou 3; la tierce majeure se marque par un ✻, la tierce mineure par un ♭, ou par un ♮, suivant les circonstances.

L'accord parfait diminué se trouve souvent marqué à la manière de Telemann (1); aussi appelle-t-on cette figure l'*arc de Telemann*.

XLVI.

L'accord de seconde est suffisamment indiqué par le chiffre 2.

XLVII.

Le chiffre 6 seul demande la tierce avec doublement d'un des intervalles, ou avec l'octave ajoutée comme quatrième partie.

L'accord de quarte-sixte est désigné par les chiffres... $\begin{smallmatrix}6\\4\end{smallmatrix}$.

Celui de quinte.............................. $\begin{smallmatrix}5\\4\end{smallmatrix}$.

——— quinte et sixte......................... $\begin{smallmatrix}6\\5\end{smallmatrix}$.

——— quinte et seconde...................... $\begin{smallmatrix}5\\2\end{smallmatrix}$.

——— de neuvième avec tierce ou quinte.......... 9.

——— de septième............................ $\begin{smallmatrix}9\\7\end{smallmatrix}$.

——— de tierce et quarte...................... $\begin{smallmatrix}4\\3\end{smallmatrix}$.

——— de treizième sur la tonique............... $\begin{smallmatrix}7\\6\\4\end{smallmatrix}$.

---

(1) C'est l'accord de tierce et quinte mineures que Telemann marquait par un 5 surmonté d'un chevron brisé en cette manière $\hat{5}$. Cette notation ne s'est guère propagée même en Allemagne. Généralement, hors les cas douteux, les chiffres, surtout ceux qui indiquent l'espèce des intervalles, sont inutiles, le choix des accords étant indiqué par la règle, et leur espèce par les circonstances.

L'accord de septième avec quarte est marqué par..... $\frac{7}{4}$.

——— de neuvième avec quarte, par.............. $\frac{9}{4}$.

XLVIII.

Lorsque toutes les parties procèdent à l'unisson, on touche la basse seule, ou bien on la double dans les *forte*, en jouant par octaves avec la main droite.

Le terme *tasto*, ou *tasto solo*, veut dire qu'il faut tenir le son, et ne le frapper de nouveau que lorsqu'il commence à devenir trop faible et à n'être plus sensible.

XLIX.

Si l'on veut changer la position de la main droite, dans le cas où l'on serait monté trop haut, ou descendu trop bas, et la ramener à une situation convenable, il faut que cela se fasse toujours par des accords consonnans, et s'il se peut, sur la même harmonie.

L.

Quoique dans la règle, on doive généralement accompagner à quatre parties, il est pourtant des cas où un accompagnement à trois, et quelquefois même à deux parties, produit un effet beaucoup meilleur. Mais, pour en juger, il faut beaucoup d'expérience; aussi l'écolier doit-il se conformer sévèrement à la règle, et toucher habituellement à quatre.

LI.

Lorsque, au lieu de l'octave, on est forcé de prendre l'unisson faute d'espace (1), ou que, pour procéder suivant les règles, on double un intervalle, l'accompagnement n'en

---

(1) C'est-à-dire par suite du rapprochement des parties, si l'on écrit en partition; ou des mains, si l'on exécute sur le *forté-piano*.

reste pas moins à quatre parties, quoique dans ce cas on n'entende réellement que trois sons.

LII.

Il est inutile d'observer que celui qui se livre à l'étude de la basse chiffrée, doit déjà posséder la facilité de lire et d'exécuter sur toutes les clefs.

LIII.

Toutes les consonnances peuvent être doublées, mais jamais les dissonances, parce qu'elles sont d'une harmonie trop dure, et produisent dans leur résolution des suites d'octaves.

LIV.

Il faut marquer les temps de la mesure, en frappant les accords au commencement de chaque temps. D'après cette règle, la mesure à quatre temps veut quatre percussions d'accords. *V.* ex. 54 et suivans, pl. 41 et 42.

LV.

De même dans les mesures à deux temps, savoir :

Celle à deux blanches, et que l'on nomme *alla breve*. Ex. 55. A., pl 42.

Celle à deux noires, $\frac{2}{4}$. 55. B

Celle à six noires, $\frac{6}{4}$. 55. C.

Celle à six croches, lorsque, dans un mouvement rapide, elles ne sont marquées que par deux coups. 55. D.

Il faut, pour chaque mesure, deux accords, un pour chaque temps.

LVI.

Dans toutes les mesures à trois temps, savoir :

Celle à trois croches, $\frac{3}{8}$. Ex. 56. A., pl. 42.

Celle à trois noires, $\frac{3}{4}$. Ex. 56. B.

Celle à trois blanches, $\frac{3}{2}$. Ex. 56. C.

Celle à neuf croches marquées d'un mouvement lent. Ex. 56. D.

Il faut trois percussions, une pour chaque temps.

LVII.

Ces règles s'observent invariablement, quand bien même la basse serait figurée et les temps subdivisés en plusieurs parties ou entremêlés de notes de passage : soit que la partie fondamentale procède par des croches, soit qu'elle passe en sautant par les différentes parties de l'harmonie, qu'elle fasse des roulades en doubles croches, ou d'autres notes encore plus rapides, les accords ne devront se frapper que sur les divisions marquées par les temps, à moins que des chiffres exprès n'indiquent une variation. *V*. ex. 57. A., pl. 43, pour la mesure à quatre temps ; ex. B., pour les mesures à trois temps.

Lorsque la mesure à trois croches ou à trois noires doit être exécutée dans un mouvement rapide, il ne faut, pour chaque mesure, que deux accords, savoir : un sur la première, et un autre sur la troisième croche ou noire. Ex. 57. C.

Les trioles ou triolets et les sextoles ne demandent qu'un seul accord frappé sur la première note. Ex. 57. D.

LVIII.

Quoique toute dissonance doive, comme on sait, se résoudre sur une consonnance, il ne s'ensuit pas que cette résolution doive avoir lieu immédiatement; au contraire, cette dissonance peut être prolongée indéfiniment sur le même degré, et changée en divers autres intervalles, avant de se résoudre régulièrement suivant sa nature. Ex. 58, pl. 43.

Dans cet exemple, *ut* qui fait la quarte au-dessus du *sol* de la basse dans l'accord de quarte et sixte, en devient la quinte par l'abaissement de la basse d'un degré vers *fa*, et par conséquent la résolution régulière sur la tierce *si* de l'accord parfait est retardée jusqu'au cinquième accord (1).

Il existe une autre manière de suspendre la résolution des dissonances ; c'est de varier l'harmonie en répétant le même accord avec une autre disposition des intervalles, et en changeant ainsi un accord dissonant primitif en un accord dérivé, ou réciproquement un accord renversé en un accord primitif. Ex. 58 A. B. C., pl. 44.

Dans le premier exemple, l'accord primitif de septième se change en son premier dérivé ; dans le deuxième, le second dérivé se change en l'accord primitif ; et dans le troisième exemple, le troisième dérivé passe au second.

LIX.

Dans le style libre, il y a deux circonstances où l'on peut employer une dissonance sans l'avoir préparée, savoir :

1°. Lorsque l'on résout une dissonance sur une autre ; par exemple, lorsqu'on résout une neuvième sur une septième. Ex. 59. A. et suivans, pl. 44.

Dans cet exemple, la neuvième se résout toujours sur la septième, et celle-ci à son tour, sur la fausse-quinte. Pour expliquer autant qu'il est possible ce procédé, on n'a qu'à supposer mentalement une consonnance de passage entre les dissonances. *V.* ex. 59. B., pl. 45. Cette octave idéale sur *sol*, forme dans l'oreille la transition de la neuvième à la septième (2),

---

(1) L'exemple pourrait être mieux choisi, puisque, selon l'auteur lui-même, cette quarte n'est pas dissonante.

(2) Cette explication ne me paraît pas recevable. La partie supérieure de l'exemple A. est trop altérée dans l'exemple B., pour que ces deux exemples soient regardés comme identiques. Il n'est rien que l'on ne parvînt à légitimer avec de pareils commentaires. La véritable raison de cette disposition est dans la marche des parties, où la neuvième *la*, ayant sa résolu-

Ou bien, lorsque l'on résout une septième sur une quarte superflue, ex. 59. C. Dans ce cas, la sixte imaginaire *si* forme le lien consonnant entre la septième et la quarte majeure (1).

L'exemple D. et les suivans servent d'exercice à ce passage.

2°. On peut encore pratiquer une dissonance sans préparation, en passant immédiatement d'un accord consonnant à un accord dissonant.

Cela se fait ordinairement,

(a) Dans les terminaisons avec la septième de dominante; par exemple, en passant du mode majeur d'*ut* au mode de *la* mineur, à l'aide de la septième de dominante. Ex. 59. E., pl. 45.

(b) Par les dérivés de cet accord, savoir :

Celui de quinte et sixte, comme d'*ut* en *la* mineur, *fa* majeur et *ré* mineur. Ex. 59. F.

Celui de tierce et quarte dans le même cas. Ex. 59. G.

Ou enfin celui de seconde et quarte majeures. Ex. 59. H.

(c) A l'aide de la septième mineure dans les tons majeurs, et de la septième diminuée dans les tons mineurs, lesquels accords ont toujours leur siége sur la septième de l'échelle ou note sensible; et de même pour les accords qui en dérivent. Ex. 59. I.

(d) Au moyen de l'accord de septième mineure qui se trouve sur le second degré de l'échelle du mode mineur. *V.* ex. 59. K., pl. 46, pour le mode mineur de *la*.

---

tion naturelle sur le *sol*, celui-ci se trouve *au temps faible* placé comme septième sur le *la* de la basse, et peut être employé comme tel, à raison du temps où il arrive. Cette septième, étant note de passage, n'a pas besoin de résolution proprement dite; elle suit sa marche naturelle : la quinte mineure sur laquelle elle tombe, n'est d'ailleurs point une dissonance, mais une *consonnance appellative*.

(1) Cette explication est d'autant plus vicieuse, que la quarte majeure n'est pas elle-même une véritable dissonance, mais, comme nous venons de le dire, une *consonnance appellative*, et que la succession est légitimée par la marche des parties où tous les intervalles suivent leurs appellations naturelles.

(e) Au moyen de l'accord de neuvième mineure situé sur la dominante d'une échelle mineure. Ex. 59. L.

(f) Au moyen de l'accord de la neuvième majeure sur la dominante d'une échelle majeure. Ex. 59. M.

LX.

Quoique tous ces accords dissonans puissent être employés librement et sans préparation, néanmoins il faut les résoudre régulièrement.

L'emploi sans préparation ne vient, à proprement parler, que d'une figure appelée *anticipation*, qui consiste à faire paraître un intervalle plus tôt qu'on ne l'attendait, l'oreille ajoutant les parties intermédiaires qui servent à la liaison.

Qu'on ajoute mentalement, dans les accords de septième, ex. 60. A., pl. 46, les noires soulignées, ex. 60. B., qu'on a retranchées, et l'on verra toutes les dissonances se changer en consonnances. Les dernières appartiennent plutôt à la classe des notes régulières de passage; la dissonance, qui paraît ne pas être préparée, est parfaitement justifiée, et l'irrégularité disparaît entièrement (1).

(Les exemples 60. A., B., et ceux qui suivent, servent d'exercice à cette harmonie.)

---

(1) Cette explication est tout-à-fait insoutenable, et pour en sentir tout le vice, il suffit de remarquer qu'au moyen d'un raisonnement semblable toutes les septièmes et neuvièmes, de quelque nature et sur quelque degré qu'elles soient placées, seraient susceptibles d'être employées sans préparation. Or cette proposition est inadmissible. L'emploi sans préparation des septièmes et des neuvièmes de dominante est un privilége de cette dernière note qui découle de ses qualités modales constitutives, ainsi que l'ont senti et reconnu tous les contrapuntistes modernes, ainsi que l'ont établi tous les didactiques qui ont écrit depuis environ deux siècles que cette harmonie a commencé à devenir vulgaire, et ainsi que je le démontrerai par des considérations métaphysiques *sui generis* tirées du fond du sujet, dans mon *Introduction à l'étu 'e générale et raisonnée de la Musique*.

LXI.

Comme on s'est servi de l'expression l'*accord a son siége*, il est convenable de s'expliquer ici à ce sujet.

Il y a des accords qui gardent toujours une place qui leur est propre ; leur position naturelle ou cette place est toujours sur un degré qui se compte à partir de la tonique, soit mineure, soit majeure.

Ainsi, l'accord de septième mineure sans préparation a toujours son siége sur la dominante du mode ou cinquième degré de l'échelle, par exemple, sur *sol* en *ut* majeur, et sur *mi* en *la* mineur. Ex. 61. A., pl. 46.

Les accords qui en dérivent sont,

1°. L'accord de quinte et sixte, qui a son siége sur le septième degré, par exemple sur *si* en *ut* majeur, et *sol*✱ en *la* mineur. Ex. 61. B.

2°. L'accord de seconde, qui a son siége sur le quatrième degré, par exemple, sur *fa* en *ut* majeur, et *ré* en *la* mineur.

3°. Celui de sixte majeure avec quarte et tierce mineures, qui a son siége sur le second degré, par exemple, sur *ré* en *ut* majeur, et sur *si* en *la* mineur. Ex. 50. D.

Sur le septième degré, il naît aussi de l'accord de quinte et sixte un accord de septième avec fausse-quinte. Ex. 61. E., F. Cette septième est mineure dans le mode majeur, mais dans les modes mineurs elle est diminuée

Enfin, l'accord de seconde superflue, qui ne se trouve que sur le sixième degré de toutes les gammes mineures, par exemple, sur *fa* en *la* mineur. Ex. 61. G., pl. 47.

C'est sur ce même degré que la sixte superflue a son siége dans les tons mineurs. Ex. 61. H.

L'accord de onzième, composé de quinte, septième, neuvième et onzième, se trouve toujours sur la tonique. Ex. 61. I.

L'accord de treizième, qui, outre cet intervalle, comprend encore la septième, la neuvième et la onzième, se trouve sur la tonique dans toute gamme mineure. Ex. 61. K.

LXII.

Pour récapituler toutes les règles précédemment établies, nous allons donner sur l'ensemble des intervalles des exemples avec lesquels l'élève devra se familiariser, en s'exerçant sur toutes les gammes et sur toutes les positions ; c'est le moyen le plus sûr pour parvenir à exécuter facilement la basse chiffrée.

(a) *Accords parfaits dans tous les modes majeurs.*

Ici il faut remarquer,

1°. Que toutes les fois que la basse saute d'une quinte, comme par exemple, dans l'accord final de *fa* à *ut*, ex. 62. A. pl. 47, il faut se servir dans l'accompagnement du mouvement contraire ;

2°. Qu'en procédant par ce mouvement, la position d'octave est la meilleure, parce qu'en se servant des deux autres, surtout de celle de tierce, il en résulte fréquemment des quintes cachées qui choquent une oreille délicate.

(b) *Accords parfaits dans les tons mineurs.* Ex. 62. C., pl. 48.

Il faut remarquer,

1°. Que cette progression demande toujours le mouvement contraire, parce que le mouvement semblable produirait des quintes et des octaves cachées, et que, dans les deux avant-derniers accords, il en résulterait un saut de seconde superflue ;

2°. C'est par la même raison qu'il faut aussi préférer la position de tierce pour le premier accord.

(c) *Accords de seconde mineure.— V.* Ex. 62. D., pl. 48, pour les trois positions.

Il faut remarquer,

1°. Que si, dans le second accord, au lieu de la tierce mineure *sol*, on prend la tierce majeure *sol**, il faut faire monter la seconde (1). Ex. 62. E.

---

(1) L'auteur s'exprime mal; nous allons essayer de faire comprendre ce

Ceci cependant ne pourrait s'appliquer dans la disposition à quatre, parce qu'il en résulterait, dans un mouvement ascendant, deux quintes pures (*voy*. la note), ou dans un mouvement descendant un saut de seconde superflue de *sol*✻ à *fa*, saut contraire à la mélodie. Au reste, cette disposition commence toujours par la tonique, et finit sur la dominante; par ex., elle commence par l'accord de *la* mineur, et finit par celui de *mi* majeur. Ex. 62. H.

(d) *Accords de seconde majeure*. — *V*. les exemples 62. H., pl. 49, pour les trois positions et les exercices placés à la suite.

(e) *Accords de seconde superflue*. — *V*. les exemples 62, I., pl. 50, pour les trois positions et les exercices placés à la suite.

(f) *Accords de quarte liée dans les tons majeurs*. — *V*. les exemples 62. J., pl. 50, pour les trois positions et les exercices placés à la suite.

(g) *Accords de quarte liée dans les tons mineurs*. — *V*. les exemples 62. K., pl. 51, pour les trois positions et les exercices placés à la suite.

Il est à remarquer,

1°. Que, dans l'accord de sixte, il faut toujours doubler la

---

qu'il veut dire. Dans l'exemple précédent, le *fa*, sous lequel la basse forme seconde en *mi*, au premier temps de la seconde mesure, ce *fa*, dis-je, est amené par le second dessus qui fait *la*, *sol*, *fa*, parce que le *sol* descend au *fa*, mais dans celui-ci (62. E.) le *sol*✻ monte au *la* qui se trouve doublé; le *fa* est alors amené par la partie de ténor, dans laquelle le *mi*, au lieu de descendre à l'*ut*, monte au *fa*. C'est ce que l'auteur entend quand il dit que l'on doit faire monter la seconde. On supprime alors la sixte *ut*, parce qu'elle ne pourrait être que dans le dessus qui ferait deux quintes avec le ténor, ex. 62. F. Le dessus doit donc descendre de *si* à *la*, au lieu de monter à *ut*. On pourrait, il est vrai, faire descendre le second dessus de *sol*✻ à *ut*. Ex. 62., mais cela serait d'une très mauvaise mélodie, même en musique instrumentale. *V*. la note 1, p. 24.

Au moyen du redoublement du *la*, l'harmonie n'est plus qu'à trois. C'est en ce sens que l'auteur dit que cette disposition ne peut avoir lieu à quatre tierce *fa*, parce qu'autrement le mouvement direct produirait deux quintes, ex. 62. L., ou deux octaves avec la basse. Ex. 62. M.

Si l'on veut prendre la sixte superflue, il faut doubler la tierce, et n'employer que la position d'octave ou de quinte ; jamais celle de tierce, et cela pour éviter les fautes. Ex. 62. N.

(h) *Accords de quarte superflue avec seconde ou sixte.* — *V.* les exemples 62. O., pl. 51, pour les trois positions et les exercices, pl. 52.

(i) *Accords de quarte superflue, avec tierce mineure et sixte majeure.* — *V.* les exemples 62, P., pour les trois positions et les exercices, pl. 51.

(k) *Accords de sixte.*

Remarque. Lorsque plusieurs sixtes se suivent sans intermédiaire, il faut principalement employer le mouvement contraire, tantôt retrancher un intervalle, tantôt doubler la tierce ou la sixte, lorsqu'elles ne se trouvent point sur le septième degré majeur, et se servir quelquefois de la quarte comme quatrième intervalle, au lieu de l'octave, par exem-

si *si*
sol *fa*
ple *la*, au lieu de *ré*. *V.* les exemples 62. Q., pl. 53, et les
ré *ré*

exercices à la suite.

(l) *Accords de septième diminuée avec ligature.* — *V.* les exemples 62. R., pl. 53, et les exercices à la suite.

(m) *Accords de septième mineure, avec tierce, octave, ou tierce mineure doublée.* — *V.* les exemples 62. S., et les exercices à la suite, pl. 54.

(n) *Accords de septième mineure avec tierce et quinte.* — *V.* les exemples 62. T., et les exercices à la suite, pl. 54.

Remarques.

1°. Lorsque la basse monte d'un ton entier dans la ligature de septième, il faut omettre la quinte (1).

---

(1) En général, la meilleure harmonie est celle de la *triade*, c'est-à-dire

2°. Si au contraire, elle descend d'un demi-ton, ou d'un ton entier, on omet l'octave, ou bien l'on double dans l'accord de sixte qui sert à la préparation, la sixte elle-même. *V*. ex. 62. U., pl. 55.

(o) On voit, exemple 62. V., pl. 55, des accords de septième majeure placés sur une basse ascendante, et sur lesquels on doit, au lieu de prendre l'octave ou la quinte, doubler la tierce.

Lorsqu'il se présente une suite de ces septièmes sur une basse qui procède toujours par quartes ou par quintes, on accompagne la première avec la tierce et la quinte, ou *vice versâ*. Ex. 62. X., pl. 56.

Lorsque ces septièmes se trouvent accompagnées de la quarte liée, on ajoute pour quatrième partie, tantôt la quinte, tantôt l'octave. *V*. ex. 62. Y., pl. 56.

(p) On voit, ex. 62. Z, pl. 56 et 57, des accords de neuvième mineure liée, qui commencent toujours sur la quatrième de l'échelle par un accord parfait, pour former liaison sur la dominante, et faire ensuite résolution sur la tonique.

---

celle de trois sons, dont deux sont essentiels et le troisième accessoire : tous les sons que l'on ajoute au-delà de ce nombre ne font que surcharger l'harmonie et en détruire l'effet.

Dans l'accord de septième, cette dissonance n'étant en général qu'un retard de la sixte, il naît de la suppression de cette septième un accord de sixte auquel la quinte est étrangère ; cette quinte ne peut donc que nuire à l'effet de la septième. On doit conclure de là que la quinte n'est bien placée dans un accord de septième, que lorsque l'accord réduit au simple doit être un accord de quinte et sixte, où la septième ne vient que comme retard.

De ce que nous venons d'avancer que la meilleure harmonie est celle de trois sons, il ne suit pas nécessairement que la meilleure composition est celle à trois voix, 1° parce que pour obtenir la triade elle-même, on est souvent obligé, à raison de la disposition des parties, d'en employer quatre ou un plus grand nombre ; 2° parce que, même en réduisant l'harmonie à trois sons, la diversité des mouvemens permet d'employer un plus grand nombre de parties, et que celle des dessins mélodiques en fait souvent une loi.

(q) *Accords de neuvième majeure liée.* — *V.* les exemples 62. AA., et les exercices qui les suivent, pl. 57.

(r) Relativement aux basses qui procèdent diatoniquement, il faut remarquer que :

1°. Dans les mesures paires sur une roulade uniforme d'une octave, on ne place qu'un accord, ex. 62. BB., pl. 58;

2°. Sur les roulades inégales, deux accords, ex. 62. CC., pl. 58; parce que, dans le premier cas, l'harmonie fondamentale, comme celle d'*ut* majeur, reste invariable, tandis que dans le second cas, elle change dans chaque mesure.

3°. Dans des mesures impaires, les roulades égales ou inégales se font sur un seul accord. Ex. 62. DD.

4°. La même chose a lieu lorsque la basse parcourt toute l'harmonie. Ex. 62. EE., pl. 58.

5°. De même pour les notes de passage imparfaites ou dissonantes. Ex. 62. FF., pl. 58 et 59.

6°. Cependant, aussitôt que la basse passe en d'autres tons, toutes les notes portant harmonie doivent être chiffrées en particulier et accompagnées par des accords différens. Ex. 62. GG.

LXIII.

Les exemples ci-après doivent servir de modèle à l'élève, et il peut en disposer de semblables dans tous les tons Cependant, pour atteindre le but avec plus de sûreté, on fera bien de ne pas toujours recourir aux accords d'accompagnement que l'on voit écrits, mais d'opérer seulement d'après la basse chiffrée, qui, dans tous les cas, est le guide le plus sûr.

LXIV.

Pour exercices sur les accords de seconde liée, *voyez* les exemples n° 64, pl. 59.

LXV.

Pour exercices sur une suite de tierces qui ordinairement ne prend pas de chiffres, *voyez* l'exemple 65, pl. 60.

LXVI.

On voit, sous ce n° 66, pl. 60, des exercices sur la quarte liée, à trois parties, où la quinte ne peut tenir pendant toute la durée de la dissonance, mais doit sauter à l'octave. La dernière seule fait exception, parce qu'elle conduit à la terminaison, pendant que les autres servent à préparer la quarte.

LXVII.

Pour exercices sur la liaison de quarte à quatre parties, *voyez* l'exemple n° 67, pl. 60.

LXVIII.

Pour exercices sur l'accord de quarte et sixte sans préparation, *voyez* l'exemple n° 68, pl. 60.

LXIX.

Pour exercices sur les accords de quarte et sixte avec liaison, *voyez* les exemples n° 69, pl. 60.

LXX.

Cependant si ces accords se résolvent sur l'harmonie de quinte mineure, qui, suivant sa nature, demande la sixte mineure, il faut, au lieu d'octave, doubler la sixte, *voyez* les exemples 70, pl. 61.

LXXI.

Pour exercices sur les accords de quinte et sixte, *voyez* l'exemple n° 71, pl. 61.

LXXII.

Pour exercices sur les accords de sixte, *voyez* les exemples n° 72, pl. 61.

LXXIII.

Pour exercices sur les accords de septième liée, *voyez* l'exemple n° 73, pl. 61.

LXXIV.

Pour exercices sur la seconde dite de passage, *voyez* l'exemple n° 74, pl. 61 et 62.

LXXV.

Pour exercices sur les accords de seconde et quinte liée, *voyez* l'exemple n° 75, pl. 62.

LXXVI.

Pour exercices sur les accords de seconde-quarte et quinte, *voyez* l'exemple n° 76, pl. 62.

LXXVII.

Pour exercices sur la septième dite de passage, *voyez* l'exemple n° 77, pl. 62.

LXXVIII.

Pour exercices sur les accords de neuvième, *voyez* l'exemple n° 78, pl. 62.

LXXIX.

Pour exercices sur les accords de quarte et neuvième, *voyez* l'exemple n° 79, pl. 63.

LXXX.

Pour exercices sur les accords de sixte et neuvième, *voyez* l'exemple n° 80, pl. 63.

LXXXI.

Pour exercices sur les accords de septième et neuvième, *voyez* l'exemple n° 81, pl. 63.

LXXXII.

Pour exercices sur divers accords à trois parties, *voyez* l'exemple n° 82, pl. 63 et 64.

LXXXIII.

Pour exercices sur divers accords à quatre parties, *voyez* l'exemple n° 84, pl. 64 et 65.

N. B. Lorsque les chiffres ne sont pas tout-à-fait sur une note, l'accord désigné se frappe entre cette note et la suivante.

LXXXIV.

Si une harmonie à trois ou à quatre parties n'est composée que d'accords parfaits ou imparfaits, disposés de manière qu'il ne s'y rencontre jamais une quarte consonnante entre les parties, on dit alors que cette harmonie est composée dans le style le plus pur.

Cette quarte consonnante a son siége depuis la quinte jusqu'à l'octave dans les accords parfaits consonnans, comme le révérend père Athanase Kircher l'a fort bien remarqué (1). Ainsi dans l'exemple 84. A., pl. 65., le *sol*, ex. B., est la quinte de la basse, ex. C. L'*ut* dans la partie supérieure en est l'octave, ex. D. Cette quinte, placée au milieu, forme avec l'octave la quarte consonnante. Ex. E.

Et de même dans les différentes positions. Ex. F. et G.

De même dans les accords imparfaits de sixte. *V.* les ex. H., I., K., L., M., pl. 65; et N., O., pl. 66.

Or, quoique tous les tons de ces accords soient incontestablement consonnans par rapport à la basse, les quartes qui se rencontrent en quelques-uns d'entre eux, ayant moins d'harmonie que les autres intervalles, paraissent à une oreille fine comme autant de dissonances qui troublent la pureté de l'harmonie, et sont, par cette raison, exclues de ce que l'on nomme le *style pur par excellence*. L'art d'écrire en ce style consiste à

---

(1) L'autorité d'ailleurs assez peu imposante du R. P. Ath. Kircher (et non Anastase comme porte le texte allemand), était bien inutile pour appuyer une observation qui n'échappe pas au moindre écolier. On doit regretter que l'auteur n'ait pas réservé son érudition pour une meilleure occasion.

prendre les accords dans une disposition telle, que cet intervalle ne puisse jamais se rencontrer dans la composition, et ne paraisse que sous la forme de quinte au-dessus de la basse, et de l'une quelconque des parties. *V.* les exemples 65 P., Q., pl. 66.

Pour remplir cette condition, il faut observer :

1°. Que de temps en temps il faut doubler la tierce pour éviter les deux quintes de suite, bien que les quintes cachées soient permises dans un accompagnement à plusieurs parties. En doublant la tierce, l'octave peut même se trouver dans la partie du dessus ou du milieu ; car la quinte étant retranchée, il ne peut plus y avoir de quarte. Ex. 65. R., pl. 66.

2°. Il faut aussi doubler quelquefois la quinte elle-même pour éviter les octaves et les unissons défendus. Ex. 65. S.

3°. Enfin, les tierces peuvent encore être redoublées auprès de la quinte, tant à trois parties, ex. 65. T., qu'à quatre, ex. 65. U., et l'on conçoit aisément que ces tierces ne peuvent jamais être des tons appellatifs.

Cependant le style où il n'y a que des accords parfaits sans doublement de tierce est toujours le plus beau et le plus pur. Pour apporter de la variété, on peut prendre aussi la tierce avec l'octave, au lieu de la tierce avec la quinte ; mais l'unisson doublé, ou l'octave élevée, ne conviennent seulement qu'à une cadence finale, parce qu'une telle disposition à deux ferait une harmonie trop vide. Ex. 65. V., pl. 67.

Comme par cette manière de disposer on est extrêmement restreint, on peut se permettre la licence de prendre alternativement des accords imparfaits, c'est-à-dire des sixtes avec des accords parfaits, mais toutefois de manière, comme nous l'avons déjà remarqué, que la quarte soit changée en quinte. Ex. 65. X., X1., X2., X3., pl. 67.

Maintenant, puisque la quarte consonnante (1), ainsi que l'accord de quarte et sixte et tous les autres intervalles dissonans, sont exclus du style rigoureux, il en résulte qu'on n'y

---

(1) Le texte porte la quinte, mais c'est visiblement une faute.

peut employer que l'accord parfait mineur et majeur et l'accord de sixte sous cette forme

8	8	8	8
5	5	6	♭6
*3	♮3	*3	♭3.

Sur quoi il faut observer que, dans les deux premiers cas, précisément pour éviter la quarte consonnante, l'octave, et dans les deux derniers cas, la sixte, ne peuvent jamais occuper le dessus. Parmi les accords de sixte, il faut, outre les sixtes diminuées et superflues, exclure encore ceux dans lesquels,

1°. La tierce est majeure et la sixte mineure, ex. 65. Y., pl. 67, parce qu'il s'y trouve, soit une quarte diminuée Y1., soit une quinte superflue Y2.;

2°. Ceux dans lesquels la tierce est mineure, la sixte majeure, ex. Z., parce qu'il en résulte ou un triton Z1., ou une fausse-quinte Z2.

Pour exemple du style le plus pur, composé exclusivement d'accords parfaits, nous donnerons le 1er verset du *Miserere*, par Albrechtsberger. Pl. 68, ex. AA.

Pour exemple du style le plus pur, composé d'accords parfaits et imparfaits, le second verset du même psaume. Pl. 68, ex. BB.

On voit, pl. 69, un hymne du même auteur, sans quarte consonnante entre les parties.

LXXXV.

S'il faut beaucoup de soins et de précautions pour composer en ce style, suivant la rigueur des règles, avec les pures consonnances, il faut également beaucoup d'exercice et d'expérience pour bien ménager et employer les intervalles dissonans, diminués ou superflus. C'est pourquoi nous allons continuer de traiter ces intervalles importans, sans rien omettre de ce qui peut être digne d'attention.

LXXXVI.

Le siége de la tierce diminuée, laquelle ne se rencontre que dans le mode mineur, est, comme on sait, sur la quatrième de l'échelle de ce mode élevée d'un demi-ton : comme *ut** en *sol* mineur, *la** en *mi*. Ex. 86. A. B., pl. 70.

Cette tierce est toujours préparée dans l'accord précédent dont elle fait partie, et se résout en descendant. On la désigne par l'arc de Telemann, pour la distinguer de la tierce mineure ; elle est toujours accompagnée de fausse-quinte et de septième diminuée, comme le fait voir l'exemple 86. C.

On peut la regarder proprement comme le remplaçant de la tierce mineure dans l'accord de septième diminuée, forme sous laquelle on la présente aussi fréquemment, comme moins dure (1).

LXXXVII.

La quarte diminuée n'est originairement qu'une suspension ou retard de la tierce de l'accord de quinte et sixte, ou septième diminuée. Elle a son siége sur la note sensible dans toutes les gammes mineures, par exemple, sur *sol** en *la* mineur, sur *ré** en *mi* mineur. *V*. ex. 87. A. a., B. b., pl. 70.

Du reste, pour la manière de la traiter, elle ressemble tout-à-fait à la tierce diminuée, parce qu'elle doit, comme cette

---

(1) Cette proposition ne me paraît pas admissible : la tierce mineure et la tierce diminuée sont deux intervalles qui n'ont rien de commun, et qui appartiennent à deux constitutions modales totalement différentes, qu'il importe de ne pas confondre.

La tierce diminuée s'emploie sans préparation, et, comme disent les Italiens, *di posta*, mais à la distance de dixième ; on en voit un bel exemple dans l'oratorio de la Passion de *Paisiello*, sur les paroles *Tutto geme*, *il mondo afflitto*.

tierce, se trouver préparée dans l'accord précédent et se résoudre en descendant. *V.* ex. 87. C. D. (1).

LXXXVIII.

C'est sur le même degré, savoir sur la sensible, tant dans les tons majeurs que mineurs, que siége la quinte diminuée, dite *fausse-quinte*. Elle s'accompagne de tierce et sixte mineures; elle peut être préparée ou non préparée, et dans le dernier cas elle se résout en descendant. *V.* ex. 88, pl. 70.

LXXXIX.

On place encore sur ce même degré la quinte mineure qui s'accompagne de tierce mineure et d'octave. Cependant, dans les modes mineurs, elle se place sur le second degré, en supposant toutefois que la basse va par saut et qu'il s'agit d'une disposition à quatre parties.

Cet accord diminué est celui que l'on désigne par l'arc de Telemann, et cette quinte étant considérée comme une consonnance, quoique imparfaite, n'a pas besoin de résolution. *V.* ex. 89, pl. 71. (2).

XC.

La sixte diminuée a son siége sur le quatrième degré élevé

---

(1) On prend aussi la quarte diminuée par saut, de la manière suivante :

	mi	*mi*	*mi*	*re*	*re*	*ut.*
2.	*ut*	*ut*	*ut*	*ut*	*si*	*ut.*
	ut	*sol*✱	*la*	*fa*	*sol*	*ut.*

(2) La marche des intervalles n'est, dans le fait, autre chose que celle des termes ou des tons dont ils sont formés. La marche de ces tons est une conséquence de leur nature qui est libre où appellative, selon les circonstances et l'état de la modulation. C'est pourquoi les règles établies pour un cas particulier, quelque fréquent qu'il soit, ne peuvent encore convenir pour un autre, et sont encore moins susceptibles d'une généralité exclusive.

d'un demi-ton, et ne se pratique que dans les tons mineurs. Ex. 90. A. a., B. b., pl. 71.

Elle se rencontre dans l'accord de septième diminuée, où elle est préparée comme suspension de la fausse-quinte, et se résout en descendant. Ex. 90. C.

De même que la fausse-quinte peut être suspendue par la sixte diminuée, de même la septième diminuée le peut être en même temps par l'octave diminuée. Ex. 90. D.

XCI.

La septième diminuée ne peut être également employée que dans les tons mineurs. Elle a son siége sur la sensible du mode principal, ou sur celle du mode de la dominante. Ex. 91, A. a., B. b. pl. 71 (1).

Elle peut être préparée ou non préparée : dans le dernier cas elle est ordinairement accompagnée de la tierce mineure et de la fausse-quinte ; mais dans tous les cas, elle se résout en descendant. Ex. 91. C., pl. 71.

XCII.

Il résulte de ce qui a été dit plus haut, que l'octave diminuée n'est proprement que la suspension de la septième qui la suit ; qu'elle a aussi son siége dans les modes, tant mineurs que majeurs, sur le quatrième degré élevé d'un degré ; qu'elle s'accompagne de la tierce avec quinte ou sixte ; qu'elle doit être préparée et résolue en descendant. *V*. ex. 92, pl. 72.

XCIII.

L'unisson superflu n'est, à proprement parler, qu'une note de passage. Il a son siége dans tous les tons sur la to-

---

(1) En un mot, sur toute la sensible des modes mineurs principaux ou accidentels, selon l'état de la modulation.

nique, et s'accompagne de tierce avec quinte, ou de quarte avec sixte, et se résout en montant. *V.* ex. 93, pl. 72 (1).

XCIV.

La seconde superflue a son siége sur la sixième mineure, dans les tons mineurs; la liaison est dans la basse, et la résolution se fait en descendant. Elle s'accompagne de la quarte superflue et de la sixte majeure. *V.* ex. 94, pl. 72.

XCV.

La tierce superflue, accompagnée de seconde majeure et de quinte superflue, est un accord anticipé qui se change en tierce, quarte superflue et sixte, et qui a son siége sur la deuxième de l'échelle dans les tons mineurs. Ex. 95, pl. 72.

XCVI.

Lorsque la quarte superflue est accompagnée de la seconde ou de la tierce avec sixte superflue, elle a, dans tous les tons mineurs ou majeurs, son siége sur le quatrième degré; elle peut être pratiquée sans préparation, ou comme note de passage, mais elle se résout toujours en montant. Ex. 96. A., pl. 72.

Cependant, si cet intervalle paraît, dans les tons mineurs, lié avec la quinte ou l'octave, ou comme suspension avec la seconde superflue et la sixte majeure, il a son siége sur le sixième degré. Ex. 96. B., pl. 73.

XCVII.

Le siége de la quinte superflue qui, soit comme note de

(1) L'unisson augmenté n'est point un intervalle harmonique proprement dit, et ne peut s'employer que transitoirement, non-seulement sur la tonique, mais sur tous les degrés de l'échelle.

passage, soit comme ligature, se résout en montant, est dans tous les tons majeurs sur la tonique, et dans les tons mineurs sur le troisième degré, où elle est accompagnée de la tierce et de l'octave. Ex. 97, pl. 73. Lorsqu'elle est jointe à d'autres intervalles dissonans, elle a d'autres accompagnemens (1).

XCVIII.

Le siége de la sixte superflue, qui toujours se résout en montant, est le sixième degré dans les tons mineurs. L'accord primitif n'est que l'accord parfait doublement diminué.

Cet intervalle est accompagné

(a) De la tierce majeure doublée. Ex. 98. A., pl. 73.

(b) Ou de tierce majeure avec quarte superflue ; cette dernière, cependant, doit être préparée comme quinte. Ex. 98. B.

(c) Enfin, de la tierce majeure avec quinte, lorsque l'accord de quarte-sixte la suit, et cela même dans les tons majeurs. Ex. 98. C.

XCIX.

Quoique chaque morceau de musique soit écrit dans un ton particulier où il doit commencer et finir, il pourrait quelquefois devenir ennuyeux et monotone, en s'astreignant à rester dans le même ton. (*Varietas delectat*), *la variété plaît*, est un proverbe aussi ancien que vrai. Lors donc qu'on a joué dans un ton principal en sorte qu'il soit bien établi,

---

(1) Par exemple, lorsqu'elle fait partie d'un accord de dominante où elle intervient comme altération de la quinte.

	fa	*mi.*
Exemple :	*ré-ré*※	*mi.*
	si	*ut.*
	sol	*ut.*

Il est visible qu'en ce cas, elle est accompagnée de tierce diminuée et de sixte mineure, ou plutôt de tierce majeure et septième mineure.

les lois de la variété veulent qu'on passe successivement dans d'autres tons : c'est ce que l'on nomme *moduler*. *La modulation* est donc l'art de lier habilement des tons, les uns proches, les autres éloignés d'une manière naturelle, coulante, quelquefois même rapide et inattendue par une suite d'accords.

On peut passer de la manière la plus simple de chaque ton en cinq autres tons qui lui sont relatifs, exemple,

D'*ut* majeur en
- *sol* majeur (dominante),
- *mi* mineur (tierce au-dessus),
- *la* mineur (sixte au-dessus),
- *ré* mineur (seconde),
- *fa* majeur (quarte au-dessus);

et revenir au point d'où l'on était parti, c'est-à-dire à *ut* majeur. *V*. l'exemple 99. A., pl. 73.

Il en est de même des douze tons mineurs; exemple,

De *la* mineur on peut passer en....
- *ut* majeur (tierce mineure au-dessus),
- *mi* mineur (dominante),
- *sol* majeur (septième),
- *ré* mineur (quarte au-dessus),
- *fa* majeur (sixte au-dessus);

et retourner ensuite d'où l'on était sorti. Ex. 99. B., pl. 74.

C.

La manière la plus naturelle de moduler d'un ton dans un autre qui lui est relatif (par exemple à celui de la dominante), est donc de profiter de l'accord de septième mineure de dominante, ou d'un renversement de cet accord pour faire la transition, par exemple d'*ut* majeur en *sol* majeur. Ex. 100. A., pl. 74.

Ici l'harmonie reste pendant six accords dans le ton primitif, celui d'*ut* majeur; ce n'est que dans le septième qu'elle module dans la dominante *sol* majeur, au moyen de l'accord de quarte superflue avec seconde placé sur *ut*, qui dérive de l'accord de septième de dominante placé sur *ré*, devenu dominante du mode de *sol*.

De *la* mineur à *mi* mineur. Ex. 100. B.

Dans cet exemple, le changement de ton se fait aussi sur le septième accord, par celui de quarte et seconde majeures placé sur *la*, portant un renversement de l'accord de septième de dominante établi sur *si*, devenu dominante du mode mineur de *mi*.

CI.

La fausse-quinte avec sixte fournit un moyen de moduler, par exemple, d'*ut* majeur en *la* mineur. *V.* ex. 101. A., pl. 74. Ce n'est qu'à la sixième mesure que commence la modulation, ou transition. En outre, il y a ici une surprise ou cadence d'*inganno*; car l'oreille attend la cadence en *sol* majeur, mais l'accord de quinte et sixte sur *sol**, qui suit immédiatement, détruit toute incertitude, et conduit d'une manière inattendue en *la* mineur.

Réciproquement, on peut aller de *la* mineur en *ut* majeur.

fa
Ex. 101. B. Le sixième accord *ut* prépare la quinte et sixte
la

fa
ré
suivante *sol*, qui conduit tout naturellement en *ut* majeur.
si

V. ex. 101. C., le passage d'*ut* majeur à *fa* majeur.

La sixte majeure avec tierce mineure fournit également un moyen pour passer à un autre ton, par exemple,

De *la* mineur en *ré* mineur. Ex. 101. D.
D'*ut* majeur en *mi* mineur. ——— E., pl. 75.
De *la* mineur en *fa* majeur. ——— F.
D'*ut* majeur en *ré* mineur. ——— G.
De *la* mineur en *sol* majeur. ——— H.

Ici, dans la huitième mesure, l'accord de quinte et sixte fait apercevoir la nouvelle direction que va prendre la modulation; mais ce n'est que dans la onzième mesure que la sixte décide la modulation en *sol* majeur.

CII.

La septième diminuée est encore un moyen très commode pour moduler, moyennant quelques accords intermédiaires, d'un ton à tous les autres tons, par exemple, d'UT majeur

En *ré* majeur ou mineur. Ex. 102. A.[r], pl. 75.
— *mi* majeur ou mineur. ——— B.
— *fa* majeur ou mineur. ——— C., pl. 76.
— *sol* majeur ou mineur. ——— D.
— *la* majeur ou mineur. ——— E.
— *si*♮ majeur ou mineur. ——— F.
— *si*♭ majeur ou mineur. ——— G.
— *la*♭ majeur ou mineur. ——— H.
— *fa*✻ majeur ou mineur. ——— I.
— *mi*♭ majeur ou mineur. ——— J., pl. 77.
— *ut*✻ majeur ou mineur. ——— K.

CIII.

Cet accord peut encore être varié de quatre manières, moyennant lesquelles on peut toujours moduler dans un autre ton (1), savoir :

---

(1) L'accord de septième diminuée est susceptible de diverses transformations qui fournissent aux compositeurs des moyens d'opérer un grand nombre de modulations ou de transitions.

Pour concevoir en quoi consistent ces transformations, il faut remarquer 1° que tout intervalle altéré est sensiblement équivalent, sous le rapport de la distance des tons, à tout intervalle naturel formé du même nombre de touches; par exemple:

La seconde augmentée à la tierce mineure. Ex. *ut-ré✻=ut-mi♭*.

La tierce diminuée à la seconde majeure. Ex. *ut✻-mi♭=ut✻-ré✻*.

La tierce augmentée à la quarte mineure. Ex. *fa-la✻=fa-si♭*.

La quarte diminuée à la tierce majeure. Ex. *ut✻-fa=ré♭-fa*.

La quarte majeure à la quinte mineure. Ex. *ut-fa✻=ut-sol♭*.

La sixte diminuée à la quinte. Ex. *si-sol♭=si-fa✻*.

La sixte augmentée à la septième mineure. Ex. *fa-re✻=fa-mi♭*.

Et la septième diminuée à la sixte majeure. Ex. *sol✻-fa=sol✻-mi♮*.

Lorsque l'état de la modulation le permet, ces intervalles peuvent être

(a) Avec septième diminuée, fausse-quinte et tierce mineure. Ex. 103., pl. 77.

---

avec d'autant plus de raison, pris l'un pour l'autre, que l'on est libre de substituer à volonté l'un à l'autre. Par exemple, le mode d'*ut* étant le mode régnant, si l'on a dans la basse la sensible de ce mode *si*, cette sensible peut à

la♭
fa
volonté porter un accord de septième diminuée *ré*, qui rentrera dans
si

sol
l'accord *mi*, ou un accord de sixte majeure, avec tierce et quinte mineures
ut

sol✻ *la*
fa *mi*
ré, qui se résout sur l'accord parfait mineur *ut*, c'est-à-dire que cette note
si *la*

si peut être considérée à volonté comme la sensible du mode d'*ut*, ou la deuxième de l'échelle du mode de *la*, et par conséquent la tierce *ré* comme la deuxième du premier de ces modes, ou la quatrième du second; la quinte *fa*, comme la quatrième du premier ou la sixième du second; enfin, la septième *la♭*, comme la sixième du premier mode, ou la sensible *sol*✻, du deuxième, le tout à raison de la relation qui existe entre les deux modes.

2°. Qu'en considérant la composition de l'accord de septième diminuée, on verra, en admettant la supposition précédente, qu'il partage l'octave en quatre intervalles équivalens, par exemple, *ré, fa, sol*✻, *si* / *si, ré, fa, sol*✻; de sorte, qu'en prenant successivement pour basse chacun des sons de cet accord, on obtient quatre accords semblables au premier, et sur lesquels on peut faire les mêmes suppositions : ainsi *ré* peut être regardé comme la deuxième de l'échelle d'*ut*, ou la sensible de celui de *mi♭*, etc.; *fa*, comme la deuxième de l'échelle de *mi♭*, ou la sensible de celui de *sol♭*, etc. En un mot, chacune des notes de l'accord peut être regardée comme la deuxième de l'échelle du mode qui a sa tonique à la seconde majeure, au-dessous de cette note, ou comme la sensible de celui qui a sa tonique à la seconde mineure, au-dessus de cette même note. D'où il suit que tout accord de septième diminuée fournit le moyen de passer dans quatre modes différens, quant à la tonique, et qui chacun peuvent être majeur ou mineur à volonté.

D'après cela, si dans l'échelle d'un mode principal, on fait choix de trois accords de septième diminuée qui n'aient aucun terme commun entre eux, il est évident qu'en prenant successivement pour sensibles chacune des notes de chacun de ces accords, on pourra par ce moyen moduler à toutes les cordes de l'échelle chromatique, c'est-à-dire dans tous les modes, tant majeurs que mineurs, qui ont pour tonique l'une quelconque de ces cordes;

CIV.

(b) Avec sixte majeure (1), quinte diminuée et tierce. Ex. 104, pl. 77.

CV.

(c) Avec sixte, quarte superflue et tierce mineure. Ex. 105, pl. 77. (2).

CVI.

(d) Avec seconde et quarte superflues et sixte majeure (3). Ex. 106, pl. 77.

CVII.

Du même accord parfait, on peut, par des accords habilement ménagés, moduler dans toutes les gammes de l'accord parfait d'*ut* majeur.

---

et comme dans les différentes suppositions par lesquelles on regarde comme identiques les touches qui sont communes à un dièze ou un bémol correspondans, on introduit implicitement l'intervalle enharmonique qui différencie ces deux notes, on a donné à ces modulations le nom de *modulations* ou *transitions enharmoniques*.

Les compositeurs font un étrange abus de ces modulations, qui ne sont légitimes qu'autant qu'elles sont conformes aux règles d'une bonne mélodie et aux lois de l'affinité modale, comme nous l'avons indiqué précédemment. Ce n'est point ici le lieu de nous occuper de cette matière, sur laquelle nous renvoyons le lecteur aux ouvrages que nous avons déjà cités, c'est-à-dire le *Manuel de Musique*, liv. II et III, et notre *Introduction à l'étude générale et raisonnée de la Musique*. Pour le moment, il nous suffit que cette explication mette le lecteur en état de comprendre tout ce que notre auteur va prescrire sur l'emploi de cette harmonie.

(1) Le texte allemand porte *superflue*, mais c'est évidemment une erreur, qui d'ailleurs forme une contradiction avec l'exemple. Au reste, dans ce cas, le *sol*✱ est pris pour la deuxième corde de l'échelle du mode mineur de *fa*✱, qui se résout sur la tierce mineure de ce mode, portant sixte, etc.

(2) Dans cet exemple, *la*♭ est pris pour *sol*✱, et considéré comme quatrième corde de l'échelle du mode mineur de *mi*♭, modulation fort éloignée.

(3) Le texte allemand porte *superflue* par erreur. Ici *la*♭, pris pour *sol*✱, est considéré comme sixième de l'échelle du mode mineur d'*ut*.

L'auteur place sous les nos 107, A., B., C., D., E., F., G., H., I., J., K., pl. 77, 78 et 79, onze exemples de la transition d'un mode majeur à tous les modes majeurs, selon l'ordre des cordes de l'échelle chromatique; et sous les n° 107, L., M., N., O., P., Q., R., S., T., U., V., X., pl. 79, 80, 81, douze autres exemples de transition du même mode à tous les modes mineurs, selon le même ordre.

On voit ensuite, n° 107, AA., BB., CC., DD., EE., FF., GG., HH., II., JJ., KK., pl. 81 et 82, onze exemples de transition d'un accord parfait mineur à tous les autres accords mineurs, selon le même ordre; et enfin sous le même n° 107, LL., MM., NN., OO., PP., QQ., RR., SS., TT., UU., VV., XX., douze exemples de transition du même accord à tous les accords majeurs, selon le même ordre (1).

On recommande beaucoup à l'écolier de transposer tous ces exemples dans tous les tons et dans toutes les positions.

CVIII.

Maintenant, il ne reste plus qu'à parler des cadences qui terminent entièrement ou quelquefois seulement en appa-

(1) Nous croyons inutile d'entreprendre l'analyse de ces exemples, qu'il serait difficile de rendre intelligible au lecteur. Ce que nous venons de dire à ce sujet doit le mettre en état de faire lui-même cette analyse, s'il ne croit pas devoir se contenter d'un simple exercice. Nous croyons seulement renouveler ici cette observation, que ces exercices, qui peuvent être utiles pour former des préludes dans lesquels on ne remarque point de mélodie déterminée, et qui n'offrent qu'une suite de digressions continuelles, ne peuvent, la plupart, être d'aucune utilité dans des compositions régulières qui offrent une mélodie précise et dans lesquelles ces sortes de modulations amèneraient d'horribles disparates et une véritable cacophonie.

Enfin, il est une remarque importante sur laquelle nous croyons devoir insister; c'est que ce n'est point proprement par les accords que l'on module, mais par une mélodie plus ou moins explicite, dont ces accords ne sont que le revêtement. L'auteur ne s'est point expliqué à ce sujet, sur lequel nous ne pourrions donner les détails même les plus sommaires sans nous écarter beaucoup trop loin de l'objet de cet ouvrage. Nous renvoyons donc le lecteur, pour ce qui regarde cette matière, au *Manuel de Musique*, liv. II et III

rence une pièce de musique ou quelques-unes de ses divisions.

Il y a quatre espèces de cadences, savoir :

1. La cadence parfaite ;

2. La cadence imparfaite ;

3. La cadence rompue ;

4. La cadence par surprise, dite d'*inganno*.

La cadence parfaite, qui termine une phrase de manière à mettre l'oreille en repos, retourne de la dominante à la tonique. Ex. 108. A., pl. 84.

La cadence imparfaite, dite demi-cadence, se fait en passant de la tonique ou de la quatrième de l'échelle à la dominante. Ex. 108. B.

Dans les tons mineurs, elle se fait aussi de la sixième à la dominante. Ex. 108 C.

La cadence rompue consiste après la préparation à une cadence parfaite, à prendre, au lieu de l'accord final qu'on attendait, un autre accord qui change ainsi la marche de l'harmonie. Ex. 108. D., et 108. E., pl. 85.

Une cadence par surprise est aussi, à quelques égards, une cadence rompue, mais dans une signification plus étendue. Lorsqu'une phrase, par l'effet d'une série d'accords enchaînés régulièrement et formant un sens bien suivi, termine dans un ton étranger au mode initial, il en résulte chez l'auditeur une surprise que l'on désigne sous la dénomination d'*inganno*.

Celui donc qui possède l'art de moduler dans toute son étendue, inventera facilement des cadences de ce genre, sous les formes les plus variées ; car de chaque ton particulier on peut, en promenant l'auditeur par toutes sortes de détours, effectuer toutes les transitions imaginables.

Nous allons donner divers exemples de la manière de faire les transitions à l'aide des divers accords.

CIX.

Au moyen de l'accord de septième mineure :

De *ré* mineur en *si*♭ majeur. Ex. 109. A., pl. 85.
De *ré* mineur en *mi*♭ majeur. ——— B.
De *la* majeur en *fa* majeur. ——— C. (très usité.)

CX.

Avec l'accord de seconde majeure :
D'*ut* majeur en *mi* mineur. Ex. 110. A., pl. 85.
——— en *fa* majeur. ——— B.
——— en *la* mineur. ——— C.
——— en *ré* mineur. ——— D., pl. 86.

CXI.

Avec l'accord de seconde superflue :
D'*ut* majeur en *sol* majeur. Ex. 111. A., pl. 86.
——— en *la* mineur. ——— B.
——— en *si* mineur. ——— C.
——— en *ré* mineur. ——— D.
——— en *fa*✻ mineur. ——— E.

CXII.

Avec l'accord parfait mineur :
D'*ut* mineur en *si*♭ majeur. Ex. 112. A., pl. 86.
——— en *fa* mineur. ——— B., pl. 87.
——— en *la*♭ majeur. ——— C.
——— en *ré* mineur. ——— D.
——— en *la* mineur. ——— E.
——— en *sol* mineur. ——— F.
——— en *mi* majeur. ——— G.
——— en *mi* mineur. ——— H.

CXIII.

Avec l'accord parfait majeur :
D'*ut* majeur en *si*♭ majeur. Ex. 113. A., pl. 88.

D'*ut* majeur en *fa* majeur. Ex. 113. B.
——————— en *sol* mineur. ——— C.
——————— en *la* majeur. ——— D.
——————— en *si* mineur. ——— E.
——————— en *sol* majeur. ——— F.
——————— en *ré* majeur ou mineur. Ex. 113. G.
——————— en *mi* majeur ou mineur. ——— H., pl. 89.
——————— en *fa** mineur. Ex. 113. I.
——————— en *ut** mineur. ——— J.

CXIV.

Avec l'accord de quarte pure accompagnée de quinte :
De *ré* mineur en *si*♭ majeur. Ex. 114. A., pl. 89.
——————— en *ré* majeur. ——— B.
D'*ut* majeur en *la* majeur. ——— C.

CXV.

Avec triton ou quarte superflue, accompagnée de seconde majeure :
D'*ut* majeur en *ré* mineur. Ex 115. A., pl. 90.
——————— en *la* mineur. ——— B.
——————— en *ut* mineur. ——— C.
——————— en *mi* mineur ou majeur. Ex. 115. D.
——————— en *la* majeur. Ex. 115. E.
——————— en *sol* majeur ou mineur. Ex. 115. F.

CXVI.

Avec le triton accompagné de tierce mineure :
De *mi* mineur en *la* mineur. Ex. 116. A., pl. 90.
——————— en *si*♭ majeur. ——— B., pl. 91.
De *la* mineur en *mi* majeur ou mineur. Ex. 116. C.
De *mi* mineur en majeur. Ex. 116. D.
——————— en majeur. ——— E.
——————— en mineur. ——— F.

CXVII.

Avec l'accord de quinte diminuée accompagné de tierce mineure et sixte :

D'*ut* majeur en *ut* mineur. Ex. 117. A., pl. 91.
De *ré* mineur en *la* mineur. ——— B.
——— en *sol* mineur ou majeur. Ex. 117. C., pl. 92.
——— en *fa* majeur. Ex. 117. D.
——— en *ré* majeur. ——— E.
D'*ut* majeur en *la* mineur. ——— F.
——— en *ré* mineur. ——— G.
De *fa* majeur en *ré* mineur. ——— H.
De *ré* mineur en *ut* majeur. ——— I.

CXVIII.

Avec l'accord de tierce, quarte et sixte :

D'*ut* majeur en *la* mineur. Ex. 118. A., pl. 93.
——— en *fa* majeur. ——— B.
——— en *la* majeur. ——— C.
——— en *fa* mineur. ——— D.
——— en *si*♭ majeur. ——— E.
——— en *sol*✱ mineur. ——— F.
——— en *fa*✱ mineur. ——— G.
——— en *mi*♭ majeur. ——— H., pl. 94.
——— en *si*♭ mineur ou majeur. Ex. 118. I.
——— en *re* mineur ou majeur. ——— J.

CXIX.

Avec l'accord de sixte superflue :

De *la* mineur en *si*♭ majeur. Ex. 119. A., pl. 94.
——— en *ut* majeur. ——— B.
——— en *ré* mineur. ——— C.
——— en *mi* mineur. ——— D.

CXX.

Avec l'accord de septième diminuée :
De *ré* mineur en *sol* mineur. Ex. 120. A., pl. 95.
———— en *fa* majeur. ——— B.
———— en *sol* mineur ou majeur. Ex. 120. C.
———— en *fa* majeur. Ex. 120. D.
———— en *si*♭ majeur. ——— E.
———— en *ré* majeur. ——— F.
———— en *si*♮ mineur. ——— G.
D'*ut* majeur en *ré* mineur. ——— H., pl. 96.
———— en *fa*♯ mineur. ——— I.

CXXI.

Avec l'accord de septième essentielle :
D'*ut* majeur en *fa* majeur. Ex. 121. A., pl. 96.
———— en *fa* mineur. ——— B.
———— en *ut* mineur. ——— C.
———— en *si*♭ majeur. ——— D.
———— en *mi* mineur. ——— E.
———— en *ré* mineur. ——— F., pl. 97.

CXXII.

Avec l'accord de grande septième :
D'*ut* majeur en *ré* mineur. Ex. 122. A., pl. 97.
———— en *ut* mineur. ——— B.
———— en *fa* mineur ou majeur. Ex 122. C.

CXXIII.

Avec les deux accords de neuvième :
D'*ut* majeur en *mi* mineur. Ex. 123. A., pl. 97.
———— en *ut* mineur. ——— B.
De *fa* majeur en *ut* majeur. ——— C., pl. 98.

De *ré* mineur en *ut* majeur. Ex. 123. D.
De *fa* majeur en *ré* mineur. ——— E.
De *la* mineur en *ré* mineur. ——— F.
——————— en *ut* majeur. ——— G.

CXXIV.

On voit sous le n° 124, A. et B., pl. 98, 99 et 100, des exemples de cadences par surprise, ou d'*inganno*, amenées par divers accords.

CXXV.

Il n'est pas nécessaire, dans l'exécution de l'accompagnement, que ce soit la main gauche qui frappe constamment la note de basse, et que ce soit exclusivement la droite qui remplisse les accords.

Il arrive souvent au contraire, par nécessité comme par agrément, que l'harmonie soit partagée entre les deux mains, et cela peut toujours se pratiquer, pourvu que les sons offrent entre eux une distance permise par les règles.

Cette disposition est ce que l'on nomme *accompagnement divisé* (1).

Tout accord parfait embrassant deux octaves, peut, dans sa disposition à l'égard de la basse, être distribué de six manières différentes.

Les trois premières, que nous connaissons déjà, constituent ce que l'on appelle *harmonie serrée*, *compacte* ou *rapprochée*, et forment ce que nous avons appelé *les trois positions ordinaires de quinte, octave et tierce. V.* ex. 125. A., pl. 100.

---

(1) Il faut remarquer que notre langue musicale manque de termes techniques pour exprimer ces diverses dispositions; en conséquence il faut regarder comme d'essai les expressions que je propose ici comme les plus convenables.

Les trois autres donnent ce que l'on peut appeler *l'harmonie écartée*, *espacée* ou *dilatée*, et se présentent par

Quinte,	octave,	tierce.
Octave,	tierce,	quinte.
Tierce,	quinte,	octave.

Basse.

V. ex. 125. D., E., F., pl. 101.

Comme les accords de sixte, de quarte et sixte, de septième, de tierce et quarte, de quinte et sixte et de seconde, proviennent de ces accords parfaits ; ils sont susceptibles aussi de semblables dispositions, dont nous allons donner les exemples.

Voyez pour les accords de sixte, les dispositions rapprochées, ex. 125. G.; et pour les dispositions espacées, ex. 125. H.

Pour l'accord de quarte et sixte : harmonie rapprochée, 125. I.; harmonie espacée, 125. J.

Pour l'accord de septième : harmonie rapprochée, 125. K.; harmonie espacée, 125. L.

Pour celui de tierce et quarte : l'accord rapproché, 125. M.; l'accord dilaté, 125. N.

Pour la quinte et sixte : l'accord rapproché, 125. O., pl. 102 ; l'accord dilaté, 125. P.

Enfin pour la seconde : l'accord rapproché, 125. Q.; et l'accord dilaté, 125. R.

L'accompagnement divisé résulte donc de ces accords ainsi distribués. Pour terminer, nous plaçons ici un exemple que l'on exécutera dans les trois positions et dans tous les tons.

En suivant une basse chiffrée, on l'exécuterait comme on voit ex. 125. S., pl. 102.

Dans l'accompagnement divisé, il faut placer les intervalles comme on le voit :

Pour la première position, dans les exemples 125. T.;

Pour la deuxième, dans les exemples 125. U., pl. 103.;

Et pour la quatrième, dans les exemples V., pl. 104 et 105.

FIN DE LA MÉTHODE ÉLÉMENTAIRE D'HARMONIE ET BASSE CHIFFRÉE.

MÉTHODE

ÉLÉMENTAIRE

DE COMPOSITION.

I. NOTIONS PRÉLIMINAIRES.

Nous plaçons ici, sous le titre de *Notions préliminaires*, quelques renseignemens sur l'espèce et la nature harmonique des intervalles, sur les mouvemens du contre-point, sur la marche du sujet et sur l'harmonie qui lui convient selon les divers cas, enfin sur la distinction essentielle des divers genres de composition : ce sera la matière des six premiers chapitres de cette Méthode.

CHAPITRE PREMIER.

1. Tout morceau de musique (à plusieurs parties) se forme d'accords.

Une succession d'accords, réglée et disposée d'après les lois du vrai et du beau, forme un morceau de musique complet.

L'ensemble de toutes les règles d'après lesquelles on doit lier, d'une manière naturelle et agréable à l'oreille, pour en former un ensemble correct, les idées que l'on trouve par les procédés de l'invention, est ce que l'on nomme *la doctrine* ou *art de la composition*.

§ I. *Des Intervalles.*

2. Dans le *Traité* précédent *de la Basse chiffrée*, on a déjà

parlé du nombre des intervalles ainsi que de leur dénomination, et nous savons qu'un ou plusieurs de ces intervalles, placés au-dessus d'une basse ou note fondamentale (1), forment un accord à deux, trois, quatre ou cinq parties. *V.* les ex. 2., 3., 4., pl. 1., *Méthode de comp.*

On voit, fig. 5, tous les intervalles qu'il est possible d'employer à deux parties, sur le même ton, dans la composition sévère ou libre; ils sont ici sans préparation et sans résolution.

3. Le chiffrage que j'ai employé dans ces exemples, pour désigner les accords à trois et à quatre parties, n'est pas celui qui est généralement usité. Dans celui-ci, on place toujours en-dessous le chiffre qui représente le plus petit intervalle. Exemple : $\begin{matrix}4^{+}\\2\end{matrix}\ \begin{matrix}\not{7}\\3\end{matrix}\ \begin{matrix}6\\4\\\flat 3\end{matrix}\ \begin{matrix}9\\7\\8\end{matrix}$, et non $\begin{matrix}3\\4\end{matrix}\ \begin{matrix}3\\7\end{matrix}\ \begin{matrix}4\\\flat 3\\6\end{matrix}\ \begin{matrix}7\\5\\6\end{matrix}\ \begin{matrix}6\\3\\8\end{matrix}$, etc. On aurait tort de placer sur la première et la dernière note de la basse l'un quelconque des trois chiffres qui servent à désigner l'accord parfait; car tout accompagnateur doit savoir que la plupart des pièces commencent par l'accord parfait, à moins cependant que l'on ne veuille commencer par celui de sixte, sur la troisième note de l'échelle, ce qui se fait quelquefois dans les ariettes; il doit savoir aussi que toutes ces pièces finissent toujours dans le mode et par le ton principal, et conséquemment par un accord parfait.

Il serait également inutile et contraire à l'usage, lorsque, dans une composition à quatre parties, la tierce, la sixte ou

---

(1) C'est un usage reçu en Allemagne, en Italie et dans toute l'Europe, la France exceptée, de donner la qualification de fondamentale ou de fondement à la note, quelle qu'elle soit, qui est la plus grave de l'harmonie. En France, depuis l'établissement du système d'harmonie de Rameau, cette expression a pris une signification plus restreinte. Ce n'est point ici le lieu d'entrer en aucun détail sur cette matière, et dans tout cet écrit, nous nous conformerons à l'usage général, quoique cependant avec réserve et de manière à éviter la confusion et l'équivoque.

la quinte doivent être redoublées, de mettre au-dessus de la note de basse deux 3, deux 6 ou deux 5.

On se sert du ✻, du ♭ ou du ♮ pour désigner l'accord parfait, soit majeur, soit mineur, lorsque l'une ou l'autre de ces formes se présente d'une manière inattendue. La plupart des accords, et particulièrement les accords consonnans, celui de quarte et sixte excepté, se désignent par un seul chiffre; car on sait, par les principes de l'accompagnement, quel est le second chiffre qu'il faut ajouter à un premier chiffre, et quel est le troisième que l'on doit ajouter à deux chiffres donnés (1). Ce second et ce troisième chiffres ne doivent s'ajouter que lorsque l'intervalle qu'ils représentent est étranger à l'accord, ou quand il arrive un dièze, un bémol ou un bécarre accidentel. Enfin, on a pour principe de ne chiffrer les accords parfaits, soit d'un, soit de deux chiffres, que quand ils sont précédés d'une liaison dissonante, ou lorsqu'il s'y rencontre une sixte liée, ou enfin lorsque, dans une succession régulière, une dissonance vient à la suite d'une consonnance parfaite ou d'une tierce (fig. 6, *a*, *b*, *c*, etc.).

4. Il y a encore un grand nombre d'accords dissonans, soit préparés, soit non préparés, c'est-à-dire d'appogiatures ou de retards, que l'on pratique en prolongeant sur un accord deux ou trois sons de l'accord précédent, et qui doivent toujours être chiffrés dans un mouvement lent; mais on rencontre en outre dans les passages, soit réguliers, soit irréguliers, des accords peu usités qu'il serait inutile de rapporter et de décrire.

Ce que nous avons maintenant à examiner, c'est la distinction des intervalles en consonnans et en dissonans.

---

(1) Tout cet exposé forme une redite avec ce qui a été enseigné précédemment à ce sujet, dans le *Traité de la Basse chiffrée*, mais l'éditeur allemand l'ayant laissé subsister, nous avons cru devoir suivre son exemple.

Cette observation s'applique aux deux chapitres suivans.

CHAPITRE II.

Des Consonnances et des Dissonances.

5. Les intervalles que nous venons de décrire se divisent en consonnances et en dissonances, ainsi nommées parce que les premières flattent l'oreille, tandis que les autres l'offensent.

Les consonnances sont, 1° l'unisson, la quinte et l'octave juste; 2° la tierce et la sixte majeures et mineures: les trois premières sont appelées *consonnances parfaites ;* les deux autres, *consonnances imparfaites.*

Tous les autres intervalles, c'est-à-dire l'unisson majeur, la seconde mineure, majeure et superflue, la tierce diminuée, les trois espèces de quarte, la quinte diminuée et superflue, la sixte superflue (1), les trois septièmes, l'octave diminuée ou superflue et les deux neuvièmes, sont dissonantes.

Quelques auteurs rangent parmi les consonnances la quarte juste, accompagnée de la sixte majeure et de l'octave juste, parce qu'elle provient du second renversement de l'accord parfait, ou, selon d'autres, parce que, dans l'accord parfait lui-même, elle occupe le haut de cet accord (fig. 8). Quelque nom qu'on lui donne, elle sera toujours à mes yeux une dissonance, et j'aurai plus d'un motif pour soutenir mon opinion (2).

---

(1) On pratique aussi maintenant une sixte diminuée; ceux qui admettent cet intervalle doivent, dans le renversement, admettre une tierce superflue. (*V.* fig. 7, *a*, *b*.) *Note de l'auteur.*

(2) La nature harmonique de la quarte a toujours été un sujet de dissension parmi les écrivains modernes. Zarlin, Artusi et un grand nombre des plus savans et des plus célèbres la regardent comme une *consonnance ;* les

CHAPITRE III.

Des Mouvemens.

6. Toute succession d'intervalles ou d'accords lesquels composent des intervalles, ne peut se faire que par un mouvement dans les parties. Or on distingue trois espèces de mouvemens : le *mouvement semblable*, le *mouvement oblique* et le *mouvement contraire.*

(a) Le mouvement semblable ou direct a lieu quand les parties montent ou descendent ensemble. (*V.* fig. 9. *a, b, c*) Ce mouvement est le plus faible de tous ; il est dangereux à deux parties, parce qu'il produit des suites d'unissons, de quintes ou d'octaves couvertes qui ne sont pas permises dans ce genre de composition (1).

(b) Le mouvement oblique a lieu quand une ou plusieurs parties restant sur le même degré, les autres continuent de monter ou de descendre diatoniquement ou par sauts (fig. 10, *a*, *b*, *c*).

(c) Le mouvement contraire a lieu lorsqu'une des parties monte et que l'autre descend par degrés ou par sauts (fig. 11, *a*, *b*, *c*).

(d) On peut, dans une composition à plusieurs voix, combiner ensemble les divers mouvemens (fig. 12, *a*, *b*).

---

praticiens modernes la qualifient de *dissonance*. Ce n'est point ici le lieu de discuter cette question ; l'objet important est de savoir comment on doit employer cet intervalle, et tout le monde est d'accord sur ce point. Quant à sa nature, *voyez* notre *Introduction à l'Étude générale et raisonnée de la Musique.*

(1) On appelle *quintes*, *octaves couvertes* celles qui, dans une succession directe, s'obtiennent en suppléant les notes de passage. (*V.* fig. 9, *d*, *d'*.)

CHAPITRE IV.

Des Modes.

Nota. La doctrine de l'auteur, ou, pour mieux dire, l'exposition qu'il fait de la doctrine ordinaire des modes, étant absolument inintelligible, nous avons pris le parti de la refaire comme il suit, au lieu de nous attacher à le traduire textuellement.

7. [On entend par *mode*, en Musique, l'ordre constitutif qu'occupent les tons dont est formée la mélodie, ou plutôt ces tons eux-mêmes, comme dans le langage ordinaire l'alphabet est le système des sons dont est formé le discours. On appelle *échelle du mode* la série des tons du mode procédant immédiatement du grave à l'aigu ou de l'aigu au grave ; et pour chaque mode on a trois sortes d'échelles, savoir, l'*échelle diatonique*, l'*échelle chromatique* et l'*échelle enharmonique*. Ces notions devant être familières au lecteur, nous n'insistons point sur cet objet, quelque important qu'il soit.

On reconnaît en Musique deux sortes de modes ; les *modes anciens* ou *modes ecclésiastiques*, et les *modes modernes* ou *modes vulgaires ;* il est nécessaire de bien savoir en quoi consistent les uns et les autres.

8. Les modes modernes ou modes vulgaires sont généralement bien connus. On sait qu'il y a deux modes primordiaux, l'un majeur, celui d'*ut*, l'autre mineur, celui de *la* (1), et que ces deux modes peuvent être transposés en un grand nombre de manières. Les modes anciens ou modes ecclésias-

(1) Dans la vue de simplifier et d'abréger, nous suivrons ici les notions communes, qui peuvent suffire pour la pratique. On en trouvera de plus exactes et de plus approfondies dans notre *Introduction à l'Étude générale et raisonnée de la Musique.* (*Voy.* dès à présent, le *Manuel de Musique*, liv. I.)

tiques sont plus nombreux. Pour en bien connaître la constitution, il faut d'abord remarquer que dans le chant ecclésiastique ou grégorien, la mélodie ne doit point en général excéder l'étendue de l'octave. En second lieu, chacune des notes de l'échelle diatonique ou gamme *ut*, à l'exception de *si*, peut servir de finale, ce qui donne d'abord six échelles différentes : en outre, dans chacune de ces échelles la finale peut occuper le bas ou le milieu de l'octave, ce qui donne deux modes pour chaque échelle, en tout douze pour le plain-chant. (*V*. fig. 13, I., II., III., IV., V., VI., pour l'étendue et la position primitive de ces douze modes.)

9. Les modes impairs sont appelés *modes authentiques* ou *modes supérieurs ;* les modes pairs sont appelés *plagaux*, *collatéraux* ou *inférieurs*. Ces modes répondent aux modes grecs, dans l'ordre suivant :

1er. (1)	hyper.	Dorien.	7e.	hyper.	Mixo-Lydien.
2e. (2)	hypo.		8e.	hypo	
3e.	hyper.	Phrygien.	9e.	hyper.	Æolien.
4e.	hypo.		10e.	hypo.	
5e.	hyper.	Lydien.	11e.	hyper.	Ionien ou Jastien.
6e.	hypo.		12e.	hypo.	

Tous ces modes peuvent se transposer de toutes les manières imaginables.

On appelle *mode mixte* celui qui comprend l'étendue de deux modes ; il est évident qu'il y a six modes mixtes.

Outre sa finale, chaque mode a encore une corde remarquable ; c'est sa dominante. Cette note forme la quinte au-dessus de la finale dans les modes authentiques, à l'exception du troisième, où elle forme la sixte ; celle des modes plagaux est à la tierce au-dessous de celle de l'authentique correspon-

(1) (2) Les prépositions grecques *hyper* et *hypo* signifient, l'une *sur*, et l'autre *sous*, ce qui exprime les idées de supérieur et d'inférieur que nous venons d'exposer.

dant, à l'exception du huitième, où elle est à la seconde. Ainsi, les modes plagaux ont leur dominante à la tierce au-dessus de leur finale, à l'exception du quatrième et du huitième, qui l'ont à la quarte. Ces cordes sont indiquées en notes noires dans l'exemple ci-dessus (fig. 13).

Voilà la doctrine ordinaire, et ce qu'il y a de plus important à savoir sur les modes anciens : revenons aux modes modernes.]

10. Ces modes sont réputés au nombre de vingt-quatre, quoiqu'en faisant le tour entier du clavier par les dièzes, et de même par les bémols, on puisse les porter jusqu'à quarante-deux ; mais comme on peut, à l'aide des bémols, rendre plus faciles ceux qui sont trop chargés de dièzes, et réciproquement, et que cette conversion ne produit aucune différence à l'oreille, alors on s'en tient à vingt-quatre modes, dont douze majeurs et douze mineurs. Ces derniers ont leur échelle commune avec ceux des premiers qui sont placés une tierce plus haut. (*V.* fig. 14.) Le *N. B.* placé entre le mode de *fa** majeur et celui de *mi*♭ mineur, signifie que pour passer du premier dans son mineur relatif, il faudrait prendre celui de *re** mineur, mais que du mode majeur de *sol*♭ (équivalent à *fa**) on passe dans le mineur de *mi*♭.

11. Si un élève me demandait quels sont les modes que peut parcourir un morceau de longue haleine, tel que la première ou la seconde partie d'un allégro de symphonie, de concerto, de quatuor, de quintetto, tel qu'un psaume ou bien une longue fugue, je lui répondrais : cinq modes analogues seulement, qui, dans les modes majeurs, se trouvent en montant, et dans les modes mineurs, en descendant, avec leurs tierces naturelles, selon l'ordre que l'on voit fig. 15. Ainsi le mode majeur d'*ut* et le mode mineur de *la* ont les mêmes analogues; il en est de même des modes de *sol* majeur et de *mi* mineur, et ainsi de suite pour tous les majeurs et mineurs relatifs.

L'ordre le plus général pour passer d'un mode principal dans les tons analogues, est celui-ci : du mode majeur principal on passe au mode majeur de la cinquième de son échelle, et de là au mineur de la sixième, puis dans le mode majeur de la quatrième, qui mène au mineur de la seconde; enfin on passe, si l'on veut, au mode mineur de la troisième. Lorsque l'on cesse de parcourir ces modes analogues, il faut tâcher de rentrer dans le mode principal, dans lequel on doit toujours terminer après toute modulation, quelle que soit son étendue.

12. Cette formule de modulation se fait mieux entendre par un exemple. D'*ut* majeur on passera en *sol* majeur, de là en *la* mineur, puis en *fa* majeur, en *ré* mineur, enfin en *mi* mineur, pour finir en *ut* majeur, mode par où l'on a commencé.

La modulation en mode mineur suit un ordre différent. Du mode principal on préfère passer au majeur de la troisième, comme de *la* mineur en *ut* majeur, de celui-ci dans le majeur de la septième du mode principal, par exemple, en *sol* majeur; de là au mineur de la cinquième *mi*, de celui-ci à celui de la quatrième *ré*, et de là au majeur de la sixième, d'où l'on retourne au mode principal *la* mineur.

Au reste, l'ordre que nous venons de prescrire n'est point obligatoire; chacun peut suivre celui qui lui plaira, pourvu que l'on ne marche pas par degrés, ce qui n'est permis que dans les airs d'opéra et les récitatifs, pour amuser l'auditeur.

13. Il faut remarquer que la septième corde de l'échelle, soit naturelle, soit abaissée d'un demi-ton dans les modes majeurs, et la seconde dans les modes mineurs (*si*♮ ou *si*♭ pour les modes d'*ut* et de *la*), ne fournissent pas de modes relatifs. Mais si, pour récréer notre oreille, qui, comme notre palais, n'aime point à se repaître toujours des mêmes mets, si, dis-je, un compositeur habile veut, par des transitions subites, produire un effet inattendu, selon la mode de nos jours, il peut, et particulièrement dans la seconde partie d'une longue pièce, se servir du mode de cette septième corde, et d'autres encore plus éloignés; mais il faut qu'il en use avec discernement et non point avec brusquerie; il faut qu'il sache

bien traiter les genres chromatique et enharmonique, et bien enchaîner les modulations qu'ils procurent, pour rendre supportables ces sortes de transitions subites, qui ne doivent pas se représenter souvent dans une même pièce. Toutes les fois que l'on fera un passage enharmonique, il sera à propos de donner à la partie qui contient le trait une ligature, particulièrement dans les violons et les instrumens à vent; autrement, la musique accompagnée de l'orgue, instrument qui, à raison du tempérament, n'a point de quart de ton, paraîtrait discordante. Par exemple, si un violon ou un hautbois passait immédiatement, soit en montant, soit en descendant, du *sol*✻ au *la*♭, ou du *re*✻ au *mi*♭, il faudrait dans l'exécution donner le même ton à ces deux sons, qui autrefois différaient d'un quart de ton, et qui sont représentés par des notes différentes (fig. 16, *a*, *b*).

CHAPITRE V.

De l'Échelle des anciens et des modernes dans la basse, avec l'harmonie qui lui est propre (1).

14. Comme nous n'avons encore rien prescrit sur l'accompagnement, il est nécessaire d'expliquer ici les accords que

---

(1) Avant d'entreprendre l'étude du contre-point, il est nécessaire que le lecteur connaisse la règle d'accompagnement qui apprend à placer l'harmonie sur un sujet donné. L'auteur n'ayant donné, à ce sujet, que des notions peu développées, nous essaierons d'y suppléer par les observations suivantes.

Toute l'harmonie dérive des accords consonnans; ces accords sont au nombre de deux, l'accord de tierce et quinte, l'accord de tierce et sixte; nous ne parlons pas de celui de sixte et quarte, qui n'est employé que dans les terminaisons, ni de ceux de septième et de neuvième de dominante, qui sont, ainsi que leurs dérivés, une simple modification de l'harmonie de cette note, propre au style moderne.

Toute la difficulté consiste donc à savoir quand on doit employer l'harmonie de quinte ou l'harmonie de sixte. Voici les règles à cet égard.

l'on place sur les tons de l'échelle diatonique, lorsque l'on veut la parcourir, soit en montant, soit en descendant. On

---

Les anciens plaçaient en général la quinte sur toutes les notes de l'échelle, à l'exception du *si*, dont la quinte est mineure, et auquel ils donnaient la sixte : les modernes ayant reconnu que cette harmonie phrasait médiocrement, ont établi cette loi fondamentale : toute tonique ou dominante doit porter quinte; toute autre note doit porter sixte.

C'est de cette loi fondamentale que l'on a déduit la règle relative à l'accompagnement de l'échelle du mode et des mouvemens ou marches de la basse.

En vertu des règles établies sur l'accompagnement de l'échelle, la première, les quatrième et cinquième notes du mode doivent généralement avoir la quinte, parce qu'elles sont ordinairement notes de repos ; la deuxième et la sixième peuvent porter quinte ou sixte, selon qu'elles sont finales ou transitives ; la troisième et la septième étant généralement de ce dernier genre, ne peuvent ordinairement porter que la sixte.

Quant aux mouvemens, ils sont, comme on sait, au nombre de sept, savoir : uniton et seconde, tierce et quarte ascendantes ou descendantes. Cela posé, sur le mouvement d'uniton, l'harmonie peut rester immobile ou passer de la quinte à la sixte, et réciproquement. — Sur le saut de seconde ascendante, si la première est tonique et la deuxième transitive, on donnera quinte, puis sixte ; au contraire, si la première est transitive et la deuxième tonique, on donnera sixte, puis quinte ; c'est ce qui arrive surtout quand le saut de seconde est mineur. Si les deux sont toniques, elles auront quinte l'une et l'autre, comme il arrive dans la cadence rompue. — Sur le saut de seconde descendante, si la première note est tonique et la deuxième transitive, on donnera quinte, puis sixte; au contraire, si la première est transitive et la seconde tonique, on donnera sixte, puis quinte; si les deux sont transitives, on donnera sixte à toutes deux. — Sur le saut de tierce ascendante, même règle : si les deux notes sont toniques, toutes deux auront la quinte; si la première est tonique et la deuxième transitive, on donnera quinte et puis sixte, comme quand on va de la première à la troisième de l'échelle; au contraire, si la première est transitive et la seconde tonique, comme quand on va de la troisième à la cinquième, on donnera sixte, puis quinte; si toutes les deux étaient transitives, elle porteraient sixte. — Sur le saut de tierce descendante, si toutes les deux sont toniques ou transitives, toutes deux auront quinte dans le premier cas, et sixte dans le second. Si la première est tonique et la deuxième transitive, comme quand on va de la cinquième à la troisième de l'échelle, on donnera quinte, puis sixte ; si la première est transitive et la deuxième tonique, comme de la troisième de l'échelle à la première, ou de la sixième à la quatrième, on donne

doit en ce cas se servir de l'harmonie des anciens ou de celle des modernes, puisque l'une et l'autre sont bonnes selon les cas.

V., fig. 17, *a*, l'échelle du mode majeur d'*ut* avec l'harmonie ancienne, qui ne contient que des accords parfaits ou des accords de sixte majeure et mineure. Les parties supérieures peuvent se renverser, c'est-à-dire prendre la place l'une de l'autre dans cet exemple, aussi bien que dans l'exem-

---

sixte, puis quinte. —— Sur le saut de quarte ascendante, on agira de la même manière; le plus souvent les deux notes seront toniques comme de la première à la quatrième de l'échelle, de la deuxième à la cinquième; quelquefois aussi elles sont purement transitives. — Les mêmes observations ont lieu sur le saut de quarte descendante; le plus souvent les deux notes sont toniques; quelquefois l'une est tonique, l'autre transitive, comme quand on va de la sixième à la troisième après une cadence rompue; quelquefois aussi toutes les deux sont transitives, comme de la troisième à la septième, etc.

Quoi qu'il en soit, tous ces détails servent à démontrer la vérité de la règle générale, et à faire voir que tout le talent du contrapuntiste, lorsqu'il veut mettre l'harmonie sur la basse, consiste à bien observer quels sont les repos de la mélodie, afin de donner à chaque note l'harmonie qu'elle doit porter, selon son caractère de tonique ou de transitive. Il faut observer que dans les cas douteux il vaut mieux donner la quinte que la sixte, à moins que cette dernière ne procure aux parties une marche plus élégante.

Tout ce que nous venons de dire porte sur l'accompagnement d'un sujet placé dans la basse; mais on en déduit facilement ce qui concerne l'accompagnement d'un sujet placé dans le dessus. En effet, cette opération consiste, 1° à former sous le sujet, à l'aide de sons harmoniques inférieurs, une partie, la plus grave de toutes, à laquelle on donne le nom de *basse;* 2° à placer sur cette basse une harmonie, d'après les règles établies précédemment; or la basse et l'harmonie doivent avoir, quant aux repos, la même direction que le chant. On conclura donc de là, 1° que toutes les notes de chant sur lesquelles il y a repos final, devront avoir l'octave pour basse; 2° que toutes les autres pourront avoir tierce, quinte ou sixte, pourvu que ces dernières, portant l'harmonie qui leur est due, contiennent la note du chant à laquelle elles répondent.

Pour l'exposition des notions positives, relatives à la pratique usuelle de l'accompagnement ou art de placer l'harmonie sur un sujet considéré comme chant ou comme basse, *voy.* le *Manuel de Musique*, liv. III, ou *le Musicien pratique*, par Azopardi, nouvelle édition, p. 17 et suivantes.

ple 17. *b*, qui contient l'échelle du mode mineur. Ces deux échelles servent pour tous les modes possibles dans la composition sévère.

15. On voit, fig. 18, *a* et *b*, l'échelle des modes majeurs et mineurs, avec l'harmonie des modernes, contenant trois accords parfaits, deux imparfaits et trois dissonans : les parties supérieures peuvent se renverser, et ces deux échelles servent également de modèle pour tous les modes dans la composition libre.

Ces exemples peuvent servir de modèles pour tous les autres modes, tant majeurs que mineurs, en les modifiant conformément aux indications suivantes. *V.* les planches supplémentaires à la fin de l'ouvrage, pl. 209 et suivantes.

Échelle lente en *ut* majeur : ex. 1, en montant ; ex. 2, en descendant ; ex. 3, en accompagnement divisé ; ex. 4 et 5, dans la position de tierce.

L'ex. 6 est défectueux, à cause des quintes couvertes qu'il faut éviter quand elles se présentent, comme ici, dans les temps forts.

V. ex. 7, la position d'octave en montant ; ex. 8, la même, en descendant.

V. ex. 9, l'échelle ascendante du mode mineur d'*ut* dans la position de quinte. Le *N. B.* placé dans la dernière mesure indique que le saut de septième diminuée en descendant est préférable à la seconde augmentée ascendante. On voit, ex. 10, la même échelle dans la même position ; ex. 11 et 12, dans celle de la tierce ; ex. 13 et 14, dans celle d'octave.

A trois parties, on n'ajoute que la tierce à la quinte suivie de la sixte, dans l'échelle ascendante, ex. 15, et à la septième suivie de la sixte, dans l'échelle descendante. Ces deux exemples sont pour la position de quinte ; les ex. 17 et 18 sont pour la position de tierce, le tout en majeur. Les ex. 19, 20, 21 et 22 sont pour le mode mineur.

Cette sorte d'harmonie s'emploie surtout sur l'indication de *piano* ou *pianissimo*.

On remarquera que dans le mode mineur on fait, pour

avoir un meilleur chant, la sixième et la septième majeures en montant, mais elles demeurent mineures en descendant. Cette altération est remarquable lorsque l'échelle est dans le chant (fig. 19), pl. 5.

Souvent, dans un mouvement lent, le sixième degré est mineur en montant; mais dans un mouvement rapide, il est toujours majeur (fig. 20), pl. 6.

16. Il faut remarquer que les échelles majeures et mineures des modernes, avec leur harmonie, ne conviennent pas pour la première espèce de composition en style sévère, parce que les dissonances non préparées qu'elles renferment ne peuvent s'employer que dans un style libre, où l'on peut d'ailleurs entremêler les échelles majeures et mineures et les passages chromatiques. Nous avons maintenant à examiner ce qu'il faut faire quand la basse ne parcourt pas les huit degrés. La règle, dans ce cas, est de donner toujours un accord parfait à la dernière note du chant, à moins que l'on ne veuille finir par une surprise. *V.* fig. 21, *a*, où l'harmonie en *ut* convient à la composition sévère, et 21, *b*, où l'harmonie en *la* convient au style libre.

17. On demande encore ce qu'il faut faire lorsque la partie de basse procède par sauts. Voici la règle à cet égard.

Quand la basse monte de tierce ou descend de sixte, l'harmonie reste immobile en accord parfait (fig. 22, *a*).

Lorsque la basse monte de quarte ou descend de quinte, chaque note du mouvement porte un accord parfait dont la nature est déterminée par le mode et le rang que les notes occupent dans l'échelle (fig. 22, *b*).

La même harmonie a lieu sur le saut de quinte en montant, et de quarte en descendant (fig. 22, *c*).

Sur le saut de sixte en montant, ou de tierce en descendant, on donne à la seconde note, tantôt la sixte (fig. 22, *d*), tantôt la quinte (fig. 22, *e*).

Sur le saut de septième mineure en montant, ou de seconde majeure en descendant, on donne, par mouvement oblique, à la seconde note, seconde, quarte et sixte majeures (fig. 22, *f*).

Sur le saut de septième majeure ou de seconde mineure, si la seconde note est de passage, on lui donne seconde, quarte et sixte (fig. 22, *g*); si elle doit porter harmonie, on lui donne quinte mineure avec tierce et sixte (fig. 22, *h*).

Sur le saut d'octave, l'harmonie reste immobile (fig. 22, *i*) (1).

18. Il arrive aussi fort souvent que l'on ait la basse et les parties intermédiaires à placer sous une partie supérieure. Si les sauts de cette partie supérieure sont tels, que l'harmonie, ou du moins la basse, ne puisse rester la même, alors on emploiera les accompagnemens que l'on voit dans l'exemple 23, pour les mouvemens ascendans, et dans l'exemple 24, pour les mouvemens descendans.

19. On voit, par tout ce qui précède, qu'à chaque échelle on peut faire des accompagnemens de plusieurs espèces, principalement dans la composition libre. Il est permis aussi d'employer d'autres accords; car si, dans les exemples 23 et 24, le *sol* n'était pas note initiale, on pourrait placer au-dessous la tierce, la quinte, ou la sixte; mais alors les parties intermédiaires procéderaient différemment. Ces trois consonnances sont, avec l'octave [et l'unisson], les seuls intervalles que l'on puisse employer, au temps fort, dans les parties supérieures, jusqu'à la quatrième espèce de la composition rigoureuse. Dans la seconde espèce, où le plain-chant exige deux notes contre une, le mouvement oblique est celui qui rend le plus de services; il n'est pas moins utile dans la troisième, où l'on met quatre, six et même huit notes contre une (2).

---

(1) *Note de l'auteur.* Les sauts de basse, notés dans la ligne inférieure de ces exemples, sont le renversement de ceux que l'on voit pour la même partie dans la ligne qui est immédiatement au-dessous; c'est pourquoi ils conservent la même harmonie: les renversemens du contre point double sont d'une tout autre nature.

(2) Il serait à propos, qu'avant d'aller plus loin, l'étudiant s'exerçât à remplir des leçons de basse chiffrée, sur le papier et au clavecin. Nous lui conseillons à cet effet, les *Partimenti* de *Fenaroli*, récemment publiés à Paris.

CHAPITRE VI.

De la Composition sévère et de la Composition libre, en général.

20. Par le terme de *composition sévère,* j'entends celle qui se fait pour les voix seules, sans l'accompagnement d'aucun instrument (1). Ce genre de composition est soumis à plus de règles que la composition libre, parce qu'un chanteur ne

(1) Cette définition de la composition sévère est peu exacte et n'est pas propre à en donner une idée; il en est de même de celle que l'auteur donne plus loin de la composition libre. En général, la distinction des styles étant une des bases essentielles de l'art de la composition, on a lieu de s'étonner que les auteurs ne donnent, sur cet objet, que des notions on ne peut plus obscures et incomplètes.

Le terme de style a, en Musique, plusieurs acceptions. Ici, on entend par ce mot un système de facture à plusieurs parties, et l'on en distingue deux principaux, le style ou genre sévère et le style ou genre libre.

Le style sévère est celui qui n'admet, dans sa mélodie, que les intervalles naturels de libre et de facile intonation, et dans son harmonie comme accords consonnans que les accords parfaits majeur et mineur et leur premier dérivé de sixte, tous les autres étant traités comme dissonans. Le style libre est celui qui admet dans sa mélodie tous les intervalles praticables, et qui emploie dans son harmonie, comme consonnans, tous les accords parfaits donnés par l'échelle diatonique des modes, ceux de septième de sensible, ceux de septième et de neuvième de dominante, et tous leurs renversemens.

Le style sévère est particulièrement affecté aux sujets mélodiques composés selon la tonalité ecclésiastique, et par conséquent réservé en quelque sorte exclusivement aux usages de l'église. Le style libre est affecté aux sujets composés selon la tonalité moderne et le seul en usage dans les compositions propres aux usages vulgaires. On l'applique aussi de nos jours aux sujets antiques; ce qui constitue une sorte de facture mixte d'un bon effet.

L'un et l'autre style comportent tous les moyens d'exécution; mais le premier est plus en usage pour les compositions exécutées par les voix seules; l'autre pour les compositions exécutées par les voix unies avec les instrumens ou par les instrumens seuls.

trouve pas si facilement les tons qu'un instrumentiste. Le plus souvent, dans les églises, il s'exécute avec l'accompagnement d'orgue; souvent aussi, on y ajoute les violons et les hautbois à l'unisson avec le dessus; les trombones et l'alto, avec le contre-alto et le tenor; la contre-basse, le violoncelle et le basson, avec la basse de chant ou d'orgue.

Lorsqu'il n'y a pas d'accompagnement d'instrumens, comme il se pratique en la semaine sainte, dans les chapelles des princes, il faut éviter les sauts de dissonance (ceux de quarte et quinte mineure exceptés, quand ils se résolvent bien et promptement). Il ne faut pas non plus prendre ou quitter par saut une dissonance. Les unissons, octaves et quintes couvertes ne sont jamais permises dans la composition à deux voix, dans les cinq espèces qui se pratiquent dessus ou dessous le plain-chant; quelques-unes le sont dans la composition à trois voix; on en permet encore davantage dans celle à quatre voix, et ainsi de suite; cependant il faut les éviter entre la basse et la partie supérieure.

21. La première espèce de composition, à quelque nombre de voix que ce soit, n'admet aucun accord dissonant; elle ne se fait qu'avec des accords, soit de tierce et quinte, soit de tierce et sixte majeure ou mineure; on n'y souffre même pas l'accord de quarte et sixte. La seconde et la troisième espèce admettent les dissonances moyennant certaines conditions, c'est-à-dire par degrés et au temps faible de la mesure; on les admet quelquefois au frappé, par *échange de notes;* on les pratique aussi à découvert, par renversement, en sautant d'une septième dans les parties supérieures, au lieu de descendre d'une seconde ou d'une quarte dans la basse. Il y a aussi une espèce de *notes saillantes* qui s'emploient en la composition libre, dans la troisième et la quatrième espèce, mais qui sont rejetées dans la composition sévère. (*V.* fig. 25.)

22. Dans la composition sévère, toute dissonance liée doit être préparée par une consonnance et résolue en consonnance, en descendant et non en montant, d'une seconde majeure ou mineure. Ces dissonances ne s'emploient que dans la qua-

7

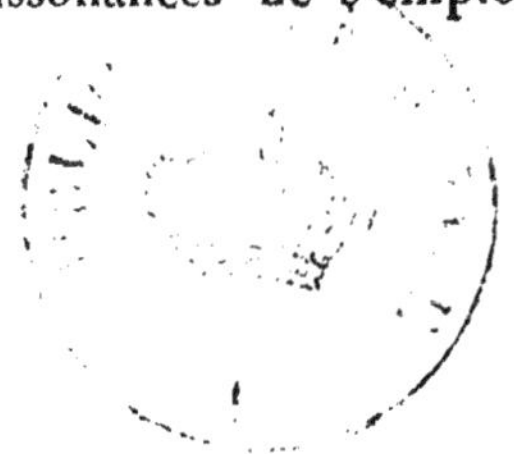

trième espèce. Les passages chromatiques et enharmoniques sont encore défendus dans ce genre de composition.

La composition sévère admet cinq espèces, comme on le voit dans cet ouvrage et dans celui de Fux. Pour plus de commodité, tous les exemples sont donnés dans la mesure *alla breve* à deux temps ; on aurait pu employer toute autre sorte de mesure. Ce genre de composition comprend encore les imitations à la manière d'église, les contre-points sévères avec ou sans plain-chant, la double fugue et le canon ; enfin toutes les pièces de contre-point à *capella* pour les voix, et principalement celles qui sont sans accompagnement d'instrumens. Dans aucune de ces espèces, elle ne permet d'employer en mélodie deux fois de suite la même note dans la même mesure. Cependant cette règle a deux exceptions : la première, dans la cinquième espèce, sur une ligature rompue ; la seconde, dans les parties vocales, particulièrement sur des syllabes brèves qui exigent de faire deux petites notes pour une plus grande, cas auquel on peut même ôter aux syncopes le signe de liaison (fig. 26).

23. La composition libre est celle où, selon les cinq espèces, on peut, dans les contre-points, les imitations et les fugues, employer dans toutes les parties de la mesure, un accord dissonant sans préparation (1); ces accords doivent néanmoins avoir toujours leur résolution naturelle. La quatrième note de l'échelle, accompagnée de la septième, doit se résoudre en descendant d'un demi-ton, et cette septième doit monter du même intervalle. Cela a lieu dans la composition sévère, aussi bien que dans la composition libre, toutes les fois que l'on ne veut point faire de cadence par *inganno*.

Dans la composition libre, on s'attache rarement à l'une des cinq espèces exclusivement ; on prend toutes sortes de notes, tant pour le chant principal que pour les parties de contre-point. On se sert aussi de soupirs et d'une courte pause, prin-

(1) Il s'agit ici de la septième de dominante, de ses dérivés et des accords de substitution.

cipalement dans les parties de chant et d'instrumens à vent, pour donner la facilité de respirer. On emploie des appogiatures ou autres ornemens, selon que la beauté du chant l'indique. On peut aussi placer dans une mesure deux ou trois fois de suite la même note, surtout dans la musique instrumentale. Enfin, on permet tous les sauts de dissonance, principalement pour les instrumens d'archet et les bassons, pourvu qu'ils soient employés naturellement.

24. La composition libre est d'usage dans les trois styles, celui d'église, de chambre ou de théâtre; par exemple, dans les messes, graduels, offertoires, psaumes, hymnes accompagnés de l'orgue : dans les fugues où l'on emploie certaines dissonances sans préparation, et où d'autres se résolvent en montant diatoniquement; telle est, par exemple, la seconde de la partie supérieure résolue sur la tierce, seconde qui, dans la composition à trois voix, s'accompagne de la quinte ou de la sixte : $\begin{matrix}5 & - \\ 2 & 3\end{matrix}$, $\begin{matrix}6 & - \\ 2 & 3\end{matrix}$; et dans celle à quatre voix, de quarte juste et septième majeure $\begin{matrix}+7 & 8 \\ 4 & 3 \\ 2 & 3\end{matrix}$.

Aujourd'hui on trouve cent exemples de composition libre contre un exemple de composition sévère. C'est au premier de ces genres qu'appartiennent les ariettes, duos, trios, etc., modernes; les symphonies, les chœurs de théâtre; les ariettes de chambre accompagnées du clavecin et du violon; les trios, quatuors, quintettis et concertos pour toutes sortes d'instrumens. Je n'ai pas besoin de rapporter ici aucun de ces morceaux; je conseille seulement à ceux qui voudront se livrer à la composition, de mettre en partition des pièces des bons maîtres, dans le genre pour lequel ils sentiront le plus de goût ou de disposition. Mais comme on ne saurait parvenir, dans la composition sévère, ni dans la composition libre, au degré de pureté nécessaire sans l'étude du contre-point, il faut commencer, avant tout, par l'étude de la composition sévère à deux voix (1).

(1) Il existe en effet dans la composition deux systèmes de facture qui

diffèrent singulièrement entre eux, et sur la nature desquels la plupart des professeurs n'ont que des idées fort confuses et fort inexactes ; nous allons essayer d'établir à ce sujet des notions claires et déduites de la connaissance la plus intime des véritables principes de l'art.

Nous avons déjà fait voir (art. 7 et suiv.) qu'il existait dans la Musique de nos jours deux sortes de tonalité, 1° la tonalité antique, reste de celle des Grecs, et qui subsiste encore aujourd'hui dans le plain-chant, autrement appelé *chant grégorien*, en usage dans l'église catholique, et principalement dans l'église romaine ; 2° la tonalité moderne ou tonalité vulgaire, qui est généralement en usage chez les nations modernes de l'Europe. Or ces deux tonalités sont la base de chacun des systèmes de facture dont nous parlons. On nomme *facture*, *style*, *genre* ou *composition antique*, celle qui est faite sur les modes anciens ou modes de l'église, et *facture, style, genre* ou *composition moderne*, celle qui se fait sur les modes modernes ou modes vulgaires. La composition ou facture antique se nomme autrement *style de chapelle*, *style d'église* ou *style sévère*. Le nom de style de chapelle ou d'église vient de l'usage auquel ce genre de composition est exclusivement consacré ; celui de style sévère vient, 1° de la limitation des moyens que l'on y emploie ; 2° de la sévérité avec laquelle on y observe toutes les règles, tant celles de la mélodie que du contre-point. La composition ou facture moderne se nomme *style idéal* (en allemand, *galant* ou *freye Styl*). Le nom de style idéal vient de ce que les compositeurs modernes, accoutumés à ce style, qui est leur idiome maternel, y donnent plus facilement cours à leurs idées que dans le style de chapelle, où ils s'astreignent davantage à l'arrangement des parties ; celui de *style libre* vient de ce qu'il emploie des moyens plus étendus et que dans ses différens genres il admet plus facilement les licences que le premier.

Il ne faut cependant pas croire que la facture antique soit exclusivement sévère, et la facture moderne exclusivement idéale et libre. Le style moderne a sa correction et sa régularité, qui sont aussi rigoureuses que celles du style sévère : celui-ci, de son côté, présente des idées et admet des licences aussi bien que le style moderne ; mais chacun sait que les dénominations vulgaires sont généralement inexactes, étant ordinairement fondées sur des notions peu approfondies.

Chacun de ces styles emploie les voix et les instrumens, en un mot, tous les moyens d'exécution, soit séparés, soit réunis ; seulement le style sévère, dans l'usage ordinaire, est plus réservé dans l'emploi de ces moyens.

Il y a même lieu de faire à ce sujet une observation que nous croyons ne pas devoir omettre. C'est qu'à l'église principalement, la presque totalité de la musique écrite pour les voix seules est un style antique ou sévère, tandis que toute celle qui est en style idéal ou moderne est accompagnée des instrumens. Il résulte de là un inconvénient très sensible pour ce genre de service. Le style sévère bien exécuté est assurément d'un mérite et même d'un effet très supérieur au style moderne ; mais cette perfection d'exécution demande, de la part des chanteurs, un très grand degré d'habileté, sans lequel il tend, comme il arrive fort souvent, à dégénérer en charivari, ce qui le rend également dégoûtant et ridicule. Cependant il se présente un grand nombre d'occasions où l'on est forcé, dans le service de l'église, de renoncer à l'usage des instrumens, et de se borner à celui des voix. Il serait à désirer que l'on possédât, pour ces occasions, des compositions de ce genre en style idéal et moderne, mais d'un caractère grave, décent et approprié à l'église. J'appelle sur ce point l'attention des compositeurs, certain comme je le suis que des compositions de cette espèce, qui réuniraient les conditions acquises, obtiendraient un succès capable de dédommager leur auteur amplement de ses peines. Je renvoie le lecteur au chapitre XXXIV, à la fin de cet ouvrage, où je donnerai de nouveaux aperçus sur cette matière.

Le style sévère, dans l'acception que nous venons d'établir, est à peine connu aujourd'hui. Cet ouvrage même, ainsi qu'on l'apercevra par la suite, appartient principalement au style moderne. Notre auteur se sert cependant souvent du terme de *facture* ou *composition sévère*; mais par ce terme il ne faut, en général, entendre que composition ou facture correcte et régulière dans la manière moderne.

Les meilleurs auteurs que l'on puisse consulter sur la facture antique sont les anciens auteurs français et italiens qui ont écrit depuis Tinctoris jusqu'au père J.-B. Martini, de Bologne; les meilleurs sur la facture moderne sont ceux de l'école de Naples, depuis A. Scarlatti jusqu'à Sala; et les Allemands, notamment Mattheson, MARPURG, Bach, Kirnberger, Koch, etc. Les auteurs français du dix-huitième siècle, tels que Rameau, d'Alembert, Rousseau, Béthisy, Roussier, etc., n'ont donné sur ces matières que des systèmes erronés.

Depuis la première édition de cet ouvrage, MM. Fétis et Reicha, professeurs de composition à l'École royale de Musique de France, ont publié des ouvrages estimables que le lecteur pourra consulter avec beaucoup de profit. Les ouvrages de M. Fétis, notamment son *Traité du Contrepoint*, se rapportent à la composition sévère, et c'est incontestablement un des traités les mieux faits que l'on possède en ce genre; ceux de M. Reicha sont totalement dirigés vers l'harmonie et la facture modernes.

II.

CONTRE-POINT SIMPLE A DEUX PARTIES.

CHAPITRE VII.

De la première espèce du Contre-Point sévère à deux voix, dite de note contre note (1).

25. On prescrit pour cette espèce les règles suivantes :

(α). Lorsque, dans une succession de deux accords [ou intervalles consonnans], le second de ces accords est une consonnance parfaite, il faut, du premier au second de ces accords, éviter le mouvement semblable et préférer le mouvement contraire ou oblique (fig. 27, *a, b*) ; il importe peu que le premier accord soit parfait ou imparfait.

D'après cette première règle, les exemples suivans sont fautifs

(1) Il règne dans l'enseignement vulgaire de l'harmonie, de l'accompagnement et du contre-point, une confusion d'idées que nous croyons devoir signaler ici, et que les observations suivantes suffiront pour démêler.

C'est à la science de l'harmonie qu'appartiennent proprement,

1° La connaissance des élémens harmoniques, c'est-à-dire celle des intervalles considérés comme consonnans et comme dissonans, et celle des accords qui se forment de ces intervalles ; 2° celle de la disposition de ces élémens considérés en eux-mêmes, et celle de leur enchaînement, considérés dans leur succession et leur contact immédiat.

La science de l'accompagnement prescrit le choix de ces élémens et leur collocation relativement à un sujet donné.

Toutes ces choses étant supposées connues, le contre-point, qui est à la composition ce que le dessin est à la peinture, apprend à mettre en œuvre ces élémens qui sont en quelque sorte la matière de la composition, et à donner par leur moyen, aux diverses parties, toutes les formes mélodiques dont elles sont susceptibles, en enseignant à traiter toutes ces formes régulièrement et d'une manière conforme aux lois de l'harmonie.

ou incorrects, à cause des quintes, octaves et unissons, tant consécutifs que couverts, qu'ils contiennent (fig. 28, *a*, *b*, etc.).

Il faut aussi, même dans le mouvement contraire, se garder des suites de quintes et d'octaves, particulièrement lorsque l'on accompagne avec un orgue qui a des pédales et sur lequel, en touchant avec le pied les tons graves, on change les sauts de quinte en sauts de quarte, et réciproquement, ce qui produit quelquefois des suites de quintes ou d'octaves.

(ϐ). Lorsque le second accord est une consonnance imparfaite, on peut employer l'un quelconque des trois mouvemens, quel que soit le premier accord (fig. 29).

Et comme, dans les quatre espèces suivantes, on emploie aussi les dissonances, nous les rangerons avec les consonnances imparfaites, et aux deux règles précédentes nous ajouterons encore ce qui suit : le premier accord peut être parfait, imparfait ou dissonant.

(γ). Le contre-point doit commencer et finir en consonnance parfaite (*V.* note *b'*.), en observant cependant que le contre-point supérieur ne doit pas finir, ni le contre-point inférieur commencer par la quinte.

(δ). Dans toutes les mesures ou parties de la mesure, il ne faut employer que des consonnances, et plus d'imparfaites que de parfaites (1).

(ε). Hors la première et la dernière mesure, il faut absolument éviter l'unisson, parce qu'il a trop peu d'harmonie (2).

(ζ). Lorsque le sujet ou plain-chant se trouve dans la partie supérieure [et qu'il se termine en descendant diatoniquement], la basse doit donner tierce ou dixième mineure, suivie

(1) Cette règle est vraie quant au contre-point moderne ; quant au contre-point antique, il faut préférer les consonnances parfaites. Il faut aussi remarquer qu'en facture générale, cette espèce admet toutes les dissonances, pourvu qu'elles soient préparées, car le contre-point à deux voix n'admet guère sans préparation celles qui n'y sont point soumises à un plus grand nombre de voix. (*V.* le *Manuel de Musique*, liv. II et III.)

(2) Cette règle s'applique à l'octave, que l'on peut cependant employer, pourvu que ce soit par écartement et non par rapprochement. Cette consonnance s'emploie aussi par mouvement oblique (fig. 30). *V.* art. 30, p. 107.

de l'unisson ou de l'octave ; lorsque le sujet est dans la basse, la partie aiguë donnera sur l'avant-dernière note la sixte suivie de l'octave (fig. 33, *b*).

(η). On défend deux tierces majeures de suite sur le saut de seconde majeure (fig. 31, *a, a'*), mais non sur celui de seconde mineure (fig. 31, *b, b'*), parce qu'il en résulte sur le premier une relation de triton ; elles sont également défendues sur le saut de tierce majeure, à cause de la relation de quinte majeure qu'elles produisent (fig. 31, *c, c'*), et sur celui de quinte (fig. 31, *e, e'*), à cause de la relation de septième majeure ; mais elles peuvent s'employer sur celui de quarte majeure (fig. 31 *d, d'*). Dans les terminaisons, on permet deux tierces majeures sur le saut de seconde majeure (fig. 31, *f, f'*).

(θ). Les cadences pleines (fig. 32, *a*) et les demi-cadences (fig. 32, *b*) sont défendues dans le cours d'un morceau ; on permet les demi-cadences dans les deux dernières mesures.

(ι). Tous les sauts d'intervalles superflus, la plupart des intervalles diminués et les trois septièmes, sont défendus, tant en montant qu'en descendant (fig. 33).

Comme dans les chœurs à quatre voix on ne doit pas employer de saut plus grand que celui de l'octave, il s'ensuit qu'il ne reste de permis dans ce genre que les intervalles cités exemple 34. (*V.* aussi note 2, page 24.)

Ceux de l'exemple 35 sont permis dans le style libre accompagné [ou même non accompagné] d'instrumens.

(κ). Il ne faut point faire, sans nécessité, plus de trois tierces ou sixtes de suite, par mouvement semblable, parce que cela donne au contre-point une tournure de chant populaire.

On ne doit point faire de pauses de plus de trois mesures dans le contre-point à deux voix, la mesure étant *alla breve*, $\frac{2}{4}$, $\frac{3}{4}$ ou $\frac{3}{2}$, parce que cela rend la composition lâche. Le tasto-solo fait exception à cette règle dans la composition à trois et à un plus grand nombre de parties (1).

(1) Les règles données ici par l'auteur sur la succession des consonnances,

N. B. Si les sauts de septième majeure et neuvième sont défendus à trois ou quatre parties, c'est qu'ils produisent de mauvais chants. On peut au contraire employer la septième mineure. On défend encore le triton. Ces prohibitions ont lieu dans le dessus comme dans la basse. (*V.* la note 2, page 24.)

CHAPITRE VIII.

Continuation du précédent.

26. Il est impossible à l'élève de composer une ou plusieurs parties sur un sujet quelconque, soit d'invention, soit donné par le maître, avant d'avoir bien examiné la nature de ce sujet et de s'être assuré des modes qu'il parcourt ou qu'il renferme. Il faut donc d'abord prendre un sujet des plus simples, dans un des huit modes de l'église, ou [plutôt] dans un des modes les plus usités des vingt-quatre modes modernes. On remarquera ensuite qu'une mélodie quelconque ne reste pas toujours dans le mode principal, qui est indiqué par la première et la dernière note de la mélodie, mais qu'il parcourt ordinairement les modes relatifs.

Ainsi dans l'exemple 36, la première et la dernière note du sujet appartiennent à l'accord parfait majeur d'*ut ;* la deuxième et la troisième, à celui de *sol ;* la quatrième et la cinquième, à celui d'*ut ;* la sixième et la septième, au mineur de *la ;* la huitième et la neuvième, au mineur de *mi ;* la dixième, à celui de *la ;* la onzième, au mineur de *ré,* à moins que l'on ne prenne ces deux dernières dans le majeur de *fa ;* la douzième fait l'octave dans celui de *sol ;* la treizième peut être regardée comme

---

sont celles que l'on peut regarder comme les plus strictement nécessaires pour l'usage ordinaire. Le lecteur qui désirera une instruction plus approfondie fera bien de consulter le *Manuel de Musique*, liv. III, première section.

fondamentale du majeur d'*ut*, ou comme tierce dans le mineur de *la*, ou comme sixte de *mi*, lorsque le sujet est dans le chant ; la quatorzième peut être prise comme quinte de *sol*, lequel *sol* ne peut se montrer que dans la composition à trois ou à un plus grand nombre de parties, pour former la cadence; dans la composition à deux voix, on place le *si*, en pareil cas. Les terminaisons +6 8 et ♭3 1, que nous employons dans les cinq espèces, sont ce que l'on nomme des *demi-cadences*.— D'après les observations que nous venons de faire, on traitera le sujet dont il s'agit comme on le voit exemple 36.

27. Quand on transporte, ainsi que cela doit toujours se pratiquer, le plain-chant d'une partie dans une autre, il faut, à chaque déplacement, changer quelque chose dans l'harmonie, parce que l'auditeur désire naturellement de trouver de la variété, et que la simple transcription du contre-point, une octave plus haut ou plus bas, ne produit rien de nouveau (fig. 37). La même chose se doit observer quel que soit le nombre des parties de la composition.

28. Comme dans la première espèce à deux, trois ou quatre parties, on ne peut employer que des accords parfaits et des accords de sixte, il s'ensuit que dans un morceau à deux voix, on peut employer la tierce majeure et mineure, la sixte majeure et mineure, la quinte et l'octave justes. La dixième majeure et mineure ne sont ici considérées que comme des équivalens de la tierce majeure et mineure. On peut aussi employer l'unisson, mais seulement au commencement et à la fin (25, γ). Ainsi, lorsque dans un sujet pris dans un mode facile et placé dans le dessus, on prend une note quelconque, *mi*, par exemple, on peut lui donner pour basse une des six notes que l'on voit fig. 38, *a*, tantôt l'une, tantôt l'autre, selon les cas. Si le même *mi* est dans la basse, on peut placer au-dessus une des six notes que l'on voit fig. 38, *b*, d'après les règles et observations établies ci-dessus, art. 14 et suiv. (*V*. aussi l'art. 35 ci-après.)

29. Dans la composition à trois voix, on peut placer sous *mi* les accords que l'on voit fig. 39, *a*, quand il est au dessus.

On voit (fig. 39, *b*) ceux qu'il peut porter quand il est dans la basse.

Les mêmes accords peuvent avoir lieu à quatre parties, en y ajoutant seulement un quatrième intervalle qui sera le plus souvent l'octave ou la quinte juste, la tierce ou la sixte redoublées. Enfin, il ne faut pas négliger les règles d'un bon chant, et l'on doit les suivre dans le contre-point comme dans le plain-chant. En voici quelques règles. Après un saut de sixte ou d'octave en montant, le chant doit redescendre, *et vice versâ* [c'est-à-dire qu'après ces mêmes sauts en descendant, il doit remonter]. La note sensible doit toujours monter d'un demi-ton majeur sur la tonique. La quatrième note [accompagnée de la quarte majeure] doit descendre sur la troisième, surtout en majeur, sans qu'il soit nécessaire que l'accord attendu soit frappé, parce que les cadences d'inganno valent mieux [dans le cours de la composition], et jusqu'à la cadence principale (fig. 40).

30. Les anciens défendaient l'octave *à battuta* dans les morceaux à deux et même à un plus grand nombre de parties. Je ne voudrais pas employer cette consonnance dans la composition sévère, ni dans la composition libre à deux parties; mais elle peut être admise dans celle à trois : elle vaut encore mieux à quatre parties, surtout lorsqu'il s'agit du contre-point double à l'octave.

On appelle octave *à battuta*, celle qui tombe dans les bons temps de la mesure. Dans les mesures à deux et à trois temps, c'est le premier; dans celle à quatre temps, c'est le premier et le troisième, et cela dans toutes les espèces de ces mesures : les autres temps se nomment *mauvais temps* ou *temps faibles*; nous en parlerons plus amplement en traitant de la troisième espèce. Ainsi, quand la partie supérieure passe d'un temps faible à un temps fort par un saut de quarte, de quinte ou de sixte descendante, pour former octave par mouvement contraire, avec la partie inférieure qui monte d'une seconde mineure ou majeure, cela s'appelle faire l'octave *à battuta*; ce qui peut arriver comme on le voit fig. 41, où l'on trouve des exemples relatifs à la première espèce de contre-point sévère (*a*) ou libre (*b*). Les exemples 42, *a, b,* sont relatifs à la seconde espèce, et les exemples 43, *a, b,* à la troisième.

La raison pour laquelle cette octave a été défendue, est qu'elle ressemble trop à l'unisson (fig. 44). [*V.* ci-devant 25, ε.]

31. On voit, fig. 45, un exemple de la première espèce de contre-point; cet exemple contient six fautes indiquées par les chiffres placés sous la basse.

La première est que la basse ne commence pas dans le même mode que le chant [qui est le sujet]; car le plain-chant est en *ut* majeur et la basse en *fa*.

La seconde faute est l'unisson, qui n'est permis qu'à la première et à la dernière note.

La troisième est l'octave en forme de cadence finale, précédée de la sixte majeure.

La quatrième est cette quarte superflue [placée sous le *mi*], et qui est défendue dans la première espèce, où l'on ne doit employer que des consonnances. (*V.* art. 25, *δ*, note 1, et art. 35, note 1.)

La cinquième est cette multitude de sixtes qui se suivent et qui, de même que les tierces, produisent une harmonie puérile.

La sixième est, sans parler des octaves couvertes, la cadence de basse dans la partie inférieure; car en style sévère, dans les morceaux à deux voix, l'avant-dernier accord doit toujours être la tierce mineure, lors même qu'au lieu de l'alto on se sert de la basse-taille.

L'exemple 46 vaut donc mieux que le précédent. Le signe NB que l'on voit sous la septième mesure annonce qu'il est permis de croiser les parties.

32. Maintenant, il faut placer le sujet dans la basse (fig. 47). Cet exemple renferme sept fautes indiquées par les chiffres placés au-dessus du contre-point. La première est le saut de quarte majeure d'*ut* en *fa** qui se trouve dans le dessus entre la deuxième et la troisième note. — La seconde est de la quatrième à la cinquième mesure, où l'octave est prise par mou-

vement semblable, ce qui donne des octaves couvertes. Les octaves, unissons et quintes couvertes ont lieu lorsque l'on emploie, même par saut, l'un de ces intervalles par mouvement semblable, parce que les fautes se manifestent en remplissant le vide par des notes de passage. Ainsi (fig. 48, *a*, *b*) si l'on remplit par des notes de liaison, le saut de *sol* à *ut* qui se trouve dans la partie supérieure sur le saut de seconde *si ut* que fait la basse, on trouve deux octaves entre ces deux parties. Les exemples 49 et 50 font voir la même chose pour les quintes et les unissons.

La troisième faute de l'exemple 47 est la quinte mineure dans la sixième mesure.—La quatrième faute est la même quinte dans la dixième mesure.—La cinquième faute est le passage chromatique qui se trouve de *fa*✱ à *fa*♮ dans la huitième à la neuvième mesure, parce que ces marches ne sont pas permises, en montant comme en descendant, dans cette espèce, sans accompagnement d'instrumens [en style sévère].—La sixième est la tierce mineure sur l'avant-dernière note, qui devrait avoir sixte majeure.—Enfin la septième faute est la quinte majeure placée dans la partie supérieure, au lieu de l'octave ou de l'unisson.

33. L'exemple 51 sera meilleur que le précédent. Le signe NB que l'on voit sur le *fa*✱ de la troisième mesure dans la partie de contr'alto, annonce que le dièze a été employé à dessein, parce qu'il est permis quelquefois de passer dans les modes voisins. Le même signe placé sous le tenor sert à faire remarquer le croisement des parties, ce qui est permis quand les parties sont ainsi rapprochées [et dans les terminaisons, pour éviter de faire monter ou descendre excessivement l'autre partie]. Il signifie encore que sur *mi* et *ré* on doit chiffrer 6 et non 3, parce que l'organiste ne doit pas croiser les mains en touchant la basse continue, et que si l'on mettait sur le tenor des 3 au lieu de 6, on toucherait des accords parfaits de *mi* et de *ré* au lieu des renversemens d'*ut* et de *sol* qu'il faut ici.

On voit (fig. 52) un autre exemple en *mi* mineur, dans lequel, pour abréger, on a écrit le sujet une seule fois entre les deux contre-points, l'un au grave, l'autre à l'aigu.

34. Nous avons déjà dit (art. 7 et suiv.) que les Grecs, et d'après eux les anciens maîtres, comptaient douze modes propres. Le mode en *mi*, qu'ils appellent *mode phrygien*, paraît être un mode bâtard (1). Il me paraît étrange que M. Fux, dans ses exemples, commence à l'accompagner de la tierce mineure et finisse avec la tierce majeure, ainsi que les autres modes mineurs ; cela n'ôte rien à la gloire de cet auteur, qui a servi de maître et de modèle à tant de compositeurs : ce n'est pas sa faute si de nos jours les choses ont tellement changé. Les cinq autres modes authentiques seraient encore admissibles, s'ils étaient revêtus des dièzes et des bémols nécessaires pour embellir la mélodie [et donner à ces modes la constitution reçue universellement aujourd'hui] (2).

---

(1) Selon les idées généralement reçues aujourd'hui sur le nombre et la constitution des modes, mais non selon la nature et la vérité. L'exposition de la théorie des modes, dans mon *Introduction à l'Étude générale et raisonnée de la Musique*, ne laissera, j'espère, aucun doute sur cette matière, en présentant de la manière la plus claire et la plus précise les lois de tous les systèmes modals, et par conséquent celle de tous les idiomes de musique possibles. La rédaction de cette partie de l'ouvrage est entièrement terminée et sera livrée au public aussitôt que mes occupations m'en laisseront le loisir.

(2) Les égards que tout traducteur doit à son auteur nous ont empêché de supprimer ce paragraphe, malgré les erreurs qu'il renferme. Il prouve que notre auteur, excellent maître de composition moderne, avait des idées peu exactes sur la facture antique. Cette particularité ne nuit aucunement à son mérite, ni à celui de son ouvrage, que l'on doit regarder comme un bon rudiment, et le meilleur peut-être que nous connaissions, pour l'étude de la composition moderne, de même que celui de Fux est un assez bon rudiment pour la facture antique. On remarquera cependant qu'en traitant les modes modernes, notre auteur s'est interdit, du moins dans ce qui a rapport au contre-point simple, l'emploi d'une partie des moyens usités dans la composition moderne, notamment celui des accords de dominante et de leurs dérivés ; il a conservé aussi quelques prohibitions et quelques usages réservés à la facture antique. Cette méthode n'a aucun inconvénient, puisqu'elle tend uniquement à accoutumer l'élève à une plus grande sévérité.

35. D'après cela, nous nous en tiendrons, en traitant des cinq espèces de composition, aux vingt-quatre modes modernes dont nous avons parlé au même endroit. Je désire seulement, en avançant dans les modes difficiles [et peu usités], que l'on se serve du mode majeur de *sol*♭ de préférence à celui de *fa*✱, parce que le premier mène dans des modes moins difficiles que le second. Je donnerai donc ici un exemple des modulations relatives de *sol*♭ et de *fa*✱ (fig. 53, *a*, *b*), afin que l'on voie que les premières sont plus faciles à écrire et à exécuter que les autres [quoiqu'au fond elles soient les mêmes sur le clavier]. En effet, si l'on regarde les chiffres placés au-dessous de la basse, chiffres qui indiquent, non les accords que portent les notes de basse, mais la quantité de dièzes et de bémols qui doivent, pour chaque mode, être placés à la clef, on verra que parmi les relatifs de *sol*♭, il y en a seulement deux qui ont sept bémols, et trois qui ont cinq bémols, tandis que parmi les relatifs de *fa*✱, trois ont sept dièzes et deux en ont cinq, sans parler des doubles dièzes, autrement appelés [en Allemagne] *croix* [ou *dièzes*] *espagnoles*, qui doivent se placer dans les accords de dominante de ces modes, lorsqu'ils forment cadence parfaite. Ainsi le mode majeur de *sol*♭ est beaucoup plus facile que celui de *fa*✱.

Lorsqu'on se sera suffisamment exercé sur la première espèce dans tous ces modes, tant majeurs que mineurs, et que l'on y aura acquis une certaine facilité, on passera à la seconde espèce (1).

---

(1) Après avoir consacré le chapitre VII en entier, à l'exposition des règles de contre-point simple de la première espèce à deux voix, l'auteur emploie celui-ci :

1° A la description du procédé que l'on doit suivre pour la composition de ce genre de contre-point (art. 26-30);

2° A l'examen de contre-points composés arbitrairement d'après ce procédé (art. 31 et suiv.).

Cette marche est fort raisonnable : elle tend directement vers le but essentiel de l'ouvrage, qui est de mettre l'étudiant en état de composer toute espèce de contre-point; mais nous croyons que l'auteur eût atteint plus sûrement son but s'il eût traité le premier objet avec plus d'étendue et de clarté. Nous pensons donc que les détails où nous allons entrer à ce sujet ne pourront être au lecteur que d'une très grande utilité et lui faciliter son travail.

Tout contre-point se fait, comme on sait, sur un sujet que, pour plus de simplicité, dans les premières études, on suppose formé de notes égales. Ce sujet se place successivement dans toutes les parties, la basse, le dessus et les parties moyennes, et l'élève doit apprendre à le traiter dans toutes ces positions, dans toutes les espèces de contre-point. On commence toujours par la position dans la partie la plus grave, attendu que l'opération est plus simple. En effet, le premier pas à faire est de déterminer l'harmonie dans laquelle doivent se prendre les parties du contre-point : or, l'harmonie étant toujours réglée sur les marches de la basse, elle se détermine ici par la considération immédiate du sujet, tandis que dans le cas où le sujet est dans une partie supérieure, il faut d'abord lui assigner une basse sur laquelle se fait cette détermination ; ce qui exige, comme on voit, une opération de plus.

Maintenant, il faut remarquer, 1° que toute harmonie, placée sur une basse, se compose essentiellement de tierce, de quinte ou de sixte et d'octave (sauf les intervalles propres à la dominante, et que l'on peut regarder comme accidentels) ; 2° qu'en supposant un sujet chargé de son harmonie, cette harmonie offre, au grave aussi bien qu'à l'aigu, trois régions qu'il s'agit d'exploiter pour en tirer les divers contre-points qu'elle peut produire ; que par conséquent, on peut toujours, sur un sujet donné, obtenir au moins trois contre-points divers : le premier dans la région de la tierce ; le second dans celle de la quinte ou de la sixte ; le troisième dans la région de l'octave, et cela tant au grave qu'à l'aigu. Cela posé, on pourra, pour obtenir ces divers contre-points, opérer de la manière suivante.

Étant donné un sujet qu'il s'agit de traiter en contre-point à deux voix de la première espèce, on formera une accolade de sept portées, en tête desquelles on placera respectivement chacune des sept clefs musicales de bas en haut, du grave à l'aigu et commençant par la clef de *fa*, quatrième ligne. Ceux des étudians qui éprouveraient quelque difficulté à employer les clefs inusitées pourront remplacer celle d'*ut*, deuxième ligne, par celle d'*ut*, première, et celle de *fa*, troisième, par celle d'*ut*, quatrième, ou de *fa*, quatrième ligne : quant à nous, pour la facilité de la démonstration, nous conserverons les sept clefs et nous opérerons en conséquence.

De toutes manières, dans cette disposition, la portée munie de la clef d'*ut*, troisième ligne, occupe le milieu de l'accolade ; c'est sur cette portée que l'on écrira le sujet, qui, ainsi placé, pourra servir de basse aux trois contre-points que l'on va former dans les portées supérieures, et de dessus à ceux que l'on tracera dans les portées inférieures. Ces dispositions faites, on procédera, comme il suit, à la formation des contre-points supérieurs : dans chacune des portées supérieures on désignera, par des points placés au-dessus de chacune des notes du sujet, l'harmonie essentielle propre à chacune d'elles, c'est-à-dire 1° sa tierce ; 2° sa quinte ou sa sixte, selon les cas ; 3° son octave. Cette indication étant achevée, on essaiera de former, à l'aide de ces divers harmoniques, en chacune des portées respectives, un contre-point en celle des régions harmoniques, qui sera déterminé par cette considération, que le contre-point se tienne généralement dans chacune des portées à une hauteur analogue à celle du sujet, c'est-à-dire qu'en chaque portée, le contre-point sera généralement dans le haut de la portée, si le sujet occupe le haut de celle où il est placé et ainsi du reste, le tout sans excéder la portée.

Pour effectuer ces divers contre-points, on prendra d'abord dans la portée qui vient immédiatement au-dessus de celle où est placé le sujet, le premier harmonique de la première note du sujet, indiqué par la considération ci-dessus, et l'on marquera cet harmonique en notes musicales : de cet harmonique de la première note on passera à celui de la deuxième note par le moindre saut possible, soit ascendant, soit descendant, et par l'un quelconque des trois mouvemens, en préférant le mouvement contraire au mouvement semblable, et le mouvement oblique à tous les deux, et en se conformant aux règles des mouvemens sur la succession des consonnances. Continuant ainsi de proche en proche, jusqu'à la fin, le contre-point se trouvera accompli.

Il faut avoir égard, dans l'indication et le choix des harmoniques, à la qualité modale et à la marche des notes du sujet : on peut faire à cet égard un grand nombre de suppositions différentes, et l'étudiant qui veut faire des progrès réels, doit faire de chacune de ces hypothèses la matière d'autant de travaux particuliers.

Il faut faire attention en passant d'une note à l'autre, que le contre-point s'écarte le moins possible de la région primitive, et suive à cet égard la marche du sujet vis-à-vis duquel il doit, dans sa portée, garder une position analogue, afin que les parties sonnent également et soient également entendues : condition d'où résulte le meilleur effet de l'harmonie.

On opérera d'une manière analogue pour les contre-points inférieurs. On marquera avec des points dans les portées placées au-dessous de la portée du milieu, les harmoniques inférieurs de chacune des notes de ce sujet, en ne conservant que ceux de ces harmoniques qui, d'après la règle d'harmonie, sont susceptibles de porter le sujet, et cette désignation faite, on formera les contre-points comme il vient d'être dit.

Pour éclaircir tout ceci par un exemple, *voyez* planches supplémentaires, ex. 24, un sujet traité selon ce procédé. L'exemple comprend une accolade de sept portées armées respectivement de chacune des sept clefs musicales : celle qui porte la clef d'*ut* occupe le milieu ; le sujet s'y trouve écrit en notes noires ; les contre-points, d'ailleurs indépendans les uns des autres, sont écrits en notes blanches dans les autres portées.

Pour composer ces contre-points et d'abord les contre-points supérieurs, nous avons, en premier lieu, chiffré le sujet conformément à la règle, et en adoptant ici la route de la modulation la plus ordinaire. On remarquera que le *ré*, troisième mesure, porte 5 au lieu de 6, parce que montant à *sol*, il fait, relativement à ce *sol*, la fonction de dominante, ce qui motive l'accord de tierce et quinte. Pour faciliter l'emploi des accords indiqués par le chiffrage, nous avons marqué dans les portées supérieures, par des points, les harmoniques désignés par le chiffre, et cette préparation faite, nous avons procédé à la formation du contre-point de la manière suivante.

D'abord, dans la portée en clef d'*ut* deuxième ligne, nous avons établi le contre-point dans la région de la quinte, comme la plus analogue à la position du sujet, et ayant placé sur *ut*, première note du sujet, la quinte *sol*, nous avons conservé cette même note comme tierce sur *mi*, deuxième note du sujet; sur *ré*, troisième note du sujet, le contre-point étant obligé de monter ou de descendre, nous avons préféré de monter par mouvement contraire à la quinte *la*, plutôt que de descendre par mouvement semblable à la tierce *fa*, ce qui donne plus de variété et d'élégance: le *fa*, d'ailleurs, nous eût engagés dans un mauvais pas pour la mesure suivante, ainsi qu'on peut s'en assurer par examen. De cette quinte *la*, au lieu de descendre par mouvement contraire sur l'unisson *sol*, dans la quatrième mesure, ce qui eût été une faute, nous avons préféré passer par mouvement semblable à la tierce *si* : ce *si* nous a menés, dans la cinquième mesure, par mouvement contraire à la sixte *ut* qui est d'un excellent effet sur le *mi*. Cette sixte est restée comme octave par mouvement oblique, ce qui est permis, dans la sixième mesure. Ce même *ut* pouvait rester comme quinte dans la septième mesure sur le *fa*, mais nous avons préféré descendre par mouvement contraire sur la tierce *la* qui a plus d'harmonie: cette tierce a amené naturellement la sixte *si*, par mouvement contraire, dans la huitième mesure, et cette sixte appellative a eu, dans la neuvième mesure, sa résolution sur l'octave.

Dans la portée en clef d'*ut*, première ligne, nous avons commencé par l'octave; nous avons marché, de proche en proche, par le mélange combiné des moindres et meilleurs mouvemens, et nous sommes parvenus à former dans une région harmonique plus élevée, mais, relativement à la clef, analogue à celle du sujet, un autre contre-point différent du premier. —De même pour la portée en clef de *sol*, deuxième ligne. Les doubles notes que l'on voit dans ces portées indiquent les variantes de ces contre-points.

Pour former les contre-points au-dessous du sujet, nous avons marqué par des points dans les portées inférieures les harmoniques inférieurs susceptibles de porter le sujet d'après les règles de l'accompagnement. On remarquera que sous la première nous n'avons placé que l'octave ou l'unisson, parce que les autres harmoniques ne pouvaient être employés en commençant; sous la deuxième, nous n'avons point mis l'octave, parce qu'elle donnerait deux octaves de suite: ni la quinte, parce que l'on ne peut passer de l'octave à la quinte par saut de tierce réciproque, même par mouvement contraire, ex. *ut-mi.* / *ut-la.*

La sixte *sol* est une sorte de licence, mais il en résulte une bonne marche mélodique pour la basse, comme on le voit au contre-point en clef de *fa*, quatrième ligne. L'harmonie ainsi déterminée, nous avons opéré comme précédemment, et nous avons obtenu trois contre-points différens que l'on voit dans le même exemple. On pourrait en obtenir un plus grand nombre.

On pourrait aussi chiffrer différemment le sujet, et obtenir par là même d'autres contre-points. L'étudiant fera bien de se livrer à cette recherche, il devra écrire avec soin ses contre-points, en consultant quelque contrapuntiste habile; car, quoi que l'on en dise, il est difficile sans ce secours, d'éviter les fautes et de les reconnaître. Ces contre-points étant composés, il devra les conserver soigneusement pour un autre usage que je lui indiquerai par la suite (art. 66, note 1).

Le contre-point à deux voix de la première espèce se fait ordinairement avec les seules consonnances pures; néanmoins, on peut aussi y introduire des dissonances et toutes les espèces d'intervalles, en les traitant conformément aux lois de leur emploi. Seulement, il faut observer que dans ce cas on sortira de ce que l'on nomme *le style sévère*, ou, pour parler plus exactement, du style ecclésiastique rigoureux; mais, en cela, on ne commettra point, à proprement parler, de fautes contre les règles générales de la composition, ni contre celles du contre-point en général.

Nous croyons devoir observer à cette occasion qu'il existe généralement deux écoles de facture musicale, l'école ancienne et l'école moderne, qui l'une et l'autre nous semblent pécher par un excès opposé, et qu'il serait cependant facile de concilier. La première se borne à l'enseignement du contre-point rigoureux, et rejette absolument comme fautif tout ce qui va au-delà des règles de ce contre-point; la deuxième apprend à mettre en œuvre tous les moyens que fournit l'harmonie, et rejette absolument, comme surannées, toutes les règles qui en restreignent l'emploi. Les deux procédés nous paraissent, eu égard à l'état actuel de la science, également blâmables, et la véritable méthode consisterait, selon nous, à enseigner en effet à l'étudiant ce qu'il peut faire en employant toutes les ressources de l'art, mais à lui faire connaître en même temps les restrictions que commandent les convenances caractéristiques et constitutives des différens styles.

Ce qu'il importe surtout de remarquer, c'est que le contre-point convenablement modifié, s'applique à l'un comme à l'autre système, et que l'on ne peut négliger cette partie des études sans nuire essentiellement à l'instruction.

Pour en revenir à l'espèce qui nous occupe en ce moment, nous pensons que l'étudiant peut, sans scrupule, se permettre d'y introduire toutes sortes d'intervalles, en les traitant conformément aux règles de leur emploi; seulement il fera bien, par des raisons que je dirai plus tard, de n'y point employer les dissonances sans préparation qui font peu d'effet à deux parties. (*V.* pl. suppl., ex. 24, A., un contre-point de la première espèce avec des dissonances, et pour plus de développement, le *Manuel de Musique*, liv. III.)

CHAPITRE IX.

De la seconde espèce de composition sévère à deux voix, ou contre-point de deux ou de trois notes contre une.

36. Il faut d'abord remarquer que, dans cette espèce, le contre-point peut commencer en frappant, ou par un silence de la valeur d'une demi-pause (1); dans l'un et dans l'autre cas, la première note doit être une consonnance parfaite. Dans les mesures suivantes, la note qui tombe au frappé doit toujours être une consonnance; mais cette consonnance peut être parfaite ou imparfaite. On peut placer au temps faible des notes consonnantes ou dissonantes, et même l'unisson qui est bon sur cette partie de la mesure; mais au temps fort, cette dernière consonnance ne peut s'employer que dans la première et dans la dernière mesure. Quant aux dissonances, qui sont les trois espèces de seconde, les trois espèces de quarte, la quinte mineure, la quinte augmentée et les trois septièmes, elles ne doivent jamais être employées par saut, mais par degrés; par exemple, en trois notes montantes ou descendantes (fig. 54), pl. 13.

37. Nous réunissons ici en un même article, quelques règles particulières à cette espèce de contre-point.

(α). Il est permis de placer des dissonances, même diminuées et augmentées, entre deux tons de même degré, pourvu que ces derniers soient consonnans (fig. 55, pl. 14) (2).

---

(1) On prescrit même cette dernière forme, comme plus élégante, et comme donnant plus de vivacité au contre-point.

(2) Quelques auteurs condamnent cette disposition, mais elle est généralement reçue, surtout dans le contre-point.

(ϛ). Dans l'avant-dernière mesure, il faut dans le contre-point supérieur placer la quinte majeure suivie de la sixte majeure, ou la dixième mineure suivie de la sixte majeure qui [dans tous les cas] passera à l'octave. Dans le contre-point inférieur, on emploie dans l'avant-dernière mesure la quinte suivie de la tierce ou dixième mineure qui termine en unisson ou en octave (fig. 56, *a*, *b*) (1).

N. B. Celui qui voudra employer le mode phrygien [les troisième et quatrième modes de l'église], c'est-à-dire celui de *mi* sans dièze [sur le *fa*] (2), devra mettre dans le contre-point inférieur la sixte au lieu de la quinte, parce que, dans ce mode, le bémol [sur le *si*] n'a pas lieu, et que le *si*♮ produirait au frappé une quinte mineure qui ne s'emploie pas de cette manière (3).

(γ) Il est défendu de passer, même par mouvement contraire, d'une octave, quinte ou unisson justes, à une autre octave, quinte ou unisson de même espèce sur le saut de tierce [au frappé de la mesure], parce que, de cette manière, ces intervalles font le même effet que s'ils étaient employés de suite par mouvement semblable (fig. 57) (4).

---

(1) L'auteur suppose ici que le sujet finit par une seconde majeure descendante; s'il finissait par une seconde ascendante, on donnerait dans le contre-point supérieur la tierce suivie de la sixte, qui, dans le renversement des parties, donnerait une sixte suivie de la tierce.

Exemple.	*ré sol*	*ut*	*si*	*ut*
	si	*ut*	*ré sol*	*ut*

(2) Le lecteur, qui voudra avoir une idée nette de la constitution de ce mode et de celle des modes en général, devra consulter mon *Introduction à l'étude générale et raisonnée de la Musique*.

(3) Dans ce nouveau cas, on donnerait au dessus la quinte suivie de la sixte ou de la tierce, au contre-point supérieur et dans le contre-point inférieur, la quinte suivie de la sixte.

Exemple.	*la si*	*mi*	*ré*	*mi*
	ou *la fa*			
	ré	*mi*	*sol fa*	*mi*

(4) Cette règle s'énonce autrement, en disant que, dans le contre-point diminué à deux parties, le saut de tierce ne sauve pas les quintes et les octaves.

Le saut de quarte rend ces sortes de passages légitimes (fig. 58, pl. 15).

Ces mêmes quintes et octaves par tierce ne sont point fautives quand elles sont placées au levé de la mesure (fig. 59) : cependant nous ne conseillons pas aux élèves de faire grand usage de ces sortes de passages dans la composition à deux voix, parce que beaucoup de professeurs les condamneraient.

(δ). Il faut éviter la *monotonie*. La monotonie [que l'on nomme aussi *cacophonie*] est une mauvaise répétition de quelques notes. On la trouve souvent dans la composition libre qui n'est pas contre-pointée; cependant il y a de bons maîtres qui, dans le cas de la répétition d'un chant, font une basse différente ou d'autres parties intermédiaires; ils font quelques changemens dans les instrumens, ou bien ils mettent le même trait une octave plus haut ou plus bas. Ici, l'un et l'autre sont mauvais, quoique le sujet soit varié (fig. 60) (1).

(ε). Après un grand saut de deux notes, la troisième doit revenir par un saut de tierce ou tout au plus de quarte, quand elle ne peut pas revenir par degrés. Trois ou quatre notes consécutives ne doivent jamais embrasser un espace de neuvième ou de septième majeure, même en restant dans l'harmonie de la partie grave : une septième mineure prise par un saut de trois ou quatre notes, est rarement bonne; la septième diminuée est supportable (fig. 61) (2).

(ζ). Les sauts plus grands que l'octave, aussi bien que ceux de septième et tous les intervalles diminués et augmentés,

(1) L'objet des études de contre-point étant de rendre l'élève habile à épuiser toutes les tournures d'harmonie et de mélodie, on lui défend de répéter le même trait sur le même sujet, ou sur un sujet à peu près semblable. Cette défense n'a rien de commun avec les répétitions que la mélodie elle-même exige dans une ariette ou pièce de ce genre.

(2) En général, les parties de contre-point ne doivent pas avoir d'excursion directe plus grande que la sixte mineure; ceci ne concerne point le saut d'octave dont l'intonation est facile à raison de l'identité, et qui est souvent nécessaire pour replacer les parties convenablement.

sont défendus d'une note à l'autre dans cette espèce ainsi que dans la précédente; mais les sauts de dissonance, qui ont été permis dans la première espèce d'une mesure à l'autre, le sont également dans celle-ci.

Il en est de même des notes de passage régulier qui ont lieu au levé, mais qui, dans la facture libre, s'emploient au frappé.

A l'exception de la quatrième et de la cinquième, toutes les règles que nous avons données pour la première espèce doivent être observées ici.

38. On voit (fig. 62, pl. 16) un exemple de cette espèce de contre-point [où, pour abréger, on s'est contenté d'écrire le sujet une seule fois entre le contre-point supérieur et le contre-point inférieur, qui sont indépendans l'un de l'autre] (1).

Il y a huit fautes dans le contre-point supérieur. ——La première faute est la première note même, qui donne en commençant une tierce, consonnance imparfaite (2).— La seconde faute est la note *ré* qui tombe en quarte sur la basse au frappé.— La troisième faute est dans le *fa* qui vient après le *sol*, non à cause que ce *fa* fait sur le thème une quinte mineure qui se résout en tierce selon l'usage, mais parce qu'il fait un saut de septième qui n'est permis que dans la composition libre (3). — La quatrième faute est dans le *sol* placé au levé

---

(1) Cette disposition est fort louable sous le rapport de l'économie, mais de la manière dont l'auteur l'a employée, elle a un inconvénient réel, c'est que le sujet étant placé dans la clef de *Mezzo soprano*, est trop haut pour servir de basse, et que le contre-point supérieur passe au-dessous du sujet, ce qu'il faut éviter. En second lieu, le contre-point inférieur, qui est dans la clef d'*alto*, est trop rapproché, ce qui en rend la composition incommode. Pour bien faire, il eût fallu placer le sujet dans la clef d'*alto*, alors les contre-points eussent été à l'aise, l'un dans la clef de premier dessus, l'autre dans la clef de basse. *V.* planches supplémentaires, exemple 25.

(2) La règle de commencer en consonnance parfaite appartient totalement au contre-point antique: les maîtres du contre-point moderne prescrivent la règle contraire; généralement parlant, l'un et l'autre sont admissibles; les prohibitions respectives tiennent à des convenances de style.

(3) Par cette observation, et par un grand nombre d'autres du même

de la cinquième mesure : ce *sol* est une quarte au-dessous du thème, qui se trouve employée par saut. — La cinquième faute est le *si* suivi du *fa* dans la huitième mesure, et formant avec cette note un saut de quarte majeure. — La sixième faute est que ce dernier *fa* est une septième, prise par saut (1). — La septième faute est l'*ut* formant un unisson au frappé, ce qui n'est permis que dans la première et la dernière mesure. — Enfin, la huitième faute est dans le *la*, qui forme une quinte juste par mouvement semblable dans la dernière mesure.

Le signe *N. B.* placé sur l'*ut* dans la septième mesure, a une double signification. La première est que le saut de dixième est défendu dans le contre-point pour toutes les parties de chant ; la seconde est que si la partie supérieure qui est en clef de *sol* n'est pas faite pour violon, hautbois ou flûte traversière, etc., mais pour soprano, cet *ut*, ainsi que le *si* qui vient après, est trop élevé.

39. Le contre-point inférieur renferme douze fautes. — La première est dans la première note *mi* qui forme au-dessous de l'*ut* du sujet une sixte, consonnance imparfaite par laquelle la composition ne peut pas commencer (2). — La seconde est le *fa** qui commence la seconde mesure et qui forme avec l'*ut* qui le précède un saut de quarte majeure. — La troisième est l'*ut* de la cinquième mesure, qui forme

---

genre, on voit que le contre-point enseigné dans cet ouvrage, et qui est en usage dans la plupart des écoles de nos jours, est une sorte de contre-point mixte qui, en abandonnant les modes antiques, a retenu un grand nombre de préceptes propres au contre-point sévère, et qu'une grande partie des règles et surtout des prohibitions qui y sont maintenues ne subsistent point dans la composition moderne. Nous avons exprimé précédemment notre opinion à cet égard.

(1) Cette septième de dominante se prend par saut et sans préparation, dans le contre-point moderne.

(2) Il faut ajouter : au frappé ; car au levé, rien ne s'opposerait à l'emploi de cette consonnance

avec l'*ut* du sujet une cadence finale à raison de la sixte majeure qui précède. — La quatrième faute est le *la* de la sixième mesure, parce que l'on passe ici d'une dissonance à une consonnance parfaite par mouvement direct, ce qui est défendu (1). — La cinquième faute est la quinte mineure *si*, placée au frappé par saut sous le *fa* (2). — La sixième faute est la quinte majeure découverte, succédant à la quinte mineure par mouvement semblable *fa sol* / *si ut*, succession qui n'est pas bonne, même en descendant, lorsqu'elle se fait de cette manière : *sol* / *ut* | *fa* / *si*, ou *si* / *mi* | *la* / *ré*✻ ||, c'est-à-dire du levé au frappé ; elle s'emploie à trois parties (3). — La septième faute est également la quinte de *la* sur *ré* dans la neuvième mesure, parce que le mouvement contraire sur le saut de tierce ne sauve par les deux quintes.— La huitième et la neuvième faute sont le *mi* et le *fa* sous le *si* et l'*ut* suivans.— La dixième faute est la relation discordante que le même *fa* fait avec le *si* précédent du sujet.— La onzième faute est dans les deux quintes couvertes qui se trouvent de la onzième à la douzième mesure, *ut mi* / *sol la*, c'est-à-dire d'une quarte ou de quelque autre consonnance que ce soit sur une quinte majeure par mouvement semblable. — Enfin, la douzième faute est celle de la quinte *ré* / *sol*, arrivant par mouvement semblable, après la

---

(1) En effet, dans l'espèce actuelle, cette disposition représente le passage d'une octave à une quinte par mouvement semblable, les deux parties faisant ensemble un saut plus grand que la seconde majeure. *V.* note 1, page 24.

(2) *Note de l'auteur.* Cette succession n'est pas permise dans la composition à deux voix.

(3) Zarlino, Cerone et plusieurs autres auteurs estimés ne condamnent pas cette succession dans le contre-point sévère ; elle s'emploie continuellement dans la composition libre

tierce $\frac{mi}{ut}$ dans la dernière mesure. On voit (fig. 63) la rectification de ces deux contre-points.

4o. Le signe *N. B.* que l'on voit sous le contralto dans la dernière mesure, a deux significations. La première est que la note *ut* n'est point encore trop élevée pour une voix de contralto, non plus que le *ré* qui vient immédiatement après. Je sais au contraire, par mon expérience, que les enfans entonnent difficilement le *fa* de la ligne au bas de la portée, et même le *sol* qui est au-dessus (1). La seconde signification de ce *N. B.* est que le saut de septième majeure formé par les quatre notes *ut, mi, sol, si* dans les deux mesures précédentes, est supportable en cette occasion, parce que l'*ut* qui termine appelle fortement le *si* qui forme la septième; en sorte que ces trois dernières mesures offrent un bon chant.

La figure 64, pl. 17, renferme un second exemple de la même espèce en *mi* mineur.

---

(1) L'espèce de voix que, conformément à l'usage vulgaire, l'auteur désigne ici par la dénomination de *contralto*, n'est pas la véritable voix de ce genre, et n'est réellement que le bas dessus, voix dont la clef est celle d'*ut*, seconde ligne. Le *contralto* véritable est la prolongation de cette voix au grave, et sa clef est celle d'*ut*, troisième ligne. Le diapazon et la clef du *contralto* sont les mêmes que ceux de la *haute-contre*; mais la première est une voix féminine ou puérile, et la seconde est une voix masculine ou virile. La première est la *basse-contre* ou la plus grave du premier genre de voix; la seconde est au contraire la plus élevée de l'autre genre. Ces deux sortes de voix sont très rares, les unes chez les femmes et les enfans, les autres chez les hommes. Autrefois, on employait généralement la haute-contre pour chanter la partie des voix d'homme la plus aiguë, et cet usage s'est conservé en France, où ce genre de voix paraît être plus commun que partout ailleurs. Dans les autres contrées, on y a substitué le bas dessus; mais dans cette substitution on a mal à propos conservé, pour ces voix, la dénomination et la clef de contralto, celle d'*ut*, troisième ligne. Il résulte de là, pour ce qui regarde la clef, un inconvénient sensible, c'est que les bas-dessus, montant plus haut que le contralto, les compositeurs qui les emploient dans toute leur étendue sont sans cesse obligés d'écrire hors de la portée, ce que l'on éviterait en recourant à la véritable clef. (*Voyez*, sur tous ces objets, l'art. *des Voix* à la fin de cet ouvrage, chap. XXXV.)

CHAPITRE X.

De la troisième espèce du contre-point simple à deux parties, dans laquelle on place quatre, six ou huit notes contre une seule.

41. Outre les règles précédentes, cette espèce donne lieu à diverses observations. La première note doit toujours être une consonnance dans la mesure à deux et à trois temps : les autres peuvent être des dissonances, lorsqu'elles sont employées par degrés et placées entre deux consonnances (fig. 65).

Il faut remarquer que l'on aurait un mauvais chant, si, après trois ou quatre notes montant diatoniquement, on sautait de tierce au frappé, et réciproquement en descendant; c'est-à-dire qu'après trois ou quatre notes descendant diatoniquement, il ne faut pas, au frappé, descendre par un saut de tierce (fig. 66, pl. 18).

Les sauts plus grands que celui de tierce sont rarement bons après de pareils traits (fig. 67).

42. Comme on peut dans cette espèce placer, ainsi qu'il a été déjà été dit, quatre, six, huit [et même un plus grand nombre de] notes contre chacune de celles du sujet, il devient nécessaire d'expliquer ce que c'est qu'un temps (*Taktheil*), et un élément rhythmique (*Taktglied*) (1), afin de pouvoir éta-

---

(1) Notre langue n'a point d'analogue à ce dernier terme, qui, littéralement, veut dire *membre de mesure*. Voici l'explication qu'en donne M. H. Christ. Koch, dans son *Dictionnaire de Musique*. « C'est, dit-il, une » partie de la mesure résultante de la division d'un temps en deux ou trois » notes de même valeur; par conséquent les membres de mesure (*Taktglieder*) » dans la mesure à deux demi, sont des quarts [de ronde ou semi-brève, » c'est-à-dire des noires]; dans la mesure à $\frac{2}{4}$, ce sont des huitièmes [c'est-

blir à ce sujet des règles certaines. Le nombre des temps est ordinairement marqué par le chiffre supérieur de ceux qui servent à indiquer la mesure : ainsi la mesure $\frac{2}{4}$ a deux temps ; le frappé ou première noire est le bon temps [ou temps fort], le levé ou seconde noire est le temps mauvais [ou temps faible]. La mesure *alla breve* n'a également que deux temps : la première blanche ou moitié [de ronde] est le bon temps ; la seconde est le mauvais.

La mesure à trois quarts n'a qu'un temps fort et deux faibles. Le temps fort est au frappé sur la première noire ; les temps faibles sont le second et le troisième, comprenant les deux noires suivantes. Il en est de même de la mesure $\frac{3}{2}$, excepté que celle-ci, au lieu de trois noires, emploie des blanches : il en est aussi de même de toutes les mesures à trois temps ($\frac{3}{8}$, $\frac{3}{16}$, etc.). Dans la mesure entière, dite *à quatre temps* ($\frac{4}{4}$), les temps forts sont le premier et le troisième, et les temps faibles sont le second et le quatrième (1).

43. Dans la mesure à six temps, si toutefois la mesure contient six notes égales, la première note occupe le temps fort, la seconde et la troisième sont des temps faibles ; la quatrième est un temps fort, la cinquième et la sixième sont des temps faibles. Dans la mesure à neuf temps ou neuf notes égales, la première, la quatrième et la septième occupent les temps forts ; la seconde et la troisième, la cinquième et la sixième, la huitième et la neuvième sont les temps faibles. Dans celle à douze temps [ou douze notes égales], la pre-

---

» à-dire des croches] » *Ist ein solcher Theil des Taktes, welcher entstehet, wenn ein Taktthcil in zwey oder drey Noten von gleichen Werthe aufgelœs et wird ; daher sind im Zweyzweyteltakt die Viertel, im Zweyvierteltakt die Achtel, Taktglieder. H. Christ. Koch, Musikalisches Lexicon. Frankfurt. am Main* 1802. On voit par conséquent que les *Taktglieder*, ou membres de mesure, ne sont autre chose que la mesure considérée dans ses derniers élémens homogènes, et ne peuvent être mieux exprimés en notre langue, que par le terme d'élément rhythmique, que nous avons adopté.

(1) Nous ne partageons pas cette opinion, et nous pensons que, dans toute mesure, il n'y a jamais de *fort* que le premier temps. (V. l'*Introduction*, etc.)

mière, la quatrième, la septième et la dixième sont au temps fort, les autres sont au temps faible. Si l'on regarde cette mesure comme une mesure à quatre temps, dans laquelle une noire pointée comprenant trois croches égales ne fait qu'un temps, le premier et le troisième seront forts, les autres seront faibles (fig. 68). Ainsi dans ces sortes de mesures, on peut employer les retards de deux manières (fig. 69, *a*, *b*).

44. Lorsque, dans une mesure paire ou impaire, on emploie plusieurs notes pour chaque temps, on appelle *notes faibles* ou *membres faibles* les notes qui ne sont pas au commencement d'un temps; celles qui occupent cette place se nomment *notes fortes* (fig. 70). Ici, dans la mesure $\frac{2}{4}$, ainsi que dans les mesures *alla breve*, à $\frac{3}{4}$ et à quatre temps, toutes les notes sont de moindre valeur que le temps. Ainsi, la première note de chaque temps est une note forte; la seconde est une note faible. Donc toutes les notes qui, dans cet exemple, portent des numéros impairs, sont des notes fortes, et celles qui portent des numéros pairs, sont des notes faibles. Ces explications nous paraissent suffisantes.

45. Comme dans l'espèce dont il s'agit nous nous servons de la mesure *alla breve* où il faut mettre quatre notes brèves contre une lente, il faut expliquer avant tout ce que [divers auteurs et notamment] M. Fux entendent par *note changée* (*Wechsel-note*). Quand la deuxième de la mesure [ou du temps] formant une septième majeure ou mineure, saute en descendant sur la quinte, alors cette septième est ce que l'on nomme une *note changée;* mais quand le saut a lieu de la quarte mineure, ou, ce qui est plus rare, de la quarte majeure sur la sixte, alors la quarte forme ce que l'on nomme *note changée* (fig. 71). Cette septième et cette quarte qui marchent ainsi par saut, l'une dans la partie supérieure, l'autre dans la partie inférieure, et qui auraient été des fautes dans l'espèce précédente, sont permises dans celle-ci (1).

---

(1) Par le terme de *note changée*, le plus grand nombre des auteurs entendent des dissonances de passage qui, au lieu d'occuper les divisions paires

On trouve dans de bons auteurs le renversement de ces deux notes changées (fig. 72), dans des morceaux à trois et quatre parties [ce qui est permis], quoiqu'il en résulte des quintes et octaves couvertes. Cette dernière manière se pratique encore à l'aide de l'accord de quarte et sixte sans préparation, accord qui ne s'emploie que dans la composition libre (fig. 73, pl. 20).

Dans les terminaisons de cette espèce, l'avant-dernière note doit être la sixte majeure, si le contre-point est dans la partie supérieure (fig. 74). Lorsqu'il est dans la basse, on donne la dixième mineure (fig. 75), ce qui produit les formules finales que l'on voit dans ces exemples.

46. Les meilleurs contre-points à deux, trois ou un plus grand nombre de voix, dans cette espèce, sont ceux où chaque mesure ne renferme qu'un seul accord, parce qu'ils sont plus sérieux ou plus mâles, ainsi que le demande le style de l'église, et qu'en cas de besoin on peut en presser le mouvement; cependant il n'est pas défendu de faire un accord différent pour chaque temps. Il est bien entendu néanmoins que le premier accord doit être un accord parfait, ainsi que le dernier. Quelquefois on soutient l'accord parfait durant toute la première mesure, parce que les auditeurs aiment à savoir quel est le mode principal et à en être pénétrés. Dans les autres mesures, le second temps peut contenir une dissonance employée par degrés; mais les temps forts doivent toujours commencer par une consonnance, comme on peut le voir dans l'exemple 76.

47. Le second exemple (fig. 77) contient onze fautes dans le contre-point supérieur. — La première faute est la seconde note *ré* qui forme [au commencement d'un temps] une septième dissonante procédant par saut, ce qui n'est permis que quand cette dissonance est sur une partie faible du temps ou de la mesure (45). Dans la composition libre, cette septième ne serait

---

du temps ou de la mesure, comme elles le doivent selon la règle, occupent les divisions impaires qui appartiennent aux consonnances.

pas fautive ; elle serait regardée comme régulière sous un accompagnement de clavecin ou d'orgue (fig. 78). — La deuxième faute est la dernière note *ré* de la deuxième mesure, où la quarte est prise par saut et s'échappe par saut (1). — La troisième faute est le *fa** de la troisième mesure, 1° parce qu'il forme une dissonance prise par saut ; 2° parce que ce *fa** forme sur le *sol* une seconde mineure fort dure ; 3° à cause du mauvais chant que font cette dernière note et les deux précédentes, les trois embrassant ensemble un intervalle de neuvième. Le même effet a lieu quand trois notes embrassent une septième majeure (fig. 79). — La quatrième faute est sur l'*ut*, deuxième note de la quatrième mesure, qui donne une quinte mineure prise par saut et mal résolue : car au lieu de descendre sur le *si*, elle monte au *ré*, et ce *ré* suivi de *la* engendre, avec le *sol* qui succède, un fort mauvais chant. — La cinquième faute est le *ré*, première note de la sixième mesure, qui fait une dissonance au frappé, ce qui est défendu. — La sixième faute est la septième mesure tout entière. Cette mesure forme à la vérité une bonne harmonie sur la basse ; mais elle offre une répétition de la mesure précédente. — La septième faute est l'unisson qui se trouve sur le *sol* au frappé de la huitième mesure ; cet unisson serait permis sur la seconde note. — La huitième faute est l'*ut*, dernière note de la même mesure, formant une quarte qui marche par saut. — La neuvième faute est le *mi* de la neuvième mesure, où l'on est arrivé par un saut de même direction, après quatre notes marchant diatoniquement ; ce qui donne un mauvais chant, comme on l'a déjà remarqué (41). — La dixième faute est dans les unissons couverts qui se trouvent du levé de la dixième au frappé de la onzième mesure. — La onzième et dernière faute est la quarte *si*, attaquée sans préparation [et par saut] dans l'avant-dernière mesure.

---

(1) Il y a ici double faute ; car, 1° quoique la quarte soit placée dans la partie faible du temps, elle ne doit point arriver par saut, mais diatoniquement ; 2° en supposant qu'elle s'échappe par saut, elle doit marcher dans le même sens où elle a été prise, et non en rétrogradant ; autrement elle devient trop choquante.

48. Dans le contre-point inférieur il y a treize fautes. — La première est dans la deuxième note *si* qui forme une quarte attaquée par saut (1). — La deuxième faute est dans les octaves couvertes qui se trouvent entre le *sol*, dernière note de la première mesure, et le *la*, première note de la deuxième mesure, par la succession qui a lieu d'une consonnance imparfaite à une parfaite, c'est-à-dire de la sixte à l'octave en mouvement semblable. — La troisième faute consiste dans les deux octaves découvertes à la fin de la seconde et au commencement de la troisième mesure. — La quatrième faute est le passage chromatique inutile *ut, ut*✱ qui se trouve au second temps de la troisième mesure, passage qui n'est point permis dans le contre-point sévère. — La cinquième faute est le saut inutile de sixte mineure avec cadence finale. — La sixième faute est la répétition de deux notes de même valeur dans une même mesure, répétition qui n'est permise que dans la composition libre. — La septième faute est le *sol* de la huitième mesure sur lequel le *ré* précédent forme une cadence finale. — La huitième faute est le *sol*✱ de la neuvième mesure qui forme, avec le *sol* précédent, une succession peu harmonieuse et un trait chromatique [d'un effet d'autant plus vicieux qu'il se trouve au frappé de la mesure]. — La neuvième faute est dans le *si* de la même mesure, qui ne monte pas jusqu'à l'*ut:* or dans le contre-point de deux voix, lorsque l'on place ainsi la quarte à découvert (2) par trois degrés sans lui faire achever sa route, soit en montant, soit en descendant, et qu'on l'enferme entre deux notes de même degré, on imprime à l'oreille un effet

---

(1) Si cette note était suivie du *sol*, les trois notes *mi-si-sol* seraient regardées comme formant une diminution de l'accord parfait de la tonique, et cette diminution serait permise dans la facture moderne, où elle produit une succession très employée, mais non dans la facture antique, où elle donnerait une quarte procédant non diatoniquement, et un saut de sixte majeure non permis.

(2) Ce que les anciens auteurs italiens appellent *en girandole*. *V*. Berardi, *Miscellanea musicale*, p. 2, cap. 29, reg. 5ta.

aussi mauvais que si l'on attaquait cette quarte par saut avec deux blanches, selon la seconde espèce (fig. 80). — La dixième faute est le saut de seconde superflue en descendant, qui se trouve dans la deuxième mesure ; car ce saut est rarement chantant et permis, même dans la composition libre. — La onzième faute est le saut de septième majeure dans la onzième mesure. — La douzième faute consiste dans les quintes couvertes que l'*ut*, première note au levé de la douzième mesure du contre-point, et le *la*, première note au frappé de la treizième mesure, font avec le *sol* et le *mi* du sujet. — La treizième faute est dans les deux unissons qui ont lieu de la treizième à la dernière mesure, et ne sont séparés que par un saut de tierce.

On voit, fig. 81, les deux derniers contre-points refaits et corrigés.

CHAPITRE XI.

De la quatrième espèce de la composition sévère à deux voix [*dans laquelle on emploie des dissonances liées*].

49. La ligature [ou syncope] que l'on emploie dans cette quatrième espèce ne se divise généralement qu'en deux sortes : la syncope consonnante et la syncope dissonante ; mais chacune de ces espèces comprend un grand nombre de sortes.

La liaison, ligature ou syncope consonnante est celle qui est formée du temps faible au temps fort par l'unisson qui dans ce cas est permis, par la tierce majeure ou mineure, par la quinte majeure, la sixte majeure ou mineure. La liaison ou syncope dissonante est celle qui est formée par une des trois secondes, quartes ou septièmes, par une des deux neuvièmes ou par la quinte mineure.

50. [Toute dissonance doit être résolue, c'est-à-dire qu'elle doit passer à la consonnance dont elle est le retard, ainsi] la

seconde placée dans la basse, quand cette partie fait le contre-point, se résout toujours sur la tierce en descendant d'un demi-ton ou d'un ton entier (fig. 82, *a*). Les trois quartes se résolvent de même sur la tierce, mais dans la partie supérieure (fig. 82, *b*) ; les trois septièmes dans le contre-point supérieur se résolvent sur la sixte majeure ou mineure, en descendant d'un ton ou d'un demi-ton (fig. 82, *c*). Les deux neuvièmes, dans la partie supérieure, se résolvent en descendant sur l'octave (fig. 82, *d*). La quarte mineure et la quarte majeure, quand elles font liaison dans la basse, doivent se résoudre en descendant sur la consonnance la plus proche, c'est-à-dire sur la quinte (fig. 82, *e*).

On sait que la quinte mineure se résout communément en descendant sur la tierce (fig. 83, *a*) ; mais ici [lorsqu'elle se trouve au frappé sur un sujet de rondes], cela ne peut se faire aussi vite, surtout dans la partie supérieure. Dans ce cas, on place au levé suivant la tierce ou la sixte mineure [suivies de la résolution désirée] (fig. 83, *b*, *c*). [Si cette résolution n'avait pas lieu, l'harmonie serait vicieuse] (fig. 83, *d*) (1).

51. Les syncopes consonnantes peuvent, dans leur résolution, passer à une autre consonnance par saut ou par degré ; cependant cette dernière résolution ne peut avoir lieu qu'entre la quinte majeure et la sixte majeure ou mineure (fig. 84).

Les quartes syncopées que l'on voit, fig. 85, *f*, *g*, ne sont pas essentiellement des quartes dissonantes, mais des accompagnemens de la seconde qui doivent être ajoutés à cette dissonance dans les morceaux à trois et à un plus grand nombre de voix. Il en est de même d'une dissonance de neuvième dans la basse, que l'on trouve dans Fux (édition latine, page 72) ; ce n'est

(1) Les résolutions diatoniques que l'auteur vient d'indiquer sont les plus usitées dans le contre-point sur un sujet de *canto fermo*, où l'une des parties reste immobile ; si l'autre partie changeait de place au moment de la résolution, on conçoit que l'on aurait un bien plus grand nombre de résolutions différentes. *V.* Fenaroli, *Partimenti*, ou le *Manuel de Musique*, liv. III et IV.

autre chose qu'une seconde abaissée d'une octave, et qui se résout sur la tierce, ou plutôt sur la dixième. Le même auteur proscrit la septième au grave, résolue sur l'octave. Cette défense paraît juste pour les morceaux à deux voix ; mais on sait que des compositeurs célèbres l'ont employée plusieurs fois dans les morceaux à pleine harmonie, comme représentation de l'accord parfait (fig. 86, *a*, *b*, *c*); les exemples *b* et *c* valent mieux que le premier (1).

Les exemples que l'on voit à la suite de ces derniers (fig. 87), malgré les apparences de quinte et d'octave qu'ils renferment, sont bons principalement à trois et à quatre parties.

On ne doit pas employer plus d'une fois de suite la liaison de quinte suivie de sixte en descendant dans le dessus ou dans la basse (fig. 88, *a*, *b*), pl. 25, soit à deux, soit à un plus grand nombre de parties, soit dans la composition sévère, soit dans la composition libre, parce que cela ressemble trop à une suite de quintes. La série de quarte puis quinte dans la basse (fig. 88, *c*) ne vaut rien à deux parties ; par la même raison, elle est bonne à trois, accompagnée de seconde et tierce (fig. 88, *d*). La neuvième ne vaut rien préparée par l'octave, quel que soit le nombre des parties (fig. 88, *e*), de même qu'une suite d'octave et de septième (fig. 88, *f*) (2).

---

(1) Dans le style sévère, la septième est à peu près la seule dissonance qui se renverse et se présente sous la forme de seconde accompagnée de quarte et sixte ; on y trouve aussi la seconde accompagnée de quinte qui est le renversement de la onzième ; mais celui de la neuvième y est formellement proscrit. Quant à la treizième, elle n'y est pas reconnue, et son renversement encore moins. Il n'en est pas de même du style idéal, ou, pour mieux dire, du style général, qui admet toutes les dissonances et tous les renversemens qui en proviennent Les lecteurs qui désireront acquérir à ce sujet une instruction plus approfondie pourront consulter le traité *Della vera idea delle musicali numeriche segnature*, du P. Sabbatini ; on peut aussi consulter le *Manuel de Musique*, liv. III.

(2) Parce qu'en ôtant le retard dissonant, il vient des octaves ; la syncope consonnante peut seule sauver les quintes et les octaves.

52. La première mesure de cette espèce dans les morceaux à deux, comme dans ceux à trois et à un plus grand nombre de voix, doit commencer par une demi-pause ou silence d'un temps [au frappé]; le premier temps levé doit se former d'une consonnance parfaite. Tous les temps levés doivent être en consonnance, parce qu'ils renferment la préparation des syncopes qui doivent avoir lieu dans les frappés. Ces syncopes, au reste, peuvent être ou des consonnances qui se résolvent par saut ou par degré sur d'autres consonnances, ou des dissonances qui, dans la composition sévère, se résolvent toutes en descendant diatoniquement. L'avant-dernière mesure du contre-point supérieur doit toujours avoir la liaison de septième mineure résolue sur la sixte majeure: la dernière mesure renferme ensuite la cadence sur l'octave.

Dans le mode phrygien, qui termine par une seconde mineure, la septième finale est nécessairement majeure, et cette septième se résout sur la sixte majeure. C'est donc une erreur de la part des organistes, dans l'accompagnement des versets et autres pièces chorales de ce mode qui est le quatrième de l'église, de résoudre cette sixième sur la sixte superflue, parce que le plain-chant n'admet aucun dièze accidentel, et qu'en conséquence il risque de déranger les chanteurs, qui n'ont dans ce mode [dans la position primordiale] que des *ré* naturels à entonner (1). C'est aussi erreur ou ignorance de la part des organistes de répondre par la quarte au lieu de la quinte, aux versets de ce mode qui commencent par la finale.

53. Pour les terminaisons dans le contre-point inférieur, l'avant-dernière mesure doit avoir [au frappé] la liaison de seconde, résolue sur la tierce mineure, qui sera suivie de l'unisson ou de l'octave, si la seconde est à la distance de neuvième.

---

(1) Cette sixte augmentée s'emploie très bien dans la facture moderne, à laquelle elle appartient spécialement. Néanmoins son introduction dans le contre-point ecclésiastique est une licence d'un bon effet, parce que cet intervalle décide la modulation.

Dans la composition libre, on permet les dispositions suivantes :

(a) De faire passer la septième à la tierce avant sa résolution, pour donner plus de grâce à la mélodie. *V.* pl. supplémentaires, ex. 23, *e*.

(b) De faire parcourir à la partie qui prononce la septième diminuée et la septième de dominante, sans préparation, tous les intervalles de l'accord, et de faire ensuite la solution sur une autre note que celle qu'elle appelait naturellement. *V.* pl. supplémentaires, ex. 23, *f*.

Si, dans le cours de la composition, la continuité des ligatures ou syncopes produisait un mauvais effet, on pourrait dans un contre-point [d'une certaine étendue] placer au frappé, une ou deux fois au plus, une note non syncopée, de manière à toujours obéir aux règles d'une bonne mélodie.

Le premier *N. B.* que l'on voit dans le premier exemple, au contre-point supérieur (fig. 89), signifie qu'à la vérité la quinte mineure se trouve ici résolue en montant, au lieu de l'être en descendant ; mais comme la sixte qui la suit au levé ne doit être regardée que comme une note de passage, cette quinte se trouve résolue dans la mesure suivante en descendant sur la tierce [qui, comme on peut le remarquer, interrompt les liaisons]. Le second *N. B.* placé sous le contre-point inférieur, avertit que l'on doit tolérer la relation de triton qui, dans la mesure suivante, conduit en *la* mineur et non en *ut* majeur. La forme pénible [de chant] à laquelle est astreinte cette quatrième espèce fait supporter encore beaucoup d'autres licences.

L'exemple 90 en *mi* mineur offrira à l'étudiant un nouveau modèle.

CHAPITRE XII.

De la cinquième espèce du contre-point simple à deux parties [formée de toutes sortes de notes, et mélangée des précédentes].

54. Cette espèce se nomme *contre-point fleuri*, parce qu'il est permis d'y employer toutes sortes de notes entremêlées. Aux règles prescrites pour les espèces précédentes, il faut encore ajouter pour celle-ci les observations suivantes.

(α). Il n'est pas permis dans les contre-points [de quatre noires contre une ronde], de mettre quatre croches pour une blanche, mais seulement deux, et dans la seconde partie du temps [c'est-à-dire, en place de la noire de rang pair] (fig. 91).

(β). Pour éviter de rendre le chant lent et ennuyeux, on ne doit pas employer la seconde espèce pendant plus de quatre temps ; le dernier de ces temps doit même être lié avec celui qui vient à la suite (fig. 92). La troisième espèce ne doit pas durer au-delà de six temps ; la seconde ne peut s'employer que sur la dernière mesure.

(γ). Il faut chercher à introduire dans le contre-point des ligatures courtes et longues pour produire un beau chant varié d'église. Les musiciens savent par la pratique de l'art, qu'il y a dans le contre-point plusieurs espèces de ligatures que nous désignerons par les noms de *brévissime*, *brève*, *longue*, *très longue*. La ligature brévissime est celle qui ne fait que le quart d'un temps [mesure *à capella*] ; la brève, celle qui en fait la moitié ; la longue, celle qui occupe le temps entier ; la très longue, celle qui fait les deux temps (fig. 93, *a*, *b*, *c*, *d*).

On remarquera que [d'après les règles précédentes] la courte et la longue sont les seules qui puissent nous servir.

(♪). Enfin, il est encore bon de savoir que les septièmes majeures et mineures dans le contre-point supérieur, et les secondes tant majeures que mineures dans le contre-point inférieur, peuvent, comme ligatures longues, éprouver diverses variations (fig. 94).

Si quelqu'un voulait pratiquer ces sortes de variations, on lui recommanderait de les éviter sur la seconde et la septième après l'octave, parce qu'elles ressembleraient à des suites d'octaves : on en trouve cependant des exemples dans Fux (fig. 95).

55. Le commencement et la fin de cette espèce doivent encore se faire en consonnance parfaite, tant dans le contre-point supérieur que dans le contre-point inférieur. Il est toujours défendu de commencer le contre-point inférieur par la quinte inférieure, et de finir dans le contre-point supérieur par la quinte supérieure. La première mesure doit commencer par un silence de la valeur d'un demi-temps dans les mesures paires ; par exemple, par une demi-pause dans les mesures *alla breve*, par un soupir dans les mesures à $\frac{2}{4}$ et à $\frac{4}{4}$. Dans les mesures impaires, elle commence par un silence d'un temps entier, ainsi que dans l'espèce précédente (art. 52).

L'avant-dernière mesure reçoit, dans le contre-point supérieur, la liaison de septième [suivie de la sixte marchant à l'octave], et dans le contre-point inférieur, la seconde [suivie de la tierce qui passe à l'unisson ou à l'octave].

56. L'exemple 96, relatif à cette espèce de contre-point, contient neuf fautes. — La première est la quarte frappée sans préparation dans la quatrième mesure. — La seconde est la langueur du chant dans les mesures suivantes, où la deuxième espèce se trouve trop prolongée, puisqu'elle dure six temps (54, ϐ). — La troisième faute est dans les deux croches au frappé de la sixième mesure. — La quatrième faute est dans la septième mesure où l'on a mis de suite deux

la de même valeur. Au reste, il faut remarquer que cette disposition n'est point regardée comme une faute dans les morceaux de chant où la multitude des syllabes oblige à couper une note en plusieurs autres de moindre valeur (fig. 97). — La cinquième faute est le saut de septième, dont on peut bien se servir après une liaison de neuvième pour embellir le chant, mais seulement dans la composition libre. — La sixième est cet *ut* blanche qui forme un trop grand repos au levé dans la neuvième mesure après les deux noires *mi*, *ré*, parce qu'ici l'on ne peut pas couper une note en deux autres. Ce genre de faute ne peut se corriger que par une ligature placée à la suite, ou par une autre note substituée à la seconde partie de la note trop lente (fig. 98). Il n'en est pas de même au frappé; on y permet et même on y recommande la division d'une note blanche [ou l'emploi même d'une blanche sans subdivision], afin de donner de temps en temps aux chanteurs et aux instrumens à vent la faculté de reprendre imperceptiblement haleine à l'aide de ces notes non liées. — La septième faute est la quinte mineure, formant la première partie du premier temps de la dixième mesure. — La huitième faute consiste dans la dissonance de septième, employée par saut dans la même mesure. — La neuvième faute est dans les quatre croches de la onzième mesure, lesquelles ne peuvent s'employer ici: ce serait autre chose si, pour plus de commodité et pour pouvoir représenter des notes de moindre valeur par des notes plus grandes, on écrivait dans la mesure *alla breve* un morceau entier qui pourrait être écrit à $\frac{2}{4}$ ou $\frac{4}{4}$.

On voit, fig. 99, la correction de cette première leçon, et fig. 100, un contre-point en *mi* mineur.

57. Comme j'ai dit au commencement [du chapitre X, qui traite] de la troisième espèce à deux voix, que l'on pouvait mettre contre chaque note de plain-chant, quatre, six ou huit notes [égales entre elles], je donnerai ici des exemples pour les cinq espèces, et sur les plains-chants qui m'ont déjà servi dans deux sortes de mesures à trois temps,

mesures sur lesquelles il faut s'exercer aussi bien que sur celles à deux temps.

Celui qui sera parvenu à éviter toutes les fautes dans les cinq espèces de composition à deux voix, tant dans les mesures paires que dans les mesures impaires, pourra être assuré de faire un morceau de bon effet à trois et à plus de parties; car les règles deviennent d'autant moins sévères que le nombre des parties va en augmentant.

Voyez, fig. 101, 102 et 103, des modèles de la première, de la seconde et de la troisième espèce dans la mesure à trois temps.

On peut commencer, dans la seconde espèce, par un soupir, et dans la troisième par un demi-soupir, quand on se sert de la mesure $\frac{2}{4}$.

On voit (fig. 104) un contre-point de huit notes contre une, qui, pour plus de commodité, se fait dans la basse avec la mesure *alla breve* (fig. 105).

L'exemple 106 est pour la musique instrumentale: les exemples 107 et 108 renferment des contre-points de la quatrième et de la cinquième espèce, dans les mesures à trois temps.

III.

DE LA COMPOSITION A PLUSIEURS VOIX

EN GÉNÉRAL,

ET PARTICULIÈREMENT DU CONTRE-POINT A TROIS VOIX.

(Préambule ajouté par M. Choron.)

58. Dans l'étude du contre-point simple à deux voix, on se propose communément un double objet.

Le premier est d'exercer l'étudiant à la pratique des règles élémentaires de l'harmonie, et particulièrement de celles qui regardent l'emploi des intervalles tant consonnans que dissonans, règles dont ce contre-point offre une application continuelle.

Le second, qui est l'objet essentiel de cette étude, est de lui apprendre à coordonner les parties entre elles, quel que soit le contraste que présentent les valeurs rhythmiques dont elles sont formées.

Ce double objet est assez important pour captiver toute l'attention de l'élève et faire regarder pour le présent comme déplacées et inopportunes des considérations de tout autre genre, qui ne sembleraient propres qu'à l'embarrasser et à le distraire. Nous nous sommes donc imposé à cet égard la plus stricte réserve, et toutes les réflexions que nous lui avons présentées en cette occasion ont été dans la conformité la plus parfaite avec l'objet proposé. Mais à présent, qu'au moyen de tout ce qui vient d'être dit sur ce sujet, la matière est en quelque sorte épuisée et le but suffisamment atteint, nous croyons, avant de le conduire plus loin dans les détails de la composition à plusieurs parties, devoir lui présenter, relativement à cet objet, quelques considérations générales qui ne pourront que lui être d'une très grande utilité dans ses travaux ultérieurs. Ces considérations se rapportent à quatre points principaux, savoir :

I. Le nombre des parties de la composition ;

II. Leurs différentes espèces ;

III. Leur qualité ou le rang qu'elles occupent dans la composition ;

IV. Le mode de leur formation.

Nous allons discuter successivement ces divers points.

(A) Et d'abord j'observerai qu'en fait de contre-point, on entend toujours par le terme de *partie* ce qu'en composition on entend généralement par celui de *partie réelle*, c'est-à-dire celle qui a une mélodie propre et distincte et qui n'est le redoublement d'aucune autre. Or le nombre de ces parties est de sa nature illimité, en sorte qu'il peut exister des compositions à tel nombre que ce soit de parties, et que la détermination de ce nombre dépend entièrement de la volonté du compositeur, laquelle est réglée par les circonstances et les moyens qu'il a à sa disposition.

Pour se convaincre de la vérité de cette proposition, il faut remarquer que, considérées quant au mode de leur génération, les parties naissent de l'enchaînement des accords opéré par le passage de chacun des sons d'un accord à chacun des sons de l'accord qui le suit immédiatement. Or, chaque accord étant composé de trois sons, et le passage de l'un quelconque des sons du premier accord à l'un quelconque des sons du second, étant généralement possible, il suit de là que l'on a généralement neuf parties possibles dans le passage d'un accord quel qu'il soit à celui qui le suit immédiatement.

Par exemple, qu'il soit proposé de passer d'un accord tel que *ut-mi-sol*, à un autre accord tel que *ré-fa-la*, il est clair que du son *ut*, du premier accord, on pourra passer à *ré*, à *fa*, à *la*, ce qui donnera les trois parties *ut-ré*, *ut-fa*, *ut-la*; le progrès de la tierce *mi* donnera les trois parties *mi-ré*, *mi-fa*, *mi-la*, et celui de la quinte *sol* donnera les trois autres parties *sol-ré*, *sol-fa*, *sol-la* : en tout neuf parties qui, pour être employées, n'auront besoin que d'être disposées convenablement.

On demandera maintenant comment on pourra augmenter le nombre des parties. Il existe pour cet effet plusieurs moyens dont nous croyons qu'il serait inutile de faire ici le dénombrement; mais il en est un, le plus simple de tous, dont nous pouvons cependant faire mention ; c'est celui que procure la succession de deux accords qui ont un son commun entre eux. Supposons, par exemple, que de l'accord *ut-mi-sol*, on passe à l'accord *fa-la-ut* : les parties qui proviennent du passage du son *ut*, commun aux deux accords, se prêtent à une décomposition qui permet de multiplier indéfiniment, comme on va le voir, le nombre des parties.

En effet, dans la succession *ut-la*, par exemple, on peut, en plaçant dans l'une des parties le *la* au frappé de la mesure, prolonger dans une autre partie l'*ut* du premier accord, de manière à ce qu'il n'arrive qu'au levé de la seconde mesure, ce qui donnera une partie de plus. On pourra, sur ce même *ut*, pratiquer des prolongations d'un quart, d'un ou de plusieurs huitièmes, d'un ou de plusieurs seizièmes : ces retards donneront autant de parties différentes. La même opération peut se pratiquer sur la succession *ut-fa;* ce qui, comme on voit, produira encore un grand nombre de parties différentes. A la vérité, ces parties n'enrichiront pas l'harmonie, mais elles procureront des moyens de varier les dessins mélodiques.

Les compositions à divers nombres de parties ne sont pas toutes également employées. On compose rarement au-delà de huit parties réelles; cette dernière espèce même ne s'emploie que rarement et à l'église. Dans l'usage ordinaire, les compositions à deux et à trois sont les plus usitées; celles à quatre et cinq le sont aussi quelquefois; mais il faut remarquer que bien souvent celles que l'on appelle de ce nom ne sont réellement autre chose que des compositions à trois, dont une ou plusieurs parties sont doublées ou triplées. De même à l'église, les compositions à huit et les compositions à deux chœurs se forment souvent par le redoublement de quelques parties, et ce n'est que rarement que l'on se donne la peine de disposer à huit parties réelles : cette disposition n'a, en effet, la plupart du temps, d'autre but que de faire briller le talent du compositeur, le résultat étant toujours très disproportionné au travail qu'exige l'arrangement régulier d'un si grand nombre de parties.

(B) Par l'espèce des parties, nous entendons ici celle des voix et des instrumens auxquels est destinée une composition. Sous ce rapport, il existe deux divisions principales :

I. Celle des voix seules ou des instrumens seuls ;

II. Celle des voix et des instrumens réunis.

Dans l'enseignement scolastique, on commence par l'étude de la composition vocale, qui doit embrasser le contrepoint simple et complexe, l'imitation sous ses deux formes habituelles, le canon et la fugue : le tout dans l'un et l'autre style et à quelque nombre de voix que ce soit. A cette étude succède celle des modifications propres aux divers instrumens, soit isolés, soit combinés entre eux : celle des voix et des instrumens réunis conduit l'élève à l'étude des genres, dont la connaissance complète l'éducation musicale. Ce que nous avons à lui faire connaître ici, c'est en quoi consistent les divers assemblages que l'on peut former tant des voix que des instrumens.

(a) Les voix, conformément à ce qui vient d'être dit précédemment, s'assemblent par deux, trois, quatre, cinq, six ou en plus grand nombre : chacun de ces assemblages présente un très grand nombre de variétés, selon l'espèce des voix dont il est formé. Ce nombre sera d'autant plus considérable que l'on distinguera un nombre d'autant plus considérable de voix. D'après le tableau que l'on voit à la fin de cet ouvrage (chap. XXXVII, suppl.), il existe deux genres de voix : les voix masculines ou viriles, et les voix féminines ou puériles ; les premières désignées en notre langue par le nom générique de *tailles*, les autres par celui de dessus, et chaque genre admet trois divisions : la basse, la moyenne et la haute. Ainsi, l'on est obligé de reconnaître, en voix d'homme, la *basse-taille*, la moyenne que l'on nomme aussi *baryton*, et la haute, que l'on nomme *ténor*. Dans les voix de femme, le *bas-dessus*, que l'on confond mal à propos avec le *contralto*, dont il fait habituellement les fonctions ; le second dessus ou *mezzo soprano*, et le dessus ou *soprano* proprement dit ; le tout sans parler des voix extraordinaires, c'est-à-dire de celles qui, en chaque genre, excèdent, soit au grave, soit à l'aigu, les voix dont nous venons de donner l'indication.

Il faut remarquer que d'un genre à l'autre, les voix analogues sont chacune à chacune à l'octave l'une de l'autre, avec cette observation cependant que les voix féminines éprouvent plus de difficulté que les premières à s'élever dans le haut du diapazon; en sorte que le système des voix féminines n'est guère dans la réalité qu'à la septième au-dessus des voix masculines. Pour simplifier néanmoins, on le considère généralement comme étant à l'octave ; et cette supposition a peu d'inconvéniens pour la pratique, si l'on observe de ne pas écrire trop haut pour ce genre de voix.

Les assemblages que l'on peut former des divers genres et espèces de voix se partagent d'abord en deux divisions principales: 1° ceux des voix de même genre, c'est-à-dire toutes masculines ou toutes féminines, que l'on appelle de *voix égales;* 2° ceux de voix de genre différent, que l'on nomme de *voix inégales*, formés de voix masculines et de voix féminines en toutes sortes de proportions (1). Le tableau de tous ces assemblages serait aussi long qu'inutile (2), puisqu'il n'en est aucun qui ne soit praticable et susceptible d'être employé, et que les compositeurs ne règlent leur choix à cet égard que d'après la considération des circonstances, et surtout d'après le genre et l'espèce des voix qu'ils ont à leur disposition. Cependant il en est qui sont plus favorables que les autres au bon effet de l'harmonie, et ce sont, pour le dire en un mot, ceux dans lesquels les différens genres de voix sont dans les proportions les plus convenables. Ces proportions sont éta-

---

(1) Ces dénominations sont évidemment équivoques ; car celle de *voix égales* semble désigner des voix de même genre et de même espèce, dont il existe en effet des assemblages, comme quand on compose pour plusieurs dessus, pour plusieurs tenors ou pour plusieurs basses; et celle de *voix inégales,* toutes les autres voix; mais tel est l'usage, et comme, dans tous les cas, on est toujours obligé de désigner le nombre et l'espèce des voix, qu'aucune dénomination n'indiquerait avec assez de clarté, cette équivoque a peu d'inconvénient.

(2) La détermination exacte des formes multipliées sous lesquelles ces assemblages peuvent se présenter, exigerait l'emploi de calculs qui pourraient être hors de la portée d'un grand nombre de lecteurs; c'est pourquoi je ne crois pas devoir l'entreprendre ici, et me borne à renvoyer, sur cet objet, le lecteur à mon *Introduction à l'étude de la Musique*. J'observe aussi que les dénombremens, que quelques auteurs ont donnés avec beaucoup de prétention, sont incomplets et mal faits.

blies par cette loi, de former d'abord l'assemblage en chaque nombre de parties par les voix extrêmes, puis par les voix médiaires, et de recommencer toujours les redoublemens suivant le même ordre, en commençant en chacune de ces espèces de voix, par les plus aiguës de leur genre.

D'après cette loi, le meilleur duo sera formé de dessus ou du tenor et de la basse. On peut, avec le dessus, mettre le contralto au lieu de la basse. Le meilleur trio sera formé par le dessus et la basse, auxquels on ajoutera le tenor : cet assemblage est le plus parfait ; c'est le trio par excellence, celui qui forme, si l'on peut parler ainsi, le noyau de toute l'harmonie vocale et instrumentale. A quatre parties, on ajoutera le contralto et l'on aura le quatuor le plus parfait, celui pour dessus, basse, tenor et contralto.

A cinq parties et au-delà, on formera les redoublemens dans l'ordre où nous venons de présenter ces voix, et l'on aura deux dessus, basse, tenor et alto pour le meilleur quintette; le meilleur sextette sera de deux dessus, deux basses, un tenor, un alto; le meilleur septuor, deux dessus, deux basses, deux tenors, un alto. A huit, toutes les parties seront doublées. Ce dernier assemblage est fort usité à deux chœurs : cependant il y a des exemples d'autres dispositions (1).

---

(1) La raison de cette loi est facile à comprendre. D'abord, le principal effet de l'harmonie est entre les extrêmes ; il faut donc, après avoir suffisamment établi les moyens, commencer le renforcement par les autres. En second lieu, le bon effet de l'harmonie demande de rapprocher les parties hautes, et d'écarter les parties basses qui, quand elles sont trop rapprochées, donnent un remplissage sourd. Il faut donc commencer toujours par les aigus : c'est pourquoi nous redoublons, non-seulement le dessus, mais encore le tenor avant l'alto, parce que le tenor, quoique réellement plus grave que l'alto, produit un effet de soprano, tandis que l'autre offre un effet de basse.

Au reste, l'usage a beaucoup varié à cet égard, mais seulement à raison des circonstances. Ainsi, dans les siècles précédens, les compositeurs de musique d'église employaient beaucoup de voix masculines (jusqu'à quatre et cinq) contre une voix féminine ou puérile, mais cela venait de la facilité

Dans tous ces assemblages, les voix peuvent être employées, en chaque partie, seules ou indéfiniment redoublées; dans le premier cas, l'assemblage prend les noms de *duo*, *trio*, *quatuor*, etc.; dans le second, le nom générique de *chœur*.

Dans l'école, on réserve les noms de *duo*, *trio*, etc., aux assemblages de voix seules sans accompagnement; on appelle *duetto*, *terzetto*, etc., ceux où les voix sont accompagnées de l'orgue ou de quelque autre instrument.

(b) Les assemblages instrumentals se font, comme ceux des voix, à tel nombre que ce soit de parties et par toutes sortes d'instrumens. Les duos, trios, quatuors et quintetti les plus usités se composent pour les instrumens de même genre : en instrumens d'archet, pour les violons, alto et violoncelles; en instrumens à vent, pour le basson, la clarinette et la flûte. Ce dernier instrument remplace quelquefois l'un des violons dans le quatuor et le quintette; souvent, on ajoute les cors aux trios et quatuors d'instrumens à vent. On donne le nom de *symphonie* à l'union des instrumens de genre différent, dans laquelle les parties sont indéfiniment redoublées, et l'on distingue les symphonies ordinaires, composées pour le quatuor d'archet uni au quatuor d'instrumens à vent, auquel on ajoute les cors et les flûtes, d'avec les symphonies à grand orchestre dans lesquelles on ajoute encore aux instrumens précédens, les instrumens bruyans, tels que les trompettes, les trombones et les tymbales.

On donne improprement la dénomination prétentieuse d'harmonie à la musique composée pour les instrumens à vent exclusivement. On appelle *sonate* tout solo de forté-

---

qu'ils trouvaient à se procurer des voix d'hommes de toutes espèces, tandis qu'ils n'avaient pour les voix puériles d'autres ressources qu'un très petit nombre d'enfans chantant le dessus, comme on le voit encore aujourd'hui dans ce qui subsiste de psallettes, où la voix de contralto est tout-à-fait négligée, ce qui fait qu'on est obligé de la remplacer par des tenors et des hautes-contres.

piano, ou de quelque instrument accompagné de piano ou de violoncelle.

(c) L'union des instrumens à vent et des voix se fait de beaucoup de manières, chaque assemblage vocal étant susceptible de marcher seul ou de s'allier aux divers assemblages instrumentals, ce qui donne lieu généralement de distinguer sous ce rapport divers genres de compositions, comme on le voit ici.

1°. Composition pour les voix seules;

2°. Composition pour les voix, avec orgue ou forté-piano, ou tout autre instrument à touches;

3°. Composition pour les voix, avec duo, trio ou quatuor, dans lesquels on supplée ou l'on remplace quelquefois l'alto par les cors;

4°. Composition pour les voix, avec harmonie instrumentale, c'est-à-dire avec les instrumens à vent;

5°. Composition pour les voix, avec l'orchestre ordinaire;

6°. Composition pour les voix, avec grand orchestre.

Cette distinction ou classification des divers alliages ou combinaisons des voix et des instrumens, est on ne peut plus importante et digne d'attention, car chacune d'elles a des usages et comporte le plus souvent un style particulier. Ainsi, la première, qui est aujourd'hui fort peu usitée, était originairement la seule en usage à l'église, à la chambre et même au théâtre. Réduite peu à peu aux usages de l'église, elle y régna exclusivement pendant une assez longue période; aujourd'hui, son domaine est réduit à la chapelle du souverain Pontife, où elle est la seule admise en tout temps; on l'emploie aussi exclusivement en quelques églises, dans certains temps de l'année, tels que l'Avent et le Carême, et dans certaines solennités. Ce genre s'écrit presque toujours en style plus ou moins sévère, style peu compris aujourd'hui; ce qui en rend l'exécution ingrate et difficile, et ce qui a sans doute beaucoup contribué à le faire presque généralement abandonner et reléguer dans les écoles, où les étudians et souvent même les professeurs, sont loin d'en saisir le véritable esprit.

Le second assortiment, celui des voix soutenues de l'orgue, ou généralement des instrumens à touches, succéda au précédent à l'église, à la chambre, au concert. L'introduction de ce genre, qui eut lieu vers le commencement du dix-septième siècle, amena l'invention de la basse chiffrée, dont l'étude a depuis acquis tant d'importance. Il fit abandonner la composition pour les voix seules; il donna naissance à un style mixte qui annonça le style moderne; et le dix-septième siècle, ainsi que le commencement du suivant, vit éclore en ce genre une multitude d'ouvrages tant pour la chambre que pour l'église, dont un grand nombre subsistent encore honorablement aujourd'hui. C'est à ce genre qu'appartiennent les compositions de Carissimi, de Colonna, de Buononcini, de Scarlatti, de Clari, de Marcello, et de tant d'autres maîtres de la plus haute distinction. Il fut long-temps d'un usage universel à l'église : aujourd'hui, il n'est plus guère usité qu'au concert et à la chambre. On n'y compose même directement que dans le style le plus léger; mais comme il comporte tous les styles, on y ramène les compositions de tout genre et de tel mélange que ce soit de voix et d'instrumens, que l'on arrange à cet effet. Seulement, pour rendre l'accompagnement plus sensible, on renforce les basses par quelques instrumens graves, tels que les contre-basses et les violoncelles, et les plus grandes compositions reduites sous cette forme, deviennent la base de concerts du plus grand intérêt; tels sont notamment ceux qui ont lieu dans un grand nombre de villes d'Allemagne, et les exercices de l'Institution royale de Musique religieuse de France.

Le troisième système, celui des voix unies aux instrumens d'archet, quoique de sa nature aussi ancien que les précédens, ne commença à prendre une constitution fixe et à devenir d'un usage habituel, que vers le commencement du dix-huitième siècle, à l'époque où l'invention du violoncelle et l'union de cet instrument avec les violons, fit totalement tomber le système entier des violes. Ce furent les maîtres de l'École moderne de Naples qui commencèrent dès lors à briller d'un vif éclat, ce furent, dis-je, les maîtres de cette illustre École qui contribuèrent le plus puissamment à sa propagation. La presque totalité des compositions sacrées de Scarlatti, de Durante, de Pergolèse, de Porpora, de Vinci, de Leo, de Hasse, de Jomelli, sont traitées de cette manière; c'est de cette manière aussi qu'étaient traités ces jolis intermèdes qui sortirent en si grande abondance de cette école, et que relevait une musique peu chargée d'effets, mais si riche d'idées et d'expression. On recommande l'addition de l'orgue, à l'église, et du clavecin, à la chambre ou au théâtre, dans ce système et les suivans, pour établir la liaison et l'ensemble.

Le quatrième système, celui des voix unies aux instrumens à vent, est peu usité, n'a d'emploi que dans quelques circonstances particulières.

Le cinquième est aujourd'hui le plus usité de tous, à l'église, au concert et au théâtre : on y possède de fort belles compositions dans tous les genres.

Enfin, le sixième s'emploie également dans toutes les localités où les circonstances le permettent; mais comme il est souvent fort difficile de réunir tous les moyens qu'il exige, et que cette réunion occasione beaucoup d'embarras et de frais, les compositeurs ont ordinairement soin de placer un certain nombre d'instrumens *ad libitum*; en sorte que dans toutes les circonstances, on puisse se contenter des moyens qu'emploie le mélange précédent.

(C) Par la qualité ou le rang des parties, j'entends, si l'on peut parler ainsi, le rôle qu'elles jouent, les fonctions qu'elles remplissent, la part afférante qu'elles reprennent dans l'ensemble de la composition. Sous ce point de vue, elles se divisent en deux classes : les parties mélodiques et les parties harmoniques, ou les parties accompagnées et les parties accompagnantes : les unes et les autres se divisent à leur tour, savoir : les premières en parties principales et en parties secondaires ; les autres en parties essentielles et en parties accessoires.

Pour bien comprendre cette distinction, il faut se rappeler que, dans toute composition, il existe nécessairement et avant tout, un chant qui est le sens de cette composition, et sans lequel elle n'aurait aucune signification, mélodiquement parlant. Ce chant peut être prononcé par une des parties ou résulter de leur ensemble, ce qui revient au même, puisque, dans ce dernier cas, on peut concevoir une partie prononçant ce sens unique, quoique résultant du concours de parties diverses.

On donne le nom de *partie principale* à toute partie qui, dans une composition, exécute le chant principal. Toutes les autres y sont subordonnées, mais cette subordination s'établit de deux manières, mélodiquement ou harmoniquement, comme nous venons de le dire. Par l'ordonnance mélodique, toutes les parties subordonnées ont aussi chacune un chant qui leur est propre ; et selon les règles de la composition, ce chant se déduit de celui de la partie principale, à l'aide de procédés que suggèrent, ainsi qu'on le verra par la suite, les divers modes d'*imitation*. C'est ainsi que se créent les canons, les fugues, en un mot toutes les compositions dans lesquelles plusieurs parties secondaires figurent mélodiquement, et peuvent, pour parler un langage connu, être considérées comme autant de *fonctions* d'une partie principale : condition essentielle pour conserver l'unité (103).

C'est à cette partie principale, qui, du reste, peut passer alternativement d'une voix ou d'un instrument dans un autre, que sont également subordonnées les parties harmoniques, mais suivant une autre loi et d'après des formes différentes. Nous avons en effet vu précédemment que toute partie donnée, considérée comme basse, comporte une harmonie qui lui est due, et comme chant, une basse qui devient à son tour le support d'une harmonie dans lequel le chant est enveloppé. Pour réaliser cette harmonie au moyen de voix ou autres organes *monoplectres*, c'est-à-dire qui ne rendent à la fois qu'un son unique, il est nécessaire de distribuer entre ces divers organes les sons de cette harmonie. Cette distribution se fait selon les règles et d'après les procédés du contre-point. La série des sons échus à chacune des parties, par l'effet de cette distribution, forme sans doute une sorte de mélodie, mais cette mélodie, plus ou moins susceptible d'être chantée, n'offre point nécessairement un sens mélodique, un chant proprement dit (1). C'est en cela que diffèrent, dans une composition, les parties mélodiques et les parties harmoniques. A présent, pour concevoir entre ces dernières la distinction des parties essentielles et des parties accessoires, il faut encore se rappeler que tout accord est essentiellement composé de trois sons dont les autres ne sont que le redoublement. Cela posé, on appelle *parties essentielles* celles qui, dans un contre-point d'un nombre quel qu'il soit de parties, prononcent les sons constitutifs des accords, et *accessoires*, celles qui n'en sont que les redoublemens.

(D) On comprendra mieux encore ce que nous venons de dire sur la qualité et le rang des parties, quand on connaîtra le mode de leur formation et l'ordre selon lequel elles sont introduites dans la composition. Il existe à cet égard deux procédés très différens que l'on emploie tour à tour, selon les cas. D'après le premier, le compositeur menant de front la composition de toutes les parties, quel qu'en soit le nombre, distribue arbitrairement entre elles toutes, sans distinction de genre ni de rang, tous les élémens harmoniques, en plaçant chacun d'eux de telle sorte que le tout ensemble produise le meilleur effet possible. Dans cette manière d'opérer, la présence de toutes les parties est également nécessaire pour produire l'ensemble indiqué par leur nombre, et l'absence de l'une quelconque d'entre elles produit un vide

(1) On peut même poser comme une règle de contre-point, que, hors le cas de l'imitation, les parties du contre-point doivent bien être *chantables*, mais non *chantantes*.

plus ou moins sensible. Dans le second procédé, le compositeur écrit successivement toutes ses parties, selon cette loi, que chacune d'elles complète l'ensemble indiqué par le rang ou numéro d'ordre selon lequel elle a été composée ; c'est-à-dire que la première renfermant le solo, la seconde forme le duo parfait, la troisième le trio, la quatrième le quatuor, et ainsi de suite ; en sorte que, dans l'exécution, les parties s'ajoutant selon l'ordre où elles ont été composées, on obtienne toujours par leur réunion l'ensemble le plus complet, relativement au nombre des parties.

Ces deux procédés qui sont, comme on voit, fort différens, produisent des compositions également fort différentes dans leur contexture. La théorie n'a point établi de termes pour désigner ces diverses sortes de composition, que l'on pourrait nommer, les unes, *à parties confuses*, *homogènes ou simultanées*, c'est-à-dire faites ensemble ; les autres, *à parties additionnelles*. Quoi qu'il en soit, ces compositions ont nécessairement des propriétés fort distinctes. Celles qui sont faites par le second procédé ont sur les autres l'avantage de pouvoir être exécutées à un nombre plus ou moins grand de parties, ce qui peut être commode dans beaucoup de cas ; mais elles ont aussi cet inconvénient, qu'à mesure que l'on augmente le nombre des parties, celles qui sont composées en dernier, ne se formant que du résidu des précédentes, sont plus ou moins sacrifiées sous le rapport de la mélodie et de l'harmonie, et aussi mal tissues par rapport à la première qu'inutiles et quelquefois embarrassantes par rapport à la seconde. On remarque encore que, même en les supposant sous tous ces rapports composées aussi bien qu'il est possible, les élémens harmoniques n'y sont pas toujours respectivement placés dans les positions les plus avantageuses ; en sorte que l'harmonie n'a pas tout l'effet que produirait une distribution faite avec plus de liberté.

Quoi qu'il en soit, ce procédé était généralement plus familier aux anciens, soit à raison de son analogie avec la marche progressive de l'art, soit peut-être aussi à raison du peu de fixité que l'on rencontrait alors dans le nombre et les proportions des voix qui, dans la musique régulière, étaient autrefois les seuls moyens d'exécution ; mais dans l'usage qu'ils en faisaient, ils l'employaient d'une manière différente de celle que nous avons précédemment indiquée. En effet, après avoir placé le sujet dans le tenor, ils écrivaient premièrement le dessus : puis ils plaçaient, comme troisième partie, la basse au-dessous du tenor ; l'alto venait ensuite comme quatrième partie. On peut consulter, à ce sujet, Zarlin, l'auteur didactique le plus estimé du seizième siècle, qui, dans ses *institutions harmoniques*, donne, avec assez de détail, les règles de ce procédé. (*Istituz. arm.*, part. 3[a], cap. LIX.) On voit, dans le même auteur, des exemples de parties additionnelles composées après coup et ajoutées à des parties déjà existantes : exercice auquel les compositeurs de ce temps se livraient fréquemment. Aujourd'hui, on suit une marche un peu différente : après avoir placé le sujet dans le tenor ou dans le dessus, on écrit d'abord la basse comme seconde partie ; ensuite on ajoute, comme troisième partie, le dessus dans le premier cas, et le tenor dans le second ; puis on place l'alto comme quatrième partie. Quelquefois aussi, après avoir écrit la basse comme seconde partie, sous le dessus, on ajoute le contralto comme troisième et le tenor comme quatrième. On se règle, à cet égard, sur les moyens que l'on a à sa disposition (1).

(1) Comme le dessus et le tenor peuvent se remplacer mutuellement, on peut en quelque cas, par exemple, dans celui du contre-point sur un plain-chant, mettre indifféremment le sujet dans l'une ou l'autre de ces deux voix ; mais dans le genre idéal il vaut mieux mettre le chant dans le dessus. Il faut remarquer qu'à l'époque où nous écrivons, les entraves apportées dans les études musicales font qu'il est fort difficile de se procurer les moyens d'exécution vocale. Les chanteurs manquent généralement et partout où l'on veut organiser des chœurs, on ne peut compter que sur les sujets que l'on forme. Or, comme on n'a guère à sa disposition que des enfans, il faut tout faire avec des voix de soprano et de contralto : en hommes, on ne peut compter que sur des barytons. Dans les églises où il y a un commencement d'organisation chorale, on ne trouve que des basses, des tenors et des soprano : en sorte qu'il est difficile de prendre des arrangemens qui conviennent à toutes les circonstances. En Allemagne, où les études de musique sont plus

L'autre procédé, celui dans lequel on compose simultanément toutes les parties, est plus usité aujourd'hui ; il est même presque le seul en usage dans tout ce que l'on nomme *compositions courantes*. Quoi qu'il en soit, l'étudiant doit connaître l'un et l'autre, et nous ne manquerons pas de les lui expliquer quand il en sera temps. (*V.* ci-après art. 66, note 1.)

Toutes ces notions générales étant bien établies, nous allons revenir à l'objet qui doit nous occuper spécialement : je veux parler du contre-point ou de la composition à trois voix.

La composition à trois voix, autrement appelée *trio*, ou *tricinio*, est regardée comme la plus parfaite de toutes, parce que c'est celle qui produit le plus d'effet, proportionnellement aux moyens employés. Effectivement, en ajoutant un troisième son aux deux premiers sons dont se compose le duo, la composition à trois voix obtient, dans presque tous ses accords, l'harmonie complète ; les autres parties que l'on peut ajouter ensuite n'enrichissent point généralement l'harmonie de nouveaux sons ; elles ne se forment que par la répétition de ceux du trio, et quel que soit l'embellissement qu'elles procurent, l'accroissement d'effet est en général moins proportionné à celui des moyens.

Ce genre de composition a, comme le duo, cinq espèces, dont nous allons donner les règles et les exemples.

---

répandues que partout ailleurs, on trouve beaucoup de basses, de contralto et de soprano : on éprouve de la difficulté à se procurer des tenors. Le moyen que je regarde comme le plus propre pour satisfaire à tous les cas, consisterait à écrire en duo pour le dessus et la basse, à ajouter le tenor ou le contralto comme troisième partie, en la tenant dans des limites telles, que l'on pût remplacer l'un par l'autre. Dans cet échange, la partie de tenor sera chantée par l'alto, une octave plus haut ; il faut donc qu'elle se tienne à l'octave au-dessous du soprano ; et dans le cas où elle s'en rapprocherait davantage, le contralto devra prendre l'octave grave, pour ne point monter au-dessus du soprano. Réciproquement, l'alto sera chanté une octave plus bas ; il faut donc le tenir à l'octave au-dessus de la basse ; et dans le cas où il s'en approcherait d'avantage, le tenor devrait prendre l'octave au-dessus, à moins que l'harmonie ne comporte ce renversement, comme on le verra en traitant du contre-point double. Ma méthode concertante de musique est faite d'après le même système.

CHAPITRE XIII.

De la première espèce du contre-point à trois voix.

59. Cette première espèce se nomme [comme dans le duo] *contre-point de note contre note.*

Avant tout, je dirai ici, en faveur des commençans, quel est le troisième son qu'il faut ajouter [aux deux sons du duo, pour former la troisième partie].

(α). Pour l'unisson juste [car l'unisson augmenté n'a point de caractère harmonique], il faut, dans la première mesure, ajouter la tierce; on peut mettre aussi la quinte, fig. 109, pl. 32 et 33.

(β). La seconde mineure veut le plus souvent la quarte mineure ou la quinte majeure; on donne aussi quelquefois la tierce majeure (1). La seconde majeure veut la quarte mineure ou la quinte majeure.

(γ). Les tierces majeure et mineure prennent la quinte majeure ou l'octave; la tierce diminuée paraît rarement, et dans l'accord de septième diminuée seulement, où elle remplace la tierce mineure (2).

(δ). La quarte diminuée veut la quinte mineure ou la sixte

---

(1) Cette tierce majeure sur la basse forme, avec la seconde mineure, une seconde augmentée; exemple: *ré*✻ *ut* *si*; cet accord ne s'emploie que dans le contre-point moderne, ainsi que celui dont il est le retard.

(2) Cet accord appartient exclusivement au contre-point moderne; il se pratique sur la note sensible du mode de la dominante d'un mode mineur; ce mode de la dominante est une espèce particulière que les théoriciens n'ont point encore bien observée. *V.* mon *Introduction à l'étude générale et raisonnée de la Musique.*

mineure (1). La quarte mineure, quand elle est liée, veut la quinte telle que la donne le degré de l'échelle qui sert de basse ; elle prend aussi la sixte dans ce cas ; mais lorsqu'elle n'est pas liée, elle demande toujours cette dernière consonnance. La quarte majeure veut la seconde majeure ou la tierce mineure (2), ou bien encore la sixte majeure ; lorsque cette quarte est liée, il faut lui donner la quinte majeure, comme à la quarte proprement dite.

(ε). La quinte mineure veut la tierce mineure ou la sixte mineure ; la quinte majeure veut la tierce indiquée par le degré qui porte cette quinte, ou la sixte en cas de liaison. Dans ce cas, elle devient dissonance et se résout sur la tierce, si la basse monte, ou sur la quarte, quand cette partie reste immobile. La quinte augmentée ne peut avoir que la tierce.

(ζ). La sixte mineure aura la tierce majeure ou mineure, ou l'octave, qui peut être remplacée par l'unisson ; la sixte majeure peut avoir la tierce majeure ou mineure, ou l'octave, qui peut aussi, mais rarement, être remplacée par l'unisson ; la sixte augmentée doit avoir tierce mineure, rarement quinte majeure, plus rarement encore triton.

(η). La septième diminuée doit avoir tierce ou quinte mineure ; la septième mineure aura tierce majeure ou mineure, ou octave, ou quinte majeure ; la septième majeure non liée, frappée sans préparation et montant à l'octave, aura seconde majeure ou quarte mineure ; celle qui est liée et qui se résout en descendant, doit avoir la tierce, même majeure, rarement l'octave, et plus rarement encore, le simple unisson.

(θ). L'octave aura la tierce analogue au degré [de l'échelle].

(ι). La neuvième mineure aura de même la tierce majeure

---

(1) Cet accord n'appartient qu'au contre-point moderne.

(2) Cette tierce mineure forme seconde augmentée sous la quarte ;

si
exemple : *la*♭. Cet accord est moderne.
fa

ou mineure, ou la sixte mineure; la neuvième majeure aura également la tierce ou la sixte majeure.

(*). Les deux dixièmes auront la quinte, rarement la quinte mineure : la dixième mineure aura l'octave ou la tierce [octave de la dixième]. *V.* fig. 109.

60. Les accords de seconde, de quarte, de septième et de neuvième, de même que ceux qui sont marqués du signe N. B., ne peuvent servir nulle part dans la première espèce, parce que ce sont des accords dissonans. En effet, dans la composition à trois voix et dans celle à quatre, on ne permet que les accords parfaits et ceux des trois espèces de sixte; mais la sixte ne peut jamais être augmentée ni diminuée. Les accords de quarte et tierce $\begin{smallmatrix}+6\\4\\\flat 3\end{smallmatrix}$, ceux de sixte-quarte $\begin{smallmatrix}8\\6\\4\end{smallmatrix}$, ceux de septième dominante sans préparation $\begin{smallmatrix}\flat 7\\5\\*3\end{smallmatrix}$, sont également exclus; il n'y a que les accords portés dans la figure 110, que l'on puisse employer sur *ut*, par exemple, dans la première espèce du contre-point sévère à trois voix [les autres appartiennent au contre-point moderne].

61. Les signes N. B. placés sur ces exemples, indiquent que les accords vides $\begin{smallmatrix}8\\5\end{smallmatrix}$, $\begin{smallmatrix}5\\1\end{smallmatrix}$ ne peuvent s'employer que sur la première mesure (1). Lorsqu'au-dessus d'un ton pris pour basse, on fait entendre la quinte juste et la tierce, soit majeure, soit mineure, on forme un assemblage qui se nomme *accord parfait, triade harmonique parfaite* (*trias harmonica perfecta*). Lorsqu'au-dessus de ce ton on place une tierce et une sixte, soit majeures, soit mineures, on obtient un

(1) Toute la suite de cet article renferme des notions incomplètes et d'autant plus inutiles, qu'elles ne sont que des définitions de termes appartenans à la nomenclature musicale de la langue allemande, qui ne se rapporte pas à celle de notre langue. Nous ne conservons cet article que par respect pour l'auteur.

accord consonnant imparfait, ou triade harmonique imparfaite (*trias harmonica imperfecta*). Si la tierce était majeure et la sixte mineure, la triade formerait un accord faux ou dissonant. Tels sont les accords de seconde, quarte, septième et neuvième, aussi bien que tous ceux qui renferment des intervalles diminués ou superflus avec leur accompagnement, soit qu'ils comprennent un seul ou bien trois, cinq, six ou huit tons. Dans tous les cas, ces accords se désignent [en allemand] par le nom de *triade harmonique dissonante* (*trias harmonica dissonans*); (en français) par le nom d'*accord dissonant* (1).

Lorsque, dans un accord, la note de basse est redoublée en octave, ou même lorsque la tierce ou la sixte est redoublée, ce qui est permis dans la composition à trois et même à quatre, cela s'appelle un *accord de deux sons avec redoublement* (*verdoppelter Zweyklang*), et à quatre parties, un *accord de trois sons avec redoublement* (*verdoppelter Dreyklang*), redoublement qui sert à éviter les fautes.

62. Dans la composition à trois voix, on permet déjà les quintes, les octaves et unissons couverts, entre deux des parties, surtout quand la troisième marche par mouvement contraire, ou quand la basse saute de quarte. On exige encore que, des deux parties qui usent de cette licence, la plus élevée marche par degrés (fig. 111).

---

(1) Il est très important de faire la distinction d'un accord dissonant et d'un accord discordant. Il faut remarquer, avant tout, que l'on désigne aujourd'hui par le terme unique d'*accord*, toute réunion, soit consonnante, soit dissonante, soit concordante, soit discordante, de sons entendus à la fois; ce qui a l'inconvénient d'introduire dans le langage la dénomination absurde d'*accord discordant*. Le langage du moyen âge était bien plus conséquent et bien plus commode; on y désignait par les termes d'*homophonie*, de *diaphonie*, *triphonie*, etc., et de *polyphonie*, en général, les systèmes formés d'un seul, de deux, de trois, ou d'un nombre quelconque de sons, termes qui avaient le double avantage d'indiquer la composition de ces assemblages, et de ne rien préjuger sur leur nature harmonique. (V. *J. de Muris*, *Summa Musicæ*, c. XXIV.)

Il est plus dangereux, dans la composition à trois que dans celle à quatre, de mettre deux tierces majeures de suite, surtout quand il s'agit d'accords parfaits. On tombe également dans une fausse relation, en pratiquant, d'un temps à l'autre, quelles que soient les tierces, l'octave, soit diminuée, soit augmentée (fig. 112).

63. Les demi-cadences, telles que

+6	8	6	3
3	3	3	1
mi	*ré*	*si*	*ut*

sont permises dans le cours de la composition : on peut aussi redoubler l'octave dans la dernière mesure. C'est seulement quand le plain-chant est dans la basse, qu'une des parties supérieures doit joindre la tierce à l'octave (fig. 115). Le commencement et la fin doivent être parfaits ; l'avant-dernière mesure ou l'avant-dernier accord doivent être en accord parfait avec tierce et quinte majeures, quand le plain-chant est dans le dessus ou dans la partie intermédiaire, auquel cas la basse porte la dominante [ou cinquième de l'échelle du mode] ; mais quand le plain-chant est dans la basse, l'avant-dernière mesure porte un accord consonnant imparfait, c'est-à-dire tierce mineure et sixte majeure, parce que les plain-chants ont ordinairement la seconde note de l'échelle pour pénultième (1) ; or cette seconde note doit toujours avoir tierce mineure et sixte majeure, quand elle descend à la première ou qu'elle monte à la troisième (15). Enfin, les autres mesures ne reçoivent le plus ordinairement que les accords de $\begin{smallmatrix}5\\3\end{smallmatrix}$ ou $\begin{smallmatrix}6\\3\end{smallmatrix}$, ou bien ceux de $\begin{smallmatrix}8\\3\end{smallmatrix}$, $\begin{smallmatrix}8\\6\end{smallmatrix}$; $\begin{smallmatrix}10\\3\end{smallmatrix}$, $\begin{smallmatrix}6\\6\end{smallmatrix}$, lorsque les notes qu'elles renferment ne sont pas des notes sensibles.

(1) Quelquefois la terminaison d'un plain-chant se fait en montant d'un degré. Dans ce cas, la seconde ascendante est majeure et la pénultième doit avoir l'accord parfait. Le même accord se place sur tous les autres sauts, même sur celui de tierce ascendante qui, plus que tous les autres, pourrait comporter la sixte.

64. Voici maintenant (fig. 113) un exemple de contre-point simple de notes contre notes à trois voix, où les barres tirées en travers sur celles de la mesure indiquent les endroits où l'on a usé de la faculté de pratiquer les quintes et octaves couvertes.

On voit, fig. 114 et 115, le même plain-chant au dessus et dans la basse. Les *N. B.* placés sur ces deux exemples, annoncent que ce n'est point une faute dans le contre-point simple, de mettre de suite deux ou trois accords de sixte, parce qu'il n'y a point lieu à renversement ; ce serait une faute dans le contre-point double, parce qu'il en résulterait deux quintes majeures, ou une quinte majeure après la quinte mineure, par mouvement semblable dans le renversement du dessus et de la basse (fig. 116).

65. Une ancienne règle commandait d'écrire toujours les suites de sixtes en harmonie rapprochée, afin que l'on entendît moins la série de quartes qu'elles produisent entre les parties supérieures (fig. 117) ; mais il n'était pas toujours facile de descendre le dessus et l'alto, ou de remonter la basse, sans nuire à la bonne conduite du chant : en outre, la forme du sujet de plain-chant ou de fugue, oblige quelquefois d'écarter les parties, comme on le voit fig. 117, *a* et *b*. On a donc renoncé à cette règle [qui n'est plus donnée que comme un simple conseil] (1).

66. On voit, fig. 118, 119 et 120, trois exemples de contre-point en *mi* mineur, où le sujet occupe successive-

(1) On remarque cependant que dans les cas d'écartement des parties, il vaut mieux porter dans le haut la partie moyenne qui fait quarte contre le dessus, et la mettre en dixième avec la basse qu'en onzième avec le dessus : et généralement c'est une règle que l'on doit observer, d'espacer convenablement les parties relativement à leur degré de gravité. Ainsi, il faut les rapprocher à l'aigu et les écarter au grave, parce que l'harmonie trop écartée à l'aigu, est maigre et vide d'effet, tandis que celle qui est trop serrée et trop chargée au grave, est sourde et confuse. *Voyez*, à ce sujet, le *Manuel de Musique*, liv. III et IV.

ment les trois parties. Les *N. B.* placés sur le dernier de ces exemples, font remarquer qu'il n'y a point faute à redoubler les deux notes formant demi-ton, parce qu'aucune de ces notes n'est la sensible.

Je terminerai ce chapitre par l'observation suivante : c'est que Hændel, Seb. Bach, et plusieurs autres grands maîtres, se sont très souvent servis des trois phrases que l'on voit fig. 121, dans lesquelles il y a des quintes couvertes [et où quelques-unes des parties vont par mouvement contraire] ; mais les autres où les trois voix vont par mouvement semblable, celles même où la partie supérieure va par mouvement contraire avec la basse, mais par saut, sont toutes vicieuses et rejetées (1).

---

(1) Conformément à la marche qu'il a établie, l'auteur, après avoir exposé les règles particulières au contre-point simple à trois voix, de la première espèce, en fait l'application à l'examen critique d'un contre-point de ce genre qu'il met sous les yeux de l'étudiant ; mais ici, comme précédemment, il n'entre dans aucun détail sur le procédé qu'il a suivi dans la formation de ce contre-point. Nous croyons devoir encore le suppléer en cette circonstance, et faire connaître au lecteur la marche qu'il doit tenir pour s'acquitter de cette tâche avec facilité et avec succès.

Le procédé à suivre pour la composition à plus de deux parties, est, comme nous l'avons dit, de deux sortes : 1° celui où les parties entrent l'une après l'autre dans la composition, et la constituent successivement en un ensemble de l'ordre indiqué par celui de son admission ; 2° celui où elles se forment simultanément et concourent toutes également à former l'ensemble déterminé par leur nombre. Dans l'un comme dans l'autre, le sujet peut occuper trois places différentes : il peut être, I. dans la partie grave ; II. dans la partie supérieure ; III. dans une des parties intermédiaires. Discutons ces trois cas pour chacun des deux procédés, en commençant par le premier.

I. A cet effet, reprenons l'exemple 24, pl. suppl., et le sujet étant supposé placé dans la partie grave qui, dans cet exemple, est la partie notée en clef d'*ut*, troisième ligne comparée à celles qui sont écrites au-dessus ; supposons qu'il soit proposé d'ajouter une troisième partie à l'une quelconque des deux parties formées par le sujet et l'un des contre-points supérieurs, cette troisième partie pourra être,

(a) Ou bien au-dessus des deux premières,

(b) Ou entre ces deux parties.

Ce qui fait deux cas que nous traiterons séparément.

(a) Pour le premier cas, nous nous attacherons au duo formé par le sujet et le contre-point en clef d'*ut* 2e ligne, que nous transportons à cet effet, comme on le voit ex. 26, A, où les parties composées antérieurement sont écrites en notes noires. Cette disposition étant faite, on remarquera que dans tous les cas, on a à compléter pour chaque accord, à l'aide de cette troisième partie, l'harmonie indiquée par le chiffre, en se conformant d'abord aux lois de la mélodie, puis en observant entre cette partie et les deux autres, surtout à l'égard de la basse, les règles relatives à la succession des intervalles. En conséquence, sur la première mesure, où le sujet et le contre-point forment quinte, la troisième partie ajoutera la tierce qui complette l'accord de tierce et quinte; sur la seconde mesure, où l'accord de sixte est indiqué et où les deux parties sont en tierce, on ajoutera la sixte qui arrive bien et complette l'harmonie; sur la troisième mesure, où l'accord de tierce et quinte est indiqué et où les parties sont en quinte, on ajoutera la tierce; sur la quatrième, la quinte par mouvement contraire avec la basse; sur la cinquième la tierce, qui forme, avec la partie intermédiaire, une quinte par mouvement semblable, mais qui est fort admissible, vu que la partie intermédiaire monte de semi-ton. En continuant ainsi jusqu'à la fin, on achèvera la troisième partie comme elle se voit dans l'exemple cité. On aurait pu également ajouter une troisième partie au duo formé par les parties en clef d'*ut*, troisième et première lignes; mais nous n'en parlerons pas pour abréger.

(b) Pour exemple d'une troisième partie ajoutée à l'aigu, entre deux autres, on prendra le duo formé par les parties en clef d'*ut*, troisième ligne et *sol* deuxième, que l'on disposera comme on le voit dans l'exemple 26, B; puis sur la première mesure qui demande l'accord parfait, et où les deux parties extrêmes sont en dixième, on ajoutera la quinte comme partie intermédiaire. Cette quinte restera dans la seconde mesure, pour compléter, comme tierce, l'accord de tierce et sixte, et ainsi du reste jusqu'à la fin.

II. Maintenant si l'on demande de faire la même opération en plaçant le sujet dans la partie moyenne, il faudra prendre ce sujet avec un des contre-points placés au-dessous dans l'exemple 24, et au-dessus de ces deux parties en placer une troisième; ce qui rentre dans le cas que nous venons de traiter en premier lieu (a), en observant de calculer les accords sur la partie la plus grave, et non sur le sujet.

III. Pour ajouter une troisième partie au-dessous du sujet considéré comme formant la partie supérieure, on distinguera deux cas; le premier où la partie ajoutée sera placée entre les deux autres. Pour traiter ce cas, on prendra le sujet avec le contre-point inférieur le plus grave, et l'on rentrera dans le cas que nous venons de traiter en second lieu (b). Le second cas celui où la partie ajoutée est au-dessous des deux autres, est un cas tout nouveau beaucoup plus épineux que tous les précédens, et qui le devient de plus en plus, à mesure que le nombre des parties augmente. Toutefois, on le ramène au plus grand degré de simplicité dont il est susceptible, en observant qu'il consiste à trouver au-dessous des deux autres parties une basse régulière qui renferme dans son harmonie les sons dont se forment les deux autres parties ; que cette basse ne peut jamais être formée que d'harmoniques inférieurs communs à chacun de ces tons. On abrégera donc la recherche en examinant quels sont, parmi les harmoniques inférieurs de chacun des tons de l'une des deux parties, du sujet par exemple, ceux qui sont communs aux notes correspondantes du contre-point ; et si l'on indique ces harmoniques par des points placés dans la portée, destinés à recevoir la nouvelle basse, on pourra, à l'aide de cette indication, parvenir à former avec plus de facilité cette troisième partie.

Ainsi, dans l'exemple qui nous occupe (pl. suppl., fig. 26, C.), le sujet placé en clef d'*ut*, troisième ligne, et le contre-point en clef d'*ut*, quatrième, commençant par le même *ut*, les harmoniques inférieurs sont communs aux deux parties ; mais il faut remarquer que l'obligation où est toute partie de basse de commencer par la tonique, fait que l'on ne peut employer ici que l'octave : en sorte que des trois parties, deux commenceront par l'unisson et la troisième par l'octave, ce qui donnera une harmonie un peu vide et ce qui est contraire à la règle, qui prescrit d'employer, en commençant à trois parties, au moins un des harmoniques autres que l'octave. Ceci est un des inconvéniens du procédé, qui ne peut être excusé que par la nécessité et l'impossibilité d'agir autrement. Dans la seconde mesure, on sera obligé, dans les harmoniques inférieurs du *mi* du sujet, d'exclure la sixte *sol* qui forme quarte au-dessous de l'*ut* du contre-point, et ne peut s'employer ici sans licence, et parmi ceux du contre-point, d'exclure la quinte *fa* qui forme septième au-dessous du *mi* du sujet : en sorte que l'on ne pourra employer dans cette seconde mesure que l'un des sons $\begin{matrix} la \\ ut \\ mi \end{matrix}$ qui forment $\begin{matrix} 5 \\ 8 \\ 3 \end{matrix}$ au-dessous de la note du sujet, et $\begin{matrix} 3 \\ 6 \\ 8 \end{matrix}$ au-dessous de la note correspondante du contre-point. On les marquera, si on le juge à propos, comme on le voit dans la portée en clef de *fa*, quatrième ligne, et l'on poursuivra la même détermination pour toutes les mesures suivantes. Cette opération préalable étant achevée, on procédera, comme il suit, à la création de la sous-basse.

D'abord, dans la première mesure, on placera, comme il vient d'être dit, l'octave *ut*, le seul harmonique susceptible d'être placé en cette occasion. Cet *ut* restera dans la seconde mesure ; car l'emploi du *mi* donnerait deux octaves, et celui du *la* produirait le passage de l'octave à la quinte par un saut de tierce réciproque qui est défendu. Dans la troisième mesure, le *sol* est seul admissible ; car le *si* donne deux octaves avec le contre-point, et le *ré*, une octave par rapprochement avec le sujet, sur un saut réciproque de seconde majeure, ce qui est défendu comme de mauvais effet. Ce même *sol* restera dans la mesure suivante, parce que le *si* doublerait la sensible, et que le *mi*, troisième de l'échelle d'*ut*, formerait, sous le *si* du contre-point, une quinte d'une harmonie impropre. On pourra abaisser ce *sol* d'une octave pour passer dans la cinquième mesure, par mouvement contraire, au *la* qui fait quinte sous le *mi* du sujet, et qui donnerait trop de gêne pour ce qui suit, s'il demeurait une octave plus haut : ce même *la* reste comme tierce du sujet, et comme octave du contre-point dans la sixième mesure ; il passe dans la septième, par mouvement parallèle, au *ré* qui fait tierce sous le sujet et quinte sous le contre-point. Ce *ré* passe dans la huitième mesure, par quarte ascendante ou quinte descendante au *sol* qui fait quinte sous le sujet et tierce sous le contre-point, et termine en octave dans la neuvième mesure.

Il faut observer que le passage de la tierce mineure à la quinte, par mouvement semblable que l'on voit entre le sujet et la nouvelle basse, dans la huitième mesure, est permis dans le style le plus rigoureux, à deux parties ; mais ici, il fait un excellent effet, à raison du mouvement contraire de la partie intermédiaire.

Au moyen de ces explications, on connaît suffisamment le procédé que nous avons désigné sous le nom de *Composition* ou *Contre-point à parties surajoutées ou additionnelles*. Il nous reste à donner quelques détails sur celui de la composition à parties homogènes ; c'est ce dont nous allons nous occuper à l'instant.

Dans ce procédé comme dans l'autre, on a à considérer le sujet dans trois positions : I. dans la basse ou partie grave ; II. dans le dessus ou partie aiguë ; III. dans l'une des parties moyennes. Nous allons discuter successivement ces trois cas, mais dans l'exposition de ce procédé, qui est le plus usité, nous nous rapprocherons davantage aussi pour le choix des parties de l'usage ordinaire, et nous formerons le trio de basse, tenor et dessus.

I. Commençant par la position du sujet dans la basse, nous ferons la disposition que l'on voit exemple 27, A. (pl. suppl.), et nous opérerons comme il suit. Dans la *première* mesure, où l'*ut* de la basse demande l'accord parfait, nous placerons la quinte au tenor, parce qu'elle occupe le milieu de la portée, et le *mi* au-dessus. C'est la meilleure disposition que l'on puisse donner ici à l'accord parfait ; car si l'on eût placé le *mi* une sixte plus haut dans le tenor, et le *sol* une sixte plus bas dans le dessus, cette partie, quoique réellement en tierce au-dessus du tenor, eût paru à la sixte, au-dessous, et l'harmonie eût semblé terne, tandis que, dans la position que nous avons adoptée, elle a tout l'éclat désirable. Dans la *deuxième* mesure, où le *mi* demande sixte, le *sol* du tenor tiendra en tierce, le dessus descendra en sixte sur l'*ut*. Dans la *troisième* mesure, sur *ré* qui demande tierce et quinte, le tenor prendra la quinte par mouvement contraire avec la basse, et le dessus montera, par quarte, à la tierce *fa*. Dans la *quatrième* mesure, sur le *sol* qui demande accord parfait, le tenor montera en tierce sur le *si*, le dessus descendra par mouvement contraire en quinte sur le *ré*. Dans la *cinquième*, sur le *mi* qui veut tierce et sixte, le tenor prononcera la sixte *ut*, le dessus montera à la tierce *sol*. Dans la *sixième*, sur l'*ut* portant accord parfait, le tenor prendra la tierce *mi*, le dessus tiendra la quinte *sol*. Dans la *septième*, sur le *fa* portant accord parfait, le tenor reviendra en quinte sur l'*ut*, le dessus montera à la tierce *la*: ce dernier *la* est un peu élevé; mais 1° il n'excède pas absolument la portée du dessus; en second lieu, comme la basse ne descend pas, on peut transposer toute la composition. Dans la *huitième* mesure, sur le *re* qui porte sixte, il faudrait, si la portée des voix le permettait, mettre cette sixte au-dessus, la tierce dans le dessus et la tierce au tenor: cela peut même se faire par un saut de septième mineure dans le dessus, permis dans cette circonstance, comme on le voit dans l'exemple 27, A. L'exemple 27, A, fait voir une variante de cette finale, et l'exemple 27, A2, une autre variante depuis la sixième mesure.

II. Le sujet étant placé dans le dessus, comme on voit exemple 17, B., on placera, sous chacune des notes dont il est formé, la basse qu'elle comporte, et dans le tenor, la note qui complète avec les deux premières parties l'harmonie formée par la basse, comme on va le voir à l'instant.

Dans la première mesure, sous l'*ut* du sujet, on ne peut placer que l'octave *ut* qui portera tierce et quinte; alors, selon le style dans lequel on écrit, on placera dans le tenor la tierce *mi* ou la quinte *sol*. Ici nous les avons placées toutes les deux, parce qu'il ne résulte aucun inconvénient pour ce qui suit du choix que l'on fera entre ces deux consonnances. Dans la deuxième mesure, sous le *mi* du dessus, la basse tiendra l'*ut*, le tenor tiendra ou prendra le *sol*, ce qui donnera une excellente position de l'accord parfait. Dans la troisième mesure, sous le *ré* de dessus, la basse descendra au *si* qui veut sixte, c'est-à-dire le *sol* qui se trouve déjà dans le tenor, ce qui, avec le *ré* du dessus, donne une excellente position de l'accord de sixte et tierce. Dans la quatrième mesure, sous le *sol* du sujet, la basse et le tenor tiendront sur les mêmes degrés qu'ils occupent. Dans la cinquième, sous le *mi* du dessus, la basse retournera à *ut*, le tenor tiendra *sol*. Dans la sixième, sous l'*ut* du dessus, la basse montera au *mi* portant sixte, le tenor tiendra le *sol*. Dans la septième, sous le *fa* du sujet, la basse prendra *ré* portant $\frac{5}{3}$; la quinte *la* sera placée au tenor. Dans la huitième mesure, sous le *ré* du sujet, la basse montera par mouvement contraire à la quinte *sol* portant $\frac{5}{3}$, le tenor prendra la tierce *si* et la résolution de l'accord.

III. Le troisième cas, celui où le sujet est dans la partie moyenne, offre un peu plus de difficulté, à cause de la nécessité de donner plus de mélodie à la partie supérieure et d'y observer plus strictement les règles de la succession des intervalles entre cette partie et la basse.

Il faut en outre disposer la partie supérieure de manière à ce qu'elle ne couvre point entièrement la partie principale ; ce que l'on obtient en arrangeant les parties de manière à ce que les notes caractéristiques de chaque accord soient, autant qu'il est possible, prononcées par le sujet et la basse, en ne laissant à la troisième partie que les notes de remplissage, que l'on redoublera même plutôt que de lui donner les notes essentielles au détriment des autres parties. D'après toutes ces conditions, on ne doit pas s'étonner si l'on remarque une différence sensible entre le tenor de l'exemple 27, B. et le soprano de l'exemple 27, C., quoique l'un et l'autre ne soient que le remplissage d'une même harmonie. Voici les principaux motifs de la marche que nous avons tenue dans cette circonstance. Dans la première mesure, nous avons placé la tierce *mi* et non la quinte *sol* : celle-ci eût été trop élevée pour commencer, elle eût gêné les voix. Dans la seconde, le dessus a fait échange avec le tenor. Dans la troisième, le dessus double le tenor ; le *sol*, placé dans le dessus, nous eût gêné pour ce qui va suivre, il eût étouffé la partie principale qu'il faut laisser dominer : c'est par cette raison que nous avons encore laissé le *ré* dans la quatrième mesure, et que nous sommes descendus, dans la sixième, au *sol* qui semblera être en sixte sous le *mi* du tenor. Les mesures sept, huit et neuf n'ont pas besoin de commentaire.

Malgré le peu d'extension du sujet que nous venons de traiter, l'exposition que nous venons de faire des deux procédés, pour la composition des parties du contre-point, suffit pour rendre sensible la différence qui existe entre eux, et faire voir que, si le premier est plus favorable à la création de parties qui aient une belle mélodie, le second est plus propre à produire une harmonie bien pleine et dans laquelle tous les élémens harmoniques occupent toujours la place convenable. L'un et l'autre sont néanmoins très utiles, selon les cas ; et si l'un convient mieux pour l'harmonie plaquée, l'autre est préférable pour les compositions dessinées. Ce qui résulte de là, c'est que le compositeur doit s'attacher à se les rendre également familiers. Ce que nous lui avons exposé doit les lui faire suffisamment connaître ; c'est à son intelligence de faire le reste en poursuivant leur application à la composition, à tel nombre que ce soit de parties. (*V.* le *Manuel de Musique* et l'*Introduction*.)

CHAPITRE XIV.

De la deuxième espèce du contre-point simple à trois voix.

67. Il faut appliquer à cette espèce tout ce qui a été prescrit sur les licences et les prohibitions de la précédente et de la deuxième espèce à deux voix. On remarquera seulement que le saut de tierce, qui, dans cette dernière espèce, ne sauvait pas la faute des deux quintes et des deux octaves, la sauve en partie dans celle dont il est question ici, du moins pour la voix intermédiaire; car la prohibition subsiste toujours entre le dessus et la basse; et même quand cette sorte de succession : 5 3 | 5. . . ou 8 6 | 8. . ., se trouve employée plus d'une fois de suite dans la partie moyenne, cela est regardé comme une faute, parce que cela ressemble encore trop à une suite de quintes (fig. 122).

68. Dans cette espèce, aussi bien que dans les suivantes, les fausses relations [entre les parties] sont permises, pourvu qu'elles ne choquent pas l'oreille [et qu'elles ne viennent pas d'un vice de la modulation]. On peut aussi, au temps levé, employer souvent des accords un peu vides, tels que $\genfrac{}{}{0pt}{}{8}{5}\ \genfrac{}{}{0pt}{}{5}{1}\ \genfrac{}{}{0pt}{}{5}{5}\ \genfrac{}{}{0pt}{}{6}{1}\ \genfrac{}{}{0pt}{}{8}{8}$; on peut mettre dans la première mesure des accords tels que $\genfrac{}{}{0pt}{}{8}{5}\ \genfrac{}{}{0pt}{}{1}{3}$, lorsque le contre-point est dans une des parties supérieures, et que la tierce ne trouve point à se placer : la dernière mesure peut avoir $\genfrac{}{}{0pt}{}{8}{8}$ [octave redoublée] lorsque le sujet n'est point dans la basse ; mais quand il occupe cette partie, il faut donner la tierce analogue au mode, avec l'octave ou l'unisson (1). La quinte avec

(1) Rien n'est plus important dans l'application des règles de l'harmonie que la distinction du levé et du frappé, et l'observation des rapports qui lient en deux temps de sa mesure. C'est sur le frappé que se font sentir tous les effets de l'harmonie, tant ceux qui naissent de la disposition des accords que de leur enchaînement.

l'octave serait trop vide pour terminer, et le vieil adage *in fine cognoscitur cujus modi*, « c'est à la fin que l'on reconnaît le mode, » ne serait pas accompli ; car sans la tierce on ne peut point juger l'espèce du mode.

Il y a encore aujourd'hui beaucoup de compositeurs qui sont incertains s'ils doivent finir par la tierce majeure ou mineure un morceau à pleine harmonie en mode mineur. La plupart des maîtres d'à présent soutiennent qu'il doit finir par la tierce mineure ; mais on peut aussi le terminer par la tierce majeure, quand il ne vient rien après (1)

69. L'avant-dernière mesure peut avoir diverses formes de terminaison (fig. 123).

Le dessus et l'alto de ces exemples peuvent se renverser, c'est-à-dire se changer l'un en l'autre.

Tous les frappés doivent contenir un accord [consonnant] parfait ou imparfait, comme $\frac{5}{3}$, $\frac{8}{3}$, $\frac{6\ 8}{3\ 6}$, $\frac{3\ 6}{3\ 6}$. On permet ici, par nécessité, deux consonnances parfaites de même espèce, du levé au frappé, entre les voix extrêmes [le dessus et la basse], par mouvement contraire. On voit, fig. 124, *a*, un exemple de cette licence pour les deux quintes, dans un passage de Fux, et fig. 124, *b*, la manière dont cette licence peut se corriger.

On trouvera, fig. 125, 126 et 127, un exemple en mode majeur de cette espèce de contre-point à trois voix, où le sujet est successivement placé dans les trois parties, et fig. 128, 129 et 130, un exemple semblable en mode mineur.

(1) Dans la musique d'église et dans la facture antique, où le sentiment du mode est établi d'une manière tout-à-fait particulière et beaucoup plus vague, où le local d'ailleurs exige une grande tenue et une grande sonorité, il faut terminer par la tierce majeure, qui donne beaucoup plus d'éclat au point d'orgue final : dans la musique moderne, où le sentiment du mode est beaucoup plus précis, et où la terminaison est liée et assujettie, comme ce qui précède, à la mesure et au rhythme, il faut terminer par la tierce mineure.

CHAPITRE XV.

De la troisième espèce du contre-point simple à trois voix.

70. Tout ce qui a été dit et prescrit dans les deux espèces précédentes, sur la composition à trois parties, doit encore s'appliquer à l'espèce présente, dans laquelle on place au contre-point quatre, six ou huit notes égales, contre chaque note de plain-chant. Il faut seulement remarquer que le contre-point peut commencer par un soupir ou moitié de temps. La première note, précédée ou non d'un silence, n'est point assujettie à la consonnance parfaite, comme dans les morceaux à deux voix; elle peut être une tierce, lorsque l'autre partie fait la quinte ou l'octave. En un mot, l'accord parfait que doivent avoir toutes les espèces dans leur première mesure peut être employé comme l'on veut dans les morceaux à trois et à un plus grand nombre de parties (1).

La dernière note de l'avant-dernière mesure doit être une sixte majeure accompagnée de la tierce mineure, quand le sujet est dans la basse [et qu'il a pour pénultième la deuxième note de l'échelle du mode]; si la basse avait [pour pénultième] la dominante soutenue, le contre-point aurait la tierce majeure, parce que le plain-chant aurait la quinte [qui serait cette deuxième dont nous venons de parler] (2). Quand le contre-point est dans la basse, il peut avoir la tierce mineure accompagnée de la sixte dans la troisième partie, ou la

(1) Les règles prescrites en traitant de cette espèce à deux parties, pour le choc des notes du contre-point contre celles du sujet, s'appliquent, dans l'espèce actuelle, au choc de ces mêmes notes contre celles de toutes les parties.

(2) On suppose alors que le plain-chant est dans la partie du milieu.

dominante accompagnée de la tierce dans cette même partie, le plain-chant faisant la quinte, ce qui donne la cadence parfaite dont on voit l'exemple, fig. 131, *n*.

Les mêmes terminaisons peuvent se faire dans la partie moyenne, quand cette partie contient le contre-point; le dessus fait alors la partie de remplissage.

On voit, fig. 132, 133, 134, les exemples de contre-point en mode majeur, et fig. 135, 136, 137, les exemples en mode mineur.

CHAPITRE XVI.

De la quatrième espèce du contre-point simple à trois voix.

71. Cette espèce se nomme *contre-point lié* ou *syncopé à trois voix*. Nous avons déjà dit, en parlant de la première espèce à trois voix, quel est le troisième son qu'il faut ajouter à chaque consonnance et à chaque dissonance (59). La septième mineure peut quelquefois, par nécessité, être accompagnée de l'octave; la septième majeure ne peut avoir cet accompagnement que rarement et quand elle n'est pas la note sensible (fig. 138, *a*). Il est également permis d'employer dans cette espèce l'accord de quarte et sixte au levé, quoique tous les levés doivent être des accords consonnans; mais cette permission n'a lieu que pour la résolution de l'accord de quinte et sixte, la basse restant immobile (fig. 138, *b*, *c*).

72. C'est, comme on sait, une règle générale dans la composition rigoureuse, mais sujette à exception dans la composition libre, de préparer toutes les dissonances au levé ou dans une partie faible de la mesure, par un accord consonnant, de la lier au frappé ou dans la partie forte de la mesure, et enfin de la résoudre sur la consonnance la plus proche, au levé suivant. C'est pourquoi je vais donner ici quelques exemples des retards que l'on peut pratiquer sur la

sixte et sur l'accord parfait, en indiquant ceux qui peuvent servir dans la composition sévère, dans la composition libre, et ceux qui ne peuvent servir nulle part. *V.* fig. 139, pour les retards de la sixte. On peut employer dans la composition sévère les exemples *a*, *d*, *g*, *j*, *k*, *l*, *m*, *n*, *o;* les exemples *b*, *e*, *h*, *p*, *q* peuvent servir dans la composition libre; les exemples *c*, *f*, *i* sont à rejeter.

On voit, fig. 140, les retards de l'accord parfait: les exemples *a*, *b*, *c*, *d*, *f*, sont bons dans la composition sévère; *g* et *k* s'emploient en style libre; *e* et *h* ne valent rien: ce dernier, corrigé comme l'on voit en *i*, peut s'employer.

Ces suspensions, retards ou prolongations, comme on voudra les appeler, conviennent également dans la composition à quatre et à un plus grand nombre de parties; ce qui est bien ou mal dans l'espèce actuelle, le sera de même dans celle-ci.

73. Le contre-point, ou partie syncopée, doit commencer par une demi-pause. La dernière mesure peut finir par la tonique, dans les trois parties, ou bien avoir, outre l'octave, la tierce, qui sera majeure ou mineure, selon le mode. L'avant-dernière mesure doit avoir $\begin{smallmatrix}5 & — \\ 4 & 3\end{smallmatrix}$, lorsque la basse a la dominante; $\begin{smallmatrix}7 & +6 \\ 3 & —\end{smallmatrix}$, lorsque cette partie fait le plain-chant [et que la pénultième du plain-chant faisant la basse est la deuxième de l'échelle]; mais quand la basse fera les syncopes, l'avant-dernière mesure aura $\begin{smallmatrix}4 & 5\flat \\ 2 & 3\end{smallmatrix}$, ou $\begin{smallmatrix}5 & 6 \\ 2 & 3\end{smallmatrix}$. Les autres mesures pourront avoir au frappé une ligature de consonnance ou de dissonance. (Il vaut mieux, au reste, employer souvent ces dernières.) Au levé, il faut toujours placer un accord consonnant parfait ou imparfait, [soit complet] $\begin{smallmatrix}5 \\ 3\end{smallmatrix}$ ou $\begin{smallmatrix}6 \\ 3\end{smallmatrix}$, [soit incomplet] avec redoublement, comme $\begin{smallmatrix}8 & 8 \\ 3 & 6\end{smallmatrix}$ ou $\begin{smallmatrix}3 & 6 \\ 3 & 6\end{smallmatrix}$, ou du moins un de ces accords vides $\begin{smallmatrix}5 & 8 & 8 & 6 \\ 1 & 5 & 8 & 1\end{smallmatrix}$. On peut aussi, par

nécessité, mettre au frappé, dans quelques mesures, une note libre [non liée], ou une demi-pause, au lieu de ligature.

74. On voit, fig. 141, 142, 143, des exemples de cette espèce de contre-point en mode majeur. Le dernier de ces exemples renferme dix fautes. La première est la quinte *la*, dans la deuxième mesure, au lieu de la tierce *fa* qui doit accompagner la neuvième majeure. — La deuxième est le saut de sixte du *ré* au *si*, dans le contre-alto ; ce saut est défendu, parce que la deuxième note de l'intervalle est la note sensible du mode principal, laquelle, prise de cette manière, est difficile à entonner quand il n'y a pas d'accompagnement d'instrumens ; les autres sauts de sixte majeure sont tous permis aujourd'hui [dans le contre-point libre]. — La troisième faute est le *si* de la quatrième mesure du contre-alto, parce qu'il redouble [au frappé] la note sensible de l'accord suivant, redoublement qui n'est permis qu'au levé [vu que cette harmonie de quinte redoublée est trop rude].— La quatrième faute est la quinte *sol* dans le contre-alto, au frappé de la cinquième mesure, parce qu'accompagnée de l'octave, elle donne une harmonie trop maigre, et que [comme nous venons de le dire] ces accords vides ne doivent s'employer qu'au levé. — La cinquième faute est le *mi contra fa*, ou fausse relation qui se trouve entre l'*ut* cinquième mesure du dessus, et l'*ut** sixième mesure du tenor. — La sixième faute est l'accord de quinte et sixte dans la huitième mesure, parce que cette quinte, qui est mineure, ne se trouve pas suivie de l'accord parfait d'*ut* au levé, ou dans la mesure suivante. Dans la composition libre, il faudrait que cet accord fût résolu en tierce sur l'accord parfait sans *inganno* (fig. 144, *a*, *b*). — La septième faute est la mauvaise relation du même *fa*, quinte mineure de l'accord précédent avec le *fa** dans la neuvième mesure. — La huitième faute est la liaison de quarte sous la tierce obligée [en sorte que cette quarte ne peut être accompagnée de la quinte, qui est son accompagnement naturel]. — La neuvième faute est encore une mauvaise rela-

tion qui se trouve entre le *si* de la dixième mesure de l'alto et le *fa* de la mesure suivante du tenor. On remarquera d'ailleurs que cette ligature de quarte majeure peut bien s'employer dans la composition à trois voix accompagnée de la sixte majeure naturelle, lorsque la note *si*, qui fait cette liaison, appartient au mode mineur de *la*, mais non quand elle provient du mode majeur d'*ut* (fig. 145). — La dixième faute est la liaison d'unisson de l'avant-dernière mesure, parce qu'il devrait y avoir ligature de $\begin{smallmatrix}5 & — \\ 4 & 3\end{smallmatrix}$.

On voit, fig. 146, la correction de cet exemple, et fig. 147, 148 et 149, trois autres exemples de la même espèce de contre-point en *mi* mineur.

CHAPITRE XVII.

De la cinquième espèce du contre-point à trois voix.

75. Cette espèce est celle du *contre-point fleuri*. On peut y placer alternativement chacune des trois espèces précédentes et y introduire çà et là deux croches pour une noire [comme on l'a vu précédemment]. La composition doit commencer et finir par un accord parfait; la quinte est défendue en terminaison; l'avant-dernière mesure, pour faire la terminaison, aura, dans les parties supérieures, la liaison de quarte résolue sur la tierce $\begin{smallmatrix}5 & — \\ 4 & 3\end{smallmatrix}$ [si la basse fait la dominante], ou la septième résolue sur la sixte majeure $\begin{smallmatrix}7 & 6 \\ \flat 3 & —\end{smallmatrix}$ [si le plain-chant est dans la basse et a pour pénultième la deuxième de l'échelle]. Mais quand le contre-point est dans la basse, il prend la seconde majeure résolue en descendant sur la tierce mineure, et accompagnée de la quarte ou de la quinte dans la troisième partie. Les ligatures où la dissonance est plus

longue que la préparation sont toujours vicieuses [en style sévère] ; mais au contraire les ligatures sont bonnes, quand la préparation est plus longue que la dissonance (fig. 150).

C'est une disposition blâmable, après les syncopes pratiquées dans ces exemples, comme on le voit en *b* et *c*, fig. 150, de ne pas continuer avec des noires, comme on le voit en *c*, ou avec de nouvelles syncopes, parce qu'alors le chant ressemble à une suite de notes coupées. Nous avons expliqué précédemment (art. 56) ce que l'on entend par *notes coupées*, en traitant du contre-point fleuri à deux voix.

Il faut bien faire attention, dans cette cinquième espèce, de former le trio parfait et une harmonie pure. La même espèce ne doit pas durer trop long-temps (art. 54, 6]) ; il faut s'abstenir de la première espèce jusqu'à la dernière mesure, et se servir le plus souvent de la quatrième avec la ligature brève.

76. *Voyez*, fig. 151, 152, 153, les exemples de cette espèce de contre-point en mode majeur, et fig. 154, 155, 156, les exemples en mode mineur. Le *N. B.* placé sous le *ré*, dans la basse de ce dernier exemple, annonce que ce *ré*, pris par saut, ne fait pas mauvais effet, quoiqu'il porte $\substack{6\\4}$, parce qu'il est sur une partie faible du temps. Si l'on écrivait à quatre parties, ou si l'on accompagnait de l'orgue, on ajouterait l'octave à la première note *sol*, et ce *ré* aurait un accord de $\substack{6\\4}$ de passage, qui serait même pris par saut (fig. 157, *a*).

Dans cette espèce, comme dans la troisième, il est permis de donner $\substack{6\\4}$ à la troisième et à la quatrième note, quand la basse parcourt l'accord parfait entier ou l'accord de sixte (fig. 157, *a*, et suiv.); il n'y a que la première note sur laquelle il soit défendu de pratiquer cette harmonie sans ligatures.

77. On voit encore, fig. 158 et suivantes, des exemples du contre-point à trois voix, de toutes les espèces, dans la me-

sure à trois temps, savoir, fig. 158 pour la première espèce ; fig. 159, pour la seconde ; fig. 160, pour la troisième ; fig. 161, pour la quatrième, et fig. 162, pour la cinquième.

On range encore dans cette cinquième espèce ces exemples ingénieux où l'on pratique sur un sujet deux espèces à la fois ; ce qui est une anticipation sur la composition libre, dans laquelle on peut mettre en chaque partie des notes de différente valeur (fig. 163 et 164). Le *N. B.* placé sur la basse de ce dernier exemple annonce que ce n'est point une faute d'employer la septième essentielle (1) par saut ; on la trouve aujourd'hui employée ainsi dans de très bons auteurs.

---

(1) Par septième essentielle (*wesentliche Septime*), l'auteur entend ici la septième de dominante. « Tous les professeurs, dit M. Koch, qui [selon » la théorie de Kirnberger] regardent les dissonances préparées comme la » prolongation de l'harmonie précédente sur l'accord suivant, appellent *dis-* » *sonance essentielle* la septième de dominante et ses renversemens [par » opposition aux dissonances préparées, qu'ils nomment *dissonances acci-* » *dentelles* (*zufallige Dissonanzen*) »].

Cette théorie, publiée vers le milieu du siècle dernier, par J.-Ph. Kirnberger, un des plus savans maîtres de l'école saxonne, s'est beaucoup propagée dans le nord de l'Allemagne. Elle a été introduite en France vers la fin du même siècle, et elle y a trouvé beaucoup d'approbateurs. Par exemple, elle forme ou semble former tout le fond de la doctrine contenue dans le *Traité d'Harmonie*, publié, il y a environ trente ans, par M. Catel, et que le Conservatoire de France, par délibération en date du 15 floréal an IX, adopta pour servir à l'enseignement dans cet établissement. En effet, si l'on prend la peine d'examiner l'ouvrage publié en 1773, par Kirnberger, sous le titre de *Die Wahren Grundsætze zum Gebrauch der Harmonie* (*Fondemens de l'Harmonie pratique*), qui contient l'exposition de son système, et l'espèce de commentaire ou de développement qu'en a donné M. D.-G. Turk, directeur de musique à l'Université de Halle, sous le titre d'*Anweisung zum General bass spielen* (*Introduction à la pratique de la Basse continue*), publié pour la première fois en 1791, on verra que la théorie qu'ils renferment est au fond la même que celle que présente le Traité de M. Catel, qui ne paraît en différer que par quelques dénominations : ce que je ne dis point pour diminuer le mérite de ce savant professeur, mais seulement pour ne point paraître ignorer un fait qui n'a pas dû m'échapper.

Pour aborder ensuite franchement et ouvertement la question sous le point de vue le plus délicat, je déclarerai ici que ce serait, à mon avis, une extrême injustice d'attribuer à un plagiat cette coïncidence d'opinions et de principes. Elle doit être tout au plus regardée comme le résultat de la transmission insensible d'idées et de sentimens qui, à défaut de communication formelle, doit avoir nécessairement lieu entre des nations liées par des rapports aussi intimes, mais qui laisse encore à celui qui en recueille les traits épars un mérite équivalent à celui de l'invention. Il faut encore déclarer que, quoique la distinction des dissonances, en essentielles et en accidentelles, établie par Kirnberger, soit au fond la même que celle des accords en naturels et artificiels, et qu'il en résulte une marche tout-à-fait semblable dans l'exposition des faits et des principes, la distinction de M. Catel est établie avec plus de netteté et d'une manière plus tranchée, et que son langage est beaucoup plus précis; en sorte que, quoique appartenant incontestablement à la même catégorie que la première, elle doit pour le moins en être regardée, quelles que soient les circonstances qui l'ont amenée, comme un perfectionnement très important.

Ce que je ne dois pas non plus négliger de remarquer ici, c'est que la théorie de J.-Ph. *Kirnberger* et celle de J.-Ph. *Rameau*, entre lesquelles est partagée l'opinion, reposent essentiellement, la première, sur la considération de la nature des accords, la seconde, sur celle de leur structure, et que la véritable théorie est, comme je l'ai déjà dit, celle qui est fondée sur les deux genres de considérations réunies, comme on le verra dans mon *Introduction à l'Étude générale et raisonnée de la Musique*. Enfin, ce qu'il est encore à propos de faire observer, c'est que, de ces deux théoriciens, le premier a exposé son système en homme qui possédait une profonde connaissance des principes de l'art et de l'enseignement classique, tandis que l'autre s'en est montré généralement dépourvu. Il en est résulté que la première a contribué aux progrès de l'art, tandis que l'autre avait totalement ruiné l'École en France, par le succès qu'elle y avait obtenu dans le cours du siècle dernier; c'est ce qui a contribué au succès de l'une et au discrédit dans lequel l'autre paraît être définitivement tombée. La justice et l'intérêt de la science exigeaient qu'on les examinât l'une et l'autre indépendamment de cette circonstance, afin de reconnaître comment elles pouvaient se concilier et contribuer par leur alliance à son accroissement. Cette discussion, qui appartient plus à l'histoire de la science qu'à son exposition, ne saurait trouver ici sa place, et je crois devoir remettre d'en parler à une autre occasion.

IV.

CONTRE-POINT SIMPLE A QUATRE PARTIES.

78. [L'élève qui se sera beaucoup exercé sur le contre-point à trois voix, aura nécessairement remarqué que dans un grand nombre de cas, ce contre-point ne produit effectivement qu'une harmonie à deux voix, par la nécessité où l'on se trouve, pour éviter les fautes, d'abandonner le troisième son des accords et de redoubler l'un des deux autres. En outre, la disposition à trois voix ne permet pas d'employer toutes les voix, qui, comme on sait, sont au nombre de six, savoir, trois genres de voix d'hommes et autant de voix de femmes. Cette double considération d'une harmonie plus pleine et plus complète, et d'une plus grande facilité à employer les divers genres de voix, a donné un très grand crédit à la composition à quatre parties, dans laquelle on emploie les extrêmes de chaque genre, c'est-à-dire la basse-taille, le tenor, pour les voix d'hommes; le contre-alto et le premier dessus, pour les voix de femmes. Cet assemblage de voix est regardé comme ce qu'il y a de plus parfait, surtout pour les masses vocales; c'est au moins celui qui est le plus généralement usité. On verra cependant, par la suite, que la composition à cinq parties, qui donne le moyen d'employer tous les dessus, a aussi de grands avantages.

Ceci ne contredit en rien ce que nous avons dit sur le mérite du trio, celui de joindre à la plus grande pureté l'effet le plus grand, relativement aux moyens. Celui des compositions à un plus grand nombre de voix, fondé sur la nécessité d'employer des moyens plus puissans, est d'un genre tout-à-fait différent].

CHAPITRE XVIII.

De la première espèce du contre-point simple à quatre parties.

79. La première espèce est celle de *notes contre notes*, ou de notes égales. Ces notes, égales à celles du sujet, peuvent d'ailleurs être des rondes, des blanches, des noires, etc. Quand, dans les morceaux à deux, trois, quatre ou un plus grand nombre de voix, toutes les notes sont égales [chacune à chacune], on a toujours la première espèce, dite de *contre-point égal* [ou *contre-point uni*]; les autres appartiennent au *contre-point inégal* [ou *diminué*] (1).

Dans l'espèce actuelle du contre-point à quatre parties, on ne permet pas d'autres accords que l'accord parfait avec tierce mineure ou majeure, et l'accord de sixte majeure ou mineure avec la tierce convenable et l'octave (2). Cependant il ne faut pas arranger la chose de manière que la sixte soit mineure et la tierce majeure, car ce serait un faux accord (3).

On peut et l'on doit souvent varier l'accord parfait 8 / 5 / 3 ; on

(1) La diminution consiste à employer plusieurs notes de valeur moindre, contre une note de plus grande valeur.

(2) Dans la composition moderne, on permet dans cette espèce à deux, à trois, à quatre et à tel nombre de parties que ce soit, l'accord de dominante et ses renversemens.

(3) Par exemple : *ut* / *sol♯* / *mi*. Cet accord est le premier dérivé de l'accord parfait avec une quinte majeure *sol♯* / *mi* / *ut*, qui s'emploie très bien dans la facture moderne, comme accord altéré; exemple : *sol* / *mi* / *ut* — *sol♯* / *mi* / *ut* | *la* / *fa* / *fa* ||, et pour la

peut employer la forme $\begin{smallmatrix}3\\5\\3\end{smallmatrix}$ ou $\begin{smallmatrix}5\\5,\\3\end{smallmatrix}$ [c'est-à-dire redoubler la quinte ou la tierce], si la tierce n'est pas la note sensible du mode, et si la quinte n'est pas mineure. Les mêmes observations ont lieu pour l'accord de tierce et sixte $\begin{smallmatrix}8\\6,\\3\end{smallmatrix}$ qui se varie sous les formes $\begin{smallmatrix}6\\3\\3\end{smallmatrix}$ ou $\begin{smallmatrix}3\\6\\6\end{smallmatrix}$: les accords de quarte et sixte $\begin{smallmatrix}8\\\flat 6\\4\end{smallmatrix}$ ou $\natural\begin{smallmatrix}8\\6\\4\end{smallmatrix}$ sont encore interdits [dans la facture antique, mais ils sont permis dans la facture moderne, pour les terminaisons; on y emploie même en cette facture la quarte à deux voix, comme consonnante]; on défend aussi dans cette espèce tous les accords dissonans. La quarte essentielle (*quarta fundata*) qui se présente dans le second renversement de la septième de dominante, et qui s'emploie [en facture moderne] dans l'échelle de la basse, avec sixte majeure et tierce mineure $\begin{smallmatrix}+6\\4,\\3\end{smallmatrix}$ est encore défendue ici [en facture antique]; elle est permise dans la composition libre, comme les autres accords dissonans (1).

80. Il est facile de donner ici à la première mesure l'ac-

---

sixte, $\begin{smallmatrix}\textit{ut}\\\textit{sol}\\\textit{mi}\end{smallmatrix}$ $\begin{smallmatrix}\textit{ut}\\\textit{sol}\sharp\\\textit{mi}\end{smallmatrix}$ | $\begin{smallmatrix}\textit{ut}\\\textit{la}\\\textit{fa}\end{smallmatrix}$ || ; mais il ne s'emploie pas dans la facture antique.

(1) Dans la facture moderne, la septième de dominante et ses renversemens s'emploient sans difficulté dans le contre-point de notes contre notes, quel que soit le nombre de voix. Les auteurs ne sont pas également d'accord sur les dissonances soumises à la préparation; quelques-uns les proscrivent, d'autres les permettent. Je crois qu'en principe ces dissonances sont permises dans ce genre de contre-point, en facture moderne, mais qu'il est des circonstances où l'on doit se les interdire : tel est, par exemple, le cas où une composition est destinée à être exécutée par un grand nombre de personnes, parmi lesquelles il doit s'en trouver de peu exercées, car ces dissonances leur rendraient l'exécution impossible.

cord parfait complet $\begin{smallmatrix}8\\5\\3\end{smallmatrix}$ ou $\begin{smallmatrix}5\\3\\1\end{smallmatrix}$; la dernière mesure, qui doit avoir ce même accord, ne peut le porter complet que quand le plain-chant se trouve dans la partie inférieure ; mais quand il est dans une des parties supérieures, la dernière mesure [ne peut avoir la quinte ; elle] ne peut avoir que $\begin{smallmatrix}8\\8\\3\end{smallmatrix}$ ou $\begin{smallmatrix}8\\3\\1\end{smallmatrix}$. Car dans cette circonstance le plain-chant termine en descendant [diatoniquement] sur la note finale du mode ; la tierce majeure que l'on doit donner dans l'avant-dernière mesure, sur la dominante [qui fait la basse], monte également sur la tonique [la dominante dans la basse descend par quinte sur la tonique] ; il y a donc trois parties qui prononcent cette tonique ; la quatrième, qui double le plain-chant ou la basse, c'est-à-dire qui fait la quinte ou l'octave de la dominante, doit passer à la tierce de l'accord parfait de la tonique (fig. 165).

Quand le plain-chant est dans la partie inférieure, l'avant-dernière mesure doit avoir $\begin{smallmatrix}+6\\ \flat 3\\ \flat 3\end{smallmatrix}$ ou $\begin{smallmatrix}8\\ +6\\ \flat 3\end{smallmatrix}$ (même figure).

81. Les quintes, octaves et unissons couverts, qui ne contrarient pas la bonne harmonie, ont lieu entre des parties dont l'une marche par degrés. Cependant cette sorte de licence se souffre plus volontiers entre les voix intermédiaires [ou d'une voix moyenne à une voix extrême, qu'entre les extrêmes]. Dans ces licences, la voix la plus haute ne doit pas avoir de plus grand saut que celui de quinte ; la basse et les voix intermédiaires peuvent avoir des sauts de sixte et même d'octave. Sur le saut de quarte ascendante ou descendante de la basse, aussi bien que sur le saut de sixte ascendante, on peut toujours faire des quintes ou des octaves couvertes résultant du mouvement semblable ; mais si la partie supérieure use de cette licence contre la basse en faisant un saut permis, il faut avoir soin qu'au moins

une des autres parties marche par mouvement contraire (1).

On peut voir (fig. 166) quelques exemples de licences de quintes et d'octaves indiquées par des barres transversales. L'exemple *a* vaut mieux en montant qu'en descendant ; l'exemple *n* ne vaut rien, à cause des deux quintes de suite en montant, entre les deux parties intermédiaires, dont la première est mineure ; l'exemple *o* est encore plus défectueux, parce que la faute se trouve entre une partie moyenne et l'une des extrêmes ; l'exemple *p* est bon, parce que la note qui fait la quinte mineure ascendante dans le contralto, descend dans le dessus en octave.

82. On voit, fig. 167 et 168, deux exemples de contrepoint de cette première espèce en majeur, où le sujet est dans le dessus et dans l'alto. [L'auteur n'a pas traité les autres, pour abréger.]

Les figures 169 et 170 présentent deux autres exemples en mode mineur, où le sujet est dans le tenor et la basse. Le *N. B.* placé sur l'avant-dernière mesure de cet exemple annonce que cette mesure peut être plus longue que les précédentes, pour rendre la cadence finale plus sensible.

Les étudians auront soin de compléter les exemples qui manquent [et d'en faire un grand nombre d'autres].

Les cadences que l'on voit, fig. 171, sont contraires à l'ancienne règle, qui prescrit de faire monter la note sensible (*sub semi-tonium modi*) dans les terminaisons. [L'exemple *a* est vicieux par cette raison ; on voit la correction en *b*. La même observation a lieu pour les exemples *c* et *d* ; l'exemple *e* est le plus mauvais de tous, parce que la faute se trouve dans la partie aiguë. Cette marche est tolérée dans une partie moyenne, quand on écrit à un grand nombre de parties.]

---

(1) Nous invitons le lecteur à se rappeler les règles que nous avons exposées précédemment à ce sujet, qui sont authentiques et invariables.

CHAPITRE XIX.

De la deuxième espèce du contre-point simple à quatre voix.

83. Dans cette espèce, on pose encore deux ou trois notes contre une note sur le plain-chant, dans chacune des voix successivement ; les deux autres vont en notes égales avec le plain-chant.

Il faut encore remarquer qu'ici le saut de tierce dans le contre-point ne sauve ni les octaves ni les quintes, principalement entre les parties extrêmes. *Voyez* fig. 172, *a, b, c,* pour les quintes; même figure, exemple *d*, *e*, *f*, pour les octaves (1).

Toutes ces fautes, aussi bien que les licences que nous venons d'accorder pour la première espèce, et dans lesquelles la première partie fait un saut, peuvent, dans la composition libre, être évitées, en employant plusieurs notes et en se servant du mouvement contraire que l'on donne à une partie intermédiaire, au lieu d'une tierce.

Il y a aussi des licences qui se tolèrent en faveur du contre-point double.

On voit, fig. 174 et 175, deux exemples de cette espèce de contre-point en mode majeur : l'exemple 175 commence mal, parce que [pendant le silence de la basse, les trois autres parties font entendre un accord de sixte et quarte sur le tenor, accord d'autant plus vicieux, à raison de la place qu'il occupe].

---

(1) De très bons auteurs ont pensé que le saut de tierce en notes d'un temps, dans la basse, sauvait les deux quintes entre cette partie et la partie supérieure. (*V.*, fig. 173, un exemple à trois voix tiré de ***Palestrina***.)

On voit, fig. 176 et 177, deux autres exemples de la même espèce en *mi* mineur.

CHAPITRE XX.

De la troisième espèce du contre-point simple à quatre parties.

84. Dans cette espèce, le contre-point emploie quatre ou huit notes dans les mesures paires, et six dans les mesures impaires, contre chaque note de plain-chant. Les règles et exceptions des deux espèces précédentes sont encore applicables à cette espèce. Il faut se garder, dans toutes les mesures, de faire des quintes ou octaves couvertes, du levé au frappé.

Il est permis dans cette espèce, à cause de l'excursion du contre-point, de toucher de temps en temps aux tons des trois autres parties, c'est-à-dire de les redoubler et de faire quelquefois des unissons avec elles [tantôt avec l'une, tantôt avec l'autre].

[On permet aussi, à quatre parties, de croiser les parties intermédiaires, c'est-à-dire de faire passer de temps en temps le tenor au-dessus de l'alto, ou l'alto au-dessus du tenor; mais il faut éviter de faire croiser les extrêmes avec les parties moyennes, par exemple l'alto, et à plus forte raison le tenor avec le dessus, ou le tenor et l'alto avec la basse. Tout cela est rejeté dans le contre-point simple; cette licence s'admet dans les contre-points dessinés pour répondre à un sujet, parce qu'ici c'est le dessin qui doit dominer.]

85. [On voit, fig. 178 et 179, deux exemples de cette espèce de contre-point en mode majeur. La dernière mesure du second exemple fait voir la licence d'une octave prise, par mouvement semblable, entre le dessus et la basse; mais cette

prétendue licence est permise, même à deux parties, à cause du demi-ton. Les auteurs les plus sévères approuvent et même prescrivent cette marche, la seule qu'il y ait à tenir en cette circonstance.

Les exemples 180 et 181 appartiennent à la même espèce en mode mineur : on voit à la cinquième mesure du contralto du premier de ces exemples, une licence qui consiste dans le changement d'espèce que cette partie éprouve en cette mesure, en faisant deux notes au lieu d'une contre celle du sujet, ce qui se fait quelquefois par nécessité.]

CHAPITRE XXI.

De la quatrième espèce du contre-point simple à quatre voix.

86. Cette espèce est celle du contre-point syncopé. Nous avons déjà fait voir que les dissonances liées ne sont autre chose que le retard d'une consonnance parfaite ou imparfaite, et que, dans la composition sévère, il faut les résoudre en descendant diatoniquement; mais je crois devoir répéter ici, en faveur de ceux qui n'ont pas étudié l'accompagnement, quels sont les intervalles dont chacune d'elles doit être accompagnée.

(α). La neuvième doit être accompagnée de la tierce analogue au degré du mode, et de la quinte (fig. 182, *a*), ou de la sixte (fig. 182, *b*), au lieu de la quinte (1); si la sixte et la quinte ne produisaient pas un bon effet, on prendrait la tierce redoublée (fig. 182, *c*); mais il faudrait prendre garde que cette tierce ne fût la note sensible de l'échelle (fig. 182, *d*).

(1) La neuvième, accompagnée de la sixte, est, comme on sait, un renversement de la onzième.

(β). La septième doit être accompagnée de la tierce et de l'octave (fig. 183, *a*); souvent aussi on redouble la tierce (*ibid.*); mais quand, par nécessité, on prend la quinte avec la septième et la tierce, ce qui doit se faire rarement, il faut, au levé [c'est-à-dire au moment de la résolution de la septième sur la sixte], passer à l'octave ou à la tierce (fig. 183, *b*, troisième mesure du tenor). On peut encore, dans ce cas, passer, par licence, de la quinte à la sixte, si cette sixte n'est pas la note sensible (fig. 183, *c*). On abandonne ainsi la quinte, parce qu'en la conservant (fig. 183, *d*), il en résulterait un nouvel accord de dissonance, formé par la sixte contre la quinte, qui n'est pas permis au levé, sinon dans la composition libre, et principalement après la septième diminuée (fig. 183, *e*).

(γ). La quarte doit être accompagnée de la quinte et de l'octave (fig. 184, *a*), ou de la quinte redoublée (fig. 184, *b*), ou de la sixte avec l'octave (fig. 184, *c*); cette quarte est le plus souvent la quarte mineure, qui doit se résoudre sur la tierce majeure ou mineure.

(δ). La seconde, qui est ici la seule dissonance pratiquée dans la basse, doit avoir la quinte majeure redoublée (fig. 185, *a*), ou la quinte et la seconde elle-même redoublée (fig. 185, *b*, *c*), particulièrement quand la dissonance ne doit descendre que d'un demi-ton (1). Dans cette résolution, on entend un accord agréable de sixte sans octave à l'aigu, tel que $\begin{smallmatrix}6\\6\\3\end{smallmatrix}$ ou $\begin{smallmatrix}6\\6\\3\end{smallmatrix}$; mais si l'on voulait accompagner la seconde de la quarte redoublée, alors il faudrait que la basse descendît d'un ton entier, afin que cette dissonance fût suivie

(1) L'expression de l'auteur n'a pas ici toute l'exactitude désirable. Dans la liaison de la basse, c'est la note de basse qui est appelée *seconde*; or ce n'est point cette seconde que l'on redouble, mais la note supérieure, comme on le voit dans l'exemple

d'une quinte majeure, et non d'une quinte mineure redoublée (fig. 185, *d*, *e*). La figure 185, *f*, fait voir l'inconvénient de l'accompagnement de quarte redoublée, lorsque la basse descend d'un demi-ton (1). Dans les compositions libres, on peut toujours prendre pour ligature de la seconde, la quarte majeure ou mineure et la sixte majeure ou mineure.

87. Il est permis, en cas de besoin, de donner, dans quelques mesures, deux notes à une partie de remplissage [qui n'en a qu'une par mesure, dans le cours de la composition], dans le cas où la tenue sous la résolution produirait un mauvais effet [comme on vient de le voir en traitant de la septième].

Quand les syncopes de dissonance ne peuvent pas s'opérer, on pratique des syncopes de consonnance avec leur accompagnement en accords parfaits ou imparfaits. Souvent, pour avoir un chant facile et agréable, on redouble la tierce ou la sixte, quand elle n'est pas la note sensible du mode; seulement il faut avoir attention, en redoublant la sixte [dans une des parties], de ne pas la résoudre [dans une autre] sur la quinte majeure, parce que le temps faible, qui ne doit porter que des accords consonnans, aurait un accord de quinte et sixte. Lorsque la sixte se résout sur une quinte mineure, cela est plus supportable, parce que la sixte avec la quinte mineure donne un accord moins dissonant que celui où la quinte est majeure.

L'exemple *a*, fig. 186, est mauvais à cause de la quinte majeure; l'exemple *b* est tolérable; l'exemple *c* appartient à la composition libre, parce qu'il n'y a que ce genre de composition dans lequel on prépare une dissonance par une autre [non soumise à préparation], et où l'on résolve par surprise [ou évitation de cadence] une dissonance sur une

---

(1) Cet inconvénient disparaît en faisant monter une des deux quartes en sixte, et faisant descendre l'autre en tierce (fig. 185, *g*). Dans la facture moderne, cette dernière quarte pourrait rester immobile (fig. 185, *h*).

autre dissonance ; c'est pourquoi le premier et le second exemple appartiennent également à ce genre de composition.

88. Le contre-point doit commencer par un silence d'un temps ; les autres parties doivent former l'accord parfait complet de la tonique, c'est-à-dire $\begin{smallmatrix}8\\5\\3\end{smallmatrix}$ ou $\begin{smallmatrix}8\\8\\3\end{smallmatrix}$ ou $\begin{smallmatrix}5\\5\\3\end{smallmatrix}$. L'accord final doit être $\begin{smallmatrix}8\\8\\3\end{smallmatrix}$, quand le plain-chant est dans une partie supérieure, et $\begin{smallmatrix}8\\5\\3\end{smallmatrix}$, quand il est dans la basse. L'avant-dernière mesure doit avoir, dans les parties supérieures, la quarte accompagnée de la quinte et de l'octave, et suivie de la tierce, lorsque la dominante fait la basse ; mais quand le plain-chant est dans cette partie, elle doit avoir la septième accompagnée de la tierce mineure redoublée, ou de la tierce mineure et de la quinte, et suivie de la sixte. Quand la basse ou le tenor fait le contre-point, c'est-à-dire les ligatures, l'avant-dernière mesure doit avoir l'accord de seconde et quinte $\begin{smallmatrix}5 & —\\5 & —\\2 & 3\end{smallmatrix}$ ou $\begin{smallmatrix}5 & —\\2 & —\\2 & 3\end{smallmatrix}$.

89. On voit, fig. 187 et 188, deux exemples de cette espèce de contre-point. Le *N. B.* placé sur le *sol*, dans la dixième mesure du contralto du premier exemple, signifie que, dans la composition libre, il est permis, pour avoir partout des ligatures, d'employer au levé cette quarte, qui provient du second renversement de la septième de dominante, septième qui peut elle-même être frappée librement au levé, ainsi que la quinte mineure (fig. 189).

On permet encore, dans le contre-point libre, en tous les modes, l'accord de quarte et sixte, second dérivé de l'accord parfait (fig. 190, *a*), ainsi que l'accord de quarte et quinte (fig. 190, *b*), qui s'emploie dans la cinquième espèce, où tous les contre-points sont mêlés.

On trouve, fig. 191 et 192, deux exemples de la même espèce en mode mineur.

CHAPITRE XXII.

De la cinquième espèce du contre-point simple à quatre parties.

90. Cette espèce est celle du contre-point fleuri, dans laquelle on fait, sur un plain-chant, tantôt dans une partie et tantôt dans une autre, un chant élégant formé du mélange de toutes les espèces précédentes, depuis la première mesure jusqu'à la dernière exclusivement. On peut de temps en temps introduire dans ce chant deux notes de la valeur d'un quart de temps. La partie qui fait ce chant est celle du contre-point; les deux autres se forment de notes égales à celles du plain-chant, dans la composition sévère, mais non dans la composition libre.

La quatrième partie, tantôt fera l'octave, tantôt redoublera la tierce, ou la sixte, ou la quinte majeure, comme dans les espèces précédentes; les terminaisons sont comme dans la quatrième, savoir, 4 3, 7 +6 et $\begin{smallmatrix} 5 & - \\ 2 & 3 \end{smallmatrix}$, en y ajoutant, si l'on veut, quelques variations dans le contre-point, qui doit encore ici commencer par un silence ou repos de la valeur d'un temps.

91. On voit, fig. 193 et 194, deux exemples de cette espèce de contre-point en mode majeur. La licence que l'on voit dans le second de ces exemples, mesure troisième, où le dessus marche chromatiquement, n'offense pas du tout l'oreille, parce que, pour donner de la grâce à l'harmonie, on est dans l'usage aujourd'hui d'entremêler le genre chromatique avec le genre diatonique. Cependant, il ne faut pas em-

ployer beaucoup ces sortes de passages dans le contre-point (1). Les sujets de fugues chromatiques, que l'on choisit à dessein dans ce genre, ne sont point compris dans cette prohibition ; mais les traits chromatiques, que l'on trouve répétés jusqu'au dégoût, dans les compositions modernes, font un très mauvais effet, surtout dans les *allegro*.

La licence que nous examinons ici est bonne, parce que la fausse relation qu'elle renferme ne fait pas une octave diminuée, mais une octave augmentée, ce qui est plus supportable. Enfin, ce *fa* dièze est une note sensible qui rend plus agréable à l'auditeur, et plus facile au chanteur, l'harmonie de *sol* majeur qui vient après.

Il faut bien faire attention, en faisant monter la partie de basse, de ne point produire d'accord de quarte et sixte, ou tout autre plus dissonant et plus difficile à résoudre. L'accord de quarte et sixte est défendu en commençant, soit en mode majeur, soit en mode mineur ; on le prépare même, dans le contre-point libre, par des consonnances, et on le résout sur des consonnances, quand la basse n'a pas le mouvement oblique (fig. 195). Ces exemples conviennent dans la composition libre ; les *N. B.* que l'on voit indiquent que dans la composition sévère on ne pratique pas ces sortes de syncopes, parce que dans le second temps il n'y aurait pas assez de mouvement (2).

92. [L'exemple 196 est un exemple défectueux, que l'au-

---

(1) Les passages chromatiques ne peuvent être admis dans le contre-point choral destiné à être exécuté par un grand nombre de voix à chaque partie, et dans lesquelles il peut s'en trouver qui ne soient pas suffisamment exercées.

On remarquera qu'il y a à cet endroit une relation d'octave augmentée entre la basse et le dessus ; cette relation, quoique mauvaise en général, ne fait point ici un mauvais effet, parce que la modulation l'autorise ; ce qui prouve que le mauvais effet des fausses relations ne vient le plus souvent que du vice de la modulation.

(2) L'auteur veut dire que l'on ne met point en syncopes deux parties à la fois, parce que cette disposition rend la mesure incertaine.

teur place ici à dessein, pour que l'élève en découvre les fautes (1).]

[On voit, fig. 197 et 198, deux exemples de l'espèce présente en mode mineur.]

Lorsque l'élève se sera exercé à faire des contre-points à huit notes sur le plain-chant, je lui présenterai, pour finir cette matière, des contre-points où les espèces précédentes sont entremêlées.

L'exemple 199 offre le plain-chant au-dessus, un contre-point syncopé dans le contralto, un de quatre notes au tenor et un autre de deux notes à la basse.

Dans l'exemple 200, la basse fait quatre notes, le dessus deux, le contralto a le plain-chant, le tenor les syncopes.

Les exemples 201, 202, 203, 204 et 205 appartiennent aux cinq espèces de mesure à trois temps. Chacun de ces exemples ne présente qu'une position du sujet ; c'est à l'élève de faire les autres. Lorsqu'il sera bien exercé dans les cinq espèces, et qu'il y aura acquis de la facilité et de la clarté, il devra faire les mêmes exercices dans la composition sévère à cinq parties: il trouvera dans le chapitre suivant des modèles de ce genre de composition appuyés de quelques observations.

---

(1) Voici les principales, selon les notes que l'auteur a placées sur l'exemple même. — La première est l'accord de $\frac{6}{4}$ en commençant. — La seconde est le chant baroque de la basse dans les deux premières mesures. — La troisième est l'harmonie de $\frac{6}{4}$ dans la quatrième mesure, avec une mauvaise marche des parties supérieures, qui contiennent en outre une fausse relation. — La quatrième est dans l'alto, qui, à la septième mesure, passe au-dessous de la basse et fait une harmonie de $\frac{6}{4}$. — La cinquième est l'accord de $\frac{7}{4}$ dans la huitième mesure, où la septième n'est ni préparée ni résolue. — La sixième est l'harmonie de $\frac{6}{4}$ dans la onzième mesure, où la quarte est mal amenée, puisque la partie de second dessus qui la contient marche en quarte avec la basse. — La septième est dans la terminaison, où le premier tenor marche en quinte avec le second, et où le dessus termine en tierce, au lieu de finir en octave.

CHAPITRE XXIII.

Règles sommaires sur la composition à cinq parties.

Avis du traducteur. Nous avons cru devoir transporter ici ce chapitre, que, dans la première édition de cet ouvrage, nous avions laissé à la place où l'auteur l'avait mis assez mal à propos, c'est-à-dire après la fugue et les contre-points doubles de toute espèce. On sentira facilement les motifs de ce changement que justifie de plus en plus l'addition du chapitre qui vient après, et qui a été inséré par l'auteur lui-même.

93. Pour écrire à cinq [et à un plus grand nombre de] parties [il faut nécessairement redoubler quelques sons des accords consonnans], on redouble d'abord les consonnances parfaites, puis les consonnances imparfaites; dans les accords de $\frac{6}{4}$, on redouble la quarte et non la sixte, lorsque cette quarte n'est pas liée. Sur la seconde mineure ou majeure, on redouble dans celui de $\frac{4}{2}$ la seconde et non la sixte; dans celui de $\frac{5}{2}$, la même seconde et non la quinte.

Les dissonances redoublées, et même la septième note de l'échelle (*sub-semitonium modi*), peuvent se faire au passage régulier. Si cette note sensible fait la tierce ou la sixte de l'accord, il est toujours défendu, même à cinq parties et au-dessus, de la redoubler dans les frappés: on ne peut la redoubler à cette place que dans une partie moyenne, et lorsqu'en outre c'est elle qui fait la basse.

On voit, fig. 316 et 317, des exemples de redoublement pour les accords ordinaires, exemples qui peuvent servir à la composition sévère et à la composition libre, mais avec des plains-chants seulement dans la première. L'exemple 316 est pour les accords parfaits; on y trouve quelques renversemens.

L'exemple 317 est pour les accords imparfaits. Dans ce dernier exemple, on voit, au signe *N. B.*, un *mi* redoublé qui est admissible comme tierce de l'accord parfait d'*ut* dans le mode d'*ut*; il serait mauvais si le mode était en *fa*; le *si* de l'exemple 317, *e*, est mauvais par cette raison, parce qu'il est la sensible du mode d'*ut*.

94. On voit, fig. 318, *a*, *a'*, *a''*, *a'''*, les exemples pour la liaison de seconde; fig. 318, *b*, la liaison de $\frac{4}{2}$; *b'*, la quarte diminuée; *b''*, la quarte mineure; *b'''*, la même sans liaison; b^{IV} et b^{V}, la quarte majeure; *c*, *c'*, *c''*, la quinte mineure; *d*, *d'*, etc., la quinte et sixte; *e* et suiv., la sixte. On remarquera, au signe *N. B.* en *e''*, le *mi* redoublé comme tierce de l'accord parfait d'*ut* dans le mode majeur de cette note; en e_{I} et suiv., la sixte majeure et augmentée; en *f* et suiv., la septième et ses différentes espèces; en *g* et suiv., la neuvième.

La figure 319 fait voir l'échelle majeure en montant et en descendant. Les exemples 320–324 contiennent les cinq espèces de la composition à cinq voix.

CHAPITRE XXIV.

Du contre-point en style libre ou idéal, et du contre-point sur un sujet diminué.

95. Après avoir terminé tout ce qui regarde l'enseignement du contre-point simple, en ce qu'il appelle le *style sévère*, l'auteur croit devoir donner quelques notions sur le contre-point en style idéal, style libre ou style moderne. Il consacre à cet objet une assez longue série d'exemples (pl. suppl., ex. 28 à 74 inclusivement), qui forment une collection méthodique et complète de modèles des diverses espèces de ce contre-point, depuis deux jusqu'à cinq parties. Ces exemples sont accompagnés de simples indications, sans observations

ni remarques d'aucune espèce. Nous reproduisons ici les indications avec les modifications qu'exigent les changemens qu'a subis la forme de l'ouvrage, et nous y ajoutons quelques observations propres à faciliter l'intelligence des exemples.

96. Les huit premiers exemples (28-35) sont relatifs au contre-point à deux parties; l'exemple 28 fait voir un choral en style idéal placé entre un contre-point supérieur et un contre-point inférieur de la première espèce, c'est-à-dire de notes contre notes. Le style idéal se manifeste dans cet exemple par les traits chromatiques ascendans et descendans, traits étrangers au style sévère. La dernière mesure de ce contre-point présente une quinte par mouvement semblable entre le sujet et la basse, mouvement permis même dans le style sévère, lorsqu'une des deux parties procède diatoniquement.

L'exemple 29 fait voir le même choral entre deux contre-points de la deuxième espèce. Dans le passage de la deuxième à la troisième mesure, on voit une quinte mineure passant par saut sur une quarte augmentée, et dans le passage de la quatrième à la cinquième mesure, une disposition du même genre. Cette disposition doit être regardée comme une licence, même en style libre. La septième et la onzième mesure renferment des septièmes de dominante sans préparation: cette disposition vaut mieux à trois parties qu'à deux, parce qu'à trois parties on peut ajouter la troisième majeure qui caractérise l'accord.

Les exemples 30 et 31 renferment la troisième espèce de contre-point à deux parties; les exemples 32 et 33, ceux de la quatrième, enfin, les exemples 34 et 35, ceux de la cinquième, c'est-à-dire le contre-point fleuri.

L'exemple 30 fait voir que l'on peut commencer et finir avec la tierce dans la partie supérieure. Dans la partie inférieure, on peut bien commencer avec la sixte, mais on ne peut finir avec cette consonnance. On voit, ex. 34, que l'on peut employer le chromatique dans le dessus, en même temps que dans la basse.

97. Les quinze exemples suivans (36–50) appartiennent au contre-point à trois voix. Les trois premiers (36, 37, 38) sont ceux de la première espèce, où le sujet occupe successivement le milieu, le dessus et la basse. Les ex. 39, 40 et 41 appartiennent à la seconde espèce; les ex. 42, 43, 44, à la troisième; 45, 46 et 47, à la quatrième; enfin, les ex. 48, 49 et 50, à la cinquième.

On voit, ex. 41, sixième et septième mesures, un *mi contra fa*, c'est-à-dire une relation d'octave diminuée entre le *mi*♮ de la basse et le *mi*♭ de l'alto : cette relation, défendue dans le style sévère, est permise dans le style libre, quand la modulation la commande ou l'autorise.

98. Les seize exemples qui suivent (51-66) sont relatifs au contre-point à quatre parties; savoir : les cinq premiers (51, 52, 53, 54, 55) à la première espèce; les deux suivans (56, 57), à la seconde; les ex. 58 et 59, à la troisième; les quatre suivans (60, 61, 62, 63), à la quatrième; enfin les trois derniers (64, 65, 66), à la cinquième. On est dans l'usage de placer successivement le sujet dans toutes les parties. Cette méthode n'a aucun inconvénient, puisqu'elle ne tend qu'à multiplier les exercices, et qu'elle accoutume l'élève à considérer son objet sous tous les points de vue; mais dans la réalité tous ces cas se réduisent à deux, celui où le sujet est dans la partie grave, et celui où il est dans une partie supérieure; dans ce dernier cas, la circonstance où il est dans une partie intermédiaire mérite une attention particulière.

99. Les huit derniers exemples (67–74) sont relatifs à la composition à cinq voix. En effectuant tous les renversemens, on en eût trouvé vingt-cinq, chaque espèce étant susceptible de cinq positions : l'étudiant qui voudra acquérir des forces fera bien d'essayer les positions que l'auteur a cru devoir omettre; en les ajoutant ici, nous aurions craint d'allonger inutilement cet ouvrage.

100. Ici se termine l'enseignement du contre-point simple considéré dans ses cinq espèces ordinaires, depuis deux jusqu'à cinq parties, dans l'un et l'autre style. Mais il faut

considérer que, dans tout ce qui précède, les contre-points ont été effectués sur un plain-chant, c'est-à-dire sur un chant formé de sons égaux en durée. L'emploi de cette sorte de thèmes est, à la vérité, très fréquent à l'église surtout, et dans quelques autres circonstances; mais cette forme rhythmique est très restreinte, et ne présente qu'un cas très particulier des formes générales, en sorte que l'étudiant qui ne se serait exercé que sur cette forme unique, pourrait être fort embarrassé lorsqu'il serait dans la nécessité de traiter des formes plus compliquées. C'est cependant la position où il doit se trouver habituellement et même dans le cours de ses études; tout ce qui va suivre suppose qu'il est en état de traiter des sujets diminués. Il serait donc à propos qu'avant d'aller plus loin, il se livrât à quelques exercices de ce genre. L'auteur n'en ayant point traité, nous croyons devoir le suppléer, et à cet effet nous rapportons d'abord ici un exemple tiré de Zarlin, et qu'il donne pour modèle en ce genre.

101. Cet exemple en style sévère est composé avec quelque recherche, selon l'usage des anciens, qui n'écrivaient guère le contre-point sans y introduire quelques dessins mélodiques. L'étudiant, dans l'exercice que nous lui proposons, n'est point obligé de s'astreindre à cette condition; il suffit, pour le moment, que son contre-point soit régulier et correct. Pour s'exercer dans le style libre, l'élève devra s'attacher, 1° à placer des mélodies sur des basses bien faites, telles que celles que lui présentent les collections des *Partimenti* de Fénaroli, de Durante ou de quelque bon maître (1); 2°. il fera bien de choisir quelques leçons de solfége d'un bon maître, et de s'exercer à y placer des basses qu'il confrontera ensuite avec celle de l'auteur. Cet exercice, joint aux connaissances qu'il a dû précédemment acquérir, le fera

---

(1) *Voy.*, à la suite des exemples du *Traité de la Basse chiffrée*, les exercices de Cotumacci; et à la fin de ces exercices, l'exemple où nous avons placé plusieurs mélodies sur une basse choisie parmi ces leçons.

promptement parvenir à un degré d'habileté suffisant. Lorsqu'il en sera à ce point, il pourra se livrer à l'étude de l'imitation et des genres qui en résultent.

V.

DE L'IMITATION ET DE LA FUGUE.

102. A l'étude du contre-point simple qui enseigne à placer autour d'un sujet un nombre quel qu'il soit de parties formées de toutes sortes de valeurs, devrait naturellement succéder celle du contre-point double ou complexe ; car celui-ci ne diffère du premier que par l'observation de certaines conditions qui n'en changent ni le procédé ni la nature, mais qui communiquent à la composition cette propriété remarquable, que les parties peuvent en être prises dans un autre ordre, dans un autre temps et dans un autre lieu ou position que celles dans lesquelles elles ont été primitivement composées.

Pour en donner une idée par un exemple fort simple, supposons que l'on demande de placer un contre-point sur un sujet (uni ou figuré) avec cette condition, qu'il puisse de dessus devenir basse, ou réciproquement. Avec un peu d'attention, on remarquera qu'en passant du dessus à la basse, les quintes du contre-point deviendront quartes dans le renversement ; or, comme la quarte ne s'emploie pas à deux parties comme consonnance, il est évident qu'il faut dans ce cas traiter la quinte comme dissonance, afin que dans le renversement elle se trouve disposée convenablement. Il en est de même des autres espèces de contre-point double. On voit donc que ce contre-point ne diffère réellement du premier que par une application différente des règles, mais qu'il n'en introduit aucune qui ne soit déjà connue, et auxquelles l'étudiant ne doive être déjà familier. Le rapport des objets et l'enchaînement des opérations appellerait donc ici cette étude : mais l'auteur en ayant jugé autrement, et ayant transporté dans un autre lieu cette partie de l'enseignement, nous ne pensons point à intervertir sa marche, et nous ne rappelons ici cet objet que pour rendre plus intelligible ce que nous avons à dire concernant l'imitation, dont nous avons présentement à nous occuper.

103. Dans le contre-point simple, aussi bien que dans le contre-point double, une seule partie, celle qui renferme le sujet ou chant principal, offre quelque intérêt mélodique ; toutes les autres, sous ce rapport, sont, par leur nature, plus ou moins insignifiantes, avec cette différence cependant, relativement aux deux genres de contre-point, que, dans le dernier, le sujet peut à volonté parcourir les diverses parties sans que les autres subissent aucune modification, tandis que, dans le premier, il faut une nouvelle composition des parties pour chaque position du sujet. Or, on conçoit d'abord qu'une composition, dont une seule partie offre quelque intérêt, devient promptement fastidieuse pour tous les exécutans, autres que ceux qui sont chargés de cette partie. En outre, il est des circonstances où il est nécessaire que plusieurs parties aient un intérêt et une importance à peu près ou totalement égales. Le compositeur exercé à placer des mélodies sur une basse, sait qu'il est toujours possible de créer dans une même harmonie une multitude de mélodies indépendantes l'une de l'autre ; mais la réunion de ces mélodies dénuées de rapports entre elles serait loin d'atteindre le but ; et comme il serait impossible d'établir aucune subordination entre elles, il n'en résulterait qu'une horrible cacophonie. L'imitation fournit le moyen de satisfaire à cette condition, et de créer dans une même harmonie des mélodies secondaires déduites d'après une loi donnée d'une mélodie principale, et qui, loin de la contrarier, en relèvent encore l'effet et en font ressortir les beautés.

L'imitation, ses différentes espèces, et son emploi pour la formation des divers genres de composition qui en résultent, va faire la matière des chapitres suivans.

CHAPITRE XXV.

De l'Imitation.

104. L'imitation est un genre de musique dans lequel une ou plusieurs voix imitent successivement un trait de chant, tantôt d'un seul temps, tantôt de deux, de trois, ou d'une mesure entière, et même davantage. Elle peut se faire à tous les intervalles depuis l'unisson jusqu'à l'octave, et dans une partie, soit supérieure, soit inférieure [c'est-à-dire, soit au grave, soit à l'aigu]; ainsi elle peut se faire, à l'unisson, ou à la seconde, etc., etc., soit supérieure, soit inférieure.

105. Comme on ne travaille plus ici sur un sujet de plain-chant (1), les dissonances de seconde, de quarte, de septième et de neuvième peuvent, à raison du mouvement de l'autre partie, ne plus se résoudre uniquement, savoir : dans le dessus, la neuvième sur l'octave, la septième sur la sixte ; la quarte à l'aigu sur la tierce, ou au grave sur la quinte ; la seconde au grave sur la tierce, ou à l'aigu sur l'unisson. Il faut remarquer que cette seconde à l'aigu est une neuvième,

(1) Les imitations et les contre-points artificiels de toutes espèces peuvent, aussi bien que le contre-point simple, se pratiquer sur un sujet de plain-chant, c'est-à-dire de notes égales, en un mot, sur un sujet quelconque; mais l'auteur n'a pas jugé à propos de les traiter *ex professo*. On verra cependant ci-après quelques exemples qui s'y rapportent : les lecteurs qui désireraient en voir un plus grand nombre, peuvent consulter l'ouvrage de Cerone : *El melopeo y maestro*, etc., liv. X ; la troisième partie des *Istituzioni armoniche*, de Zarlin ; les *Documenti armonici*, et autres œuvres de Berardi. On peut voir aussi le liv. III des *Principes de Composition des écoles d'Italie*, et le *Manuel de Musique*, liv. V. Il faut, du reste, observer que ces études ne sont nécessaires qu'à ceux qui veulent travailler pour l'église, dans la manière la plus sévère; l'enseignement de l'auteur est plus que suffisant pour l'usage ordinaire.

et serait mal chiffrée par 2, surtout dans les morceaux à trois et à un plus grand nombre de parties : ainsi les chiffres que l'on voit sur la basse, fig. 206, *c*, *d*, au lieu de ceux qui sont sur le dessus, sont défectueux : on tolère ceux de l'exemple *e* à deux parties (1).

Je reviens ici sur cet objet, dont j'ai traité en parlant des dissonances, et que j'ai marqué d'un *N. B.*, en parlant de la partie supérieure dans la quatrième espèce de la composition à deux voix, afin que les compositeurs ne prennent pas l'habitude de mal chiffrer, et qu'ils remarquent bien que dans les morceaux à trois ou un plus grand nombre de parties, lorsque la voix supérieure fait la liaison, on ne doit point chiffrer 2, mais seulement quand le retard est dans la basse, et que cette partie, en descendant d'une seconde majeure ou mineure, fait sa résolution sur la tierce majeure ou mineure [ou sur toute autre consonnance, à raison du mouvement de l'autre partie] : la neuvième n'est en apparence qu'une seconde relevée d'une octave ; mais elle diffère entièrement de cette dissonance, quant à l'accompagnement et quant à la résolution.

Ainsi, dans une composition sévère aussi bien que dans la fugue, les dissonances dont nous parlons peuvent se résoudre en d'autres consonnances que celles que nous leur avons précédemment assignées, lorsque l'autre partie fait un saut au lieu d'attendre la résolution par un mouvement oblique (fig. 207).

106. Dans l'imitation, on n'est pas obligé d'observer si exactement les lois relatives au mode, aux intervalles, aux tons et demi-tons que dans les fugues et les canons. Il suffit aussi que dans un morceau à trois et un plus grand nombre

---

(1) La neuvième ne se pratique point à cette distance ; ainsi ce chiffrage ne vaut pas mieux que le précédent. Le chiffre 2 indique toujours la liaison de la basse. Au reste, ces observations, purement élémentaires, sont ici hors de saison.

de parties, deux voix seulement marchent en imitation, les autres ne servant qu'à remplir les accords; cependant si l'on voulait faire toutes les parties en imitation, comme l'a très bien su faire M. Caldara (1) dans toute sa composition de chapelle et dans ses madrigaux, cela serait encore plus beau et plus piquant.

Nous plaçons ici plusieurs exemples de divers genres d'imitation.

On voit (fig. 208, pl. suppl., et fig. 76), une composition à deux voix en imitation à l'unisson, où chacune des deux parties fait alternativement la proposition ou la réponse (2).

[L'exemple 209 contient des imitations à la seconde supérieure; l'exemple 210 en contient à la tierce supérieure; l'ex. 211 à la quarte; l'exemple 212 à la quinte inférieure; l'ex. 213 à la sixte supérieure; l'exemple 214 à la septième supérieure'; l'exemple 215 à la septième inférieure. Ce dernier exemple est mis à trois parties (fig. 216) par l'adjonction d'une partie intermédiaire à la tierce au-dessus de celle qui fait la septième inférieure]. *V.* aussi pl. suppl., ex. 77, 78, 79, 80, 81, 82.

L'exemple 217 et pl. suppl. 83, offre l'imitation à l'octave inférieure. L'exemple 84, pl. suppl., offre une imitation à la quarte, entre le dessus et le tenor; l'alto fait une partie de remplissage en tierce au-dessous. Dans l'exemple 85, le dessus et l'alto marchent en imitation à la quarte; la basse fait le remplissage. Dans l'exemple 86, le dessus et la basse

---

(1) L'auteur cite ici Caldara, parce que ce compositeur ayant été maître de chapelle de la cour de Vienne, l'auteur avait continuellement sous les yeux, comme organiste de la même cour, les compositions de ce maître; mais il y en a un grand nombre d'autres qui l'ont encore surpassé, tant pour le génie que pour le savoir: tels sont Lotti, Bened. Marcello, Clari, Durante, Steffani et autres, qu'il est inutile de rappeler ici.

(2) On appelle *proposition*, *thème*, ou *sujet d'imitation*, un trait de chant prononcé par une partie et destiné à être imité par une autre; la réponse est le trait de chant qui imite le premier. La longueur du sujet peut varier considérablement, depuis une demi-mesure et moins encore, jusqu'à sept ou huit mesures, et même au-delà.

s'imitent à la sixte inférieure ; le tenor fait le remplissage. Dans l'exemple 87, le tenor imite le soprano à la septième inférieure ; la basse fait le remplissage. Dans l'exemple 88, le tenor imite le dessus à l'octave ; la basse fait le remplissage. Dans l'exemple 89, le tenor imite le dessus à l'octave ; une basse figurée remplit l'harmonie.

L'exemple 90, pl. suppl., est à quatre parties, la basse propose un sujet d'imitation que l'alto reprend à la quinte ; le tenor à la quarte au-dessous de l'alto fait l'imitation à la seconde ; le soprano entre par l'imitation à la dixième, etc. Dans l'exemple 91, le second violon imite le premier à la quarte inférieure ; l'alto et la basse font le remplissage. On voit, fig. 218 et 219, deux exemples de Caldara. Dans le premier, le tenor imite la basse à la quinte supérieure, le contralto à l'octave, et le dessus imite ce dernier à la quinte supérieure Dans le second, le contralto imite la basse en octave, le tenor et le dessus sont respectivement à la quarte de chacune de ces deux parties au signe *N. B.* ; sur ce second exemple, l'imitation est encore plus resserrée, puisqu'elle est au demi-temps (1).

---

(1) L'auteur ne donne aucune méthode pour faire une composition en imitation : rien n'est plus simple que le procédé que l'on suit à cet égard. Après avoir imaginé le sujet d'imitation, on le place dans l'une quelconque des parties, celle à laquelle on juge qu'il convient le mieux, à raison des cordes du diapazon qu'il occupe. Ce sujet étant écrit et achevé dans la première partie, on l'écrit à la suite dans une autre partie, en le plaçant, soit à l'unisson, soit à la seconde, soit à la tierce ou tout autre intervalle, en-dessus ou en-dessous, selon le genre d'imitation que l'on se propose de faire, et l'on place dans l'autre partie un contre-point qui s'accorde avec le sujet ainsi transféré. Ainsi dans la figure 208, l'auteur, après avoir imaginé le sujet qu'on voit dans la partie de dessus, et l'avoir écrit dans cette partie, l'a transporté dans l'autre partie et a composé dans la première le contre-point que l'on voit au-dessus. Cette première opération terminée, on en recommence une suite de semblables, de manière à ce que le tout forme un chant bien lié et bien enchaîné dans chacune des deux parties. Il n'est pas nécessaire que ce soit toujours la même partie qui propose.

L'opération est la même à trois, à quatre et à un plus grand nombre de parties, et quel que soit le genre de l'imitation.

Toutes les espèces d'imitation dont nous venons de donner les exemples, savoir :

1°. Celle à l'unisson (*imitatio in unisono, imitatio homophona*) ;

2°. Celle à la seconde supérieure ou inférieure (*imitatio in secundâ superiori vel inferiori*) ;

3°. Celle à la tierce inférieure ou supérieure (*imitatio in hyperditono vel hypoditono*) ;

4°. Celle à la quarte supérieure ou inférieure (*imitatio in hyperdiatessaron vel hypodiatessaron*) ;

5°. Celle à la quinte supérieure ou inférieure (*imitatio in hyperdiapente vel hypodiapente*) ;

6°. Celle à la sixte supérieure ou inférieure (*imitatio in hexachordo superiori vel inferiori*) ;

7°. Celle à la septième supérieure ou inférieure (*imitatio in heptachordo superiori vel inferiori*) ;

8°. Celle à l'octave supérieure ou inférieure (*imitatio in hyperdiapason vel hypodiapason*) ;

Toutes ces imitations, dis-je, dans lesquelles la réponse se fait dans la même direction que la proposition, s'appellent des *imitations par mouvement semblable* (imitationes æqualis motus).

Si au contraire, dans la réponse, l'ordre est interverti de manière que les intervalles montans se changent en intervalles descendans, *et vice versâ*, l'imitation est dite par mouvement contraire (*imitatio inæqualis motus*). Outre ces imitations, on a encore les suivantes :

1°. *L'imitation d'un renversement sévère* (imitatio in contrarium stricte reversum), où, dans le mouvement contraire, les tons ainsi que les demi-tons doivent être exactement répétés comme réponse, ex. 92, pl. suppl. ;

2°. *L'imitation d'un renversement libre* (imitatio motu contrario), qui a lieu lorsque les tons ne se succèdent pas exactement dans le même ordre, quant aux tons et demi-tons, ex. 93 ;

3°. *L'imitation rétrograde* (imitatio cancrizans), où la partie imitante, ou la réponse prend le sujet à rebours, ex. 94;

4°. *L'imitation rétrograde renversée* (imitatio cancrizans motu contrario), où l'on se sert encore du mouvement contraire, ex. 95;

5°. *L'imitation par augmentation* (imitatio per augmentationem *ou* per incrementum), lorsque dans la réponse la valeur des notes imitantes est augmentée, et que, par exemple, les noires se changent en blanches, ex. 96;

6°. *L'imitation par diminution* (imitatio per diminutionem), lorsque dans la réponse la partie est imitée en notes de moindre valeur, ex. 97;

7°. *L'imitation par échange de temps* (imitatio per arsin et thesin), lorsque la partie est imitée sur un temps opposé, et que, par exemple, la première partie commence au frappé (ou temps fort), et celle qui l'imite au lever, et réciproquement. Le mot grec *arsis* veut dire lever, mesure frappée en haut, c'est-à-dire temps faible; et le mot *thesis* veut dire frapper au temps faible, ex. 98.

CHAPITRE XXVI.

De la Fugue.

107. La fugue est le genre de musique le plus nécessaire à l'église. Elle prend son nom du mot latin *fuga,* fuite, parce qu'une partie semble fuir devant l'autre; et cela vient de ce que la partie qui fait la réponse est presque toujours obligée d'imiter exactement, soit à la quarte, soit à la quinte, soit à l'octave inférieure ou supérieure, les intervalles du thème ou sujet.

Lorsque l'on fait commencer les deux parties en même temps, on donne le nom de *contre-thème* ou *contre-sujet* au contre-point que l'on place dans la partie opposée à celle qui fait le sujet; et ce que l'on ajoute au-delà du sujet et du contre-sujet, dans les fugues à plus de deux parties, se nomme *remplissage d'harmonie* ou *partie de remplissage* (1).

108. Lorsque le contre-sujet passe dans toutes les parties sans être altéré, on peut l'appeler *second sujet*, et alors on a ce que l'on appelle une *double fugue;* mais lorsque ce contre-thème est altéré, la fugue est simple [ne conservant qu'un seul sujet invariable].

Comme, dans une fugue simple, il n'est pas agréable d'entendre toujours le thème, quoique accompagnée de diverses manières, il faut, dans le développement de la fugue, introduire de temps en temps quelque pensée qui ne soit pas trop disparate avec le sujet ou contre-sujet. Cette pensée accessoire se nomme *épisode* (2); son objet est d'embellir et d'étendre la fugue. Les meilleurs épisodes, dans les fugues d'église, sont ceux qui s'obtiennent par le démembrement du sujet, du contre-sujet, ou même d'une des parties accessoires qui chante bien et qui ait un contre-point en imitation; mais lorsque les épisodes consistent en quelques idées légères ou gracieuses, qui comportent le piano, ou bien en roulades ou en triolets, enfin en quelques idées du genre de théâtre ou de la chambre, alors la fugue est ce que l'on nomme *fugue libre* (3).

109. Cela posé, pour faire une bonne fugue dans le style sévère aussi bien que dans le style libre, on écrit dans l'une des voix, que l'on peut choisir à volonté, une pensée mâle, dégagée de tous ornemens et de toute broderie, et qui se prête à la strette (4). Cette strette néanmoins ne s'emploie or-

---

(1) Quelquefois ces parties ajoutées font elles-mêmes de nouveaux contre-sujets qui sont soumis aux lois de l'imitation et du renversement, comme on le verra par la suite.

(2) *Zwischensatz*, littéralement *intermède*.

(3) Littéralement *fugue galante*, *Galanterie-fuge*. Les Allemands appellent *style galant* ce que nous nommons *style libre*, ou *style idéal*.

(4) Ce resserrement se nomme en allemand, *Enge* (pron *enngué*); en

dinairement que vers la fin de la fugue, dont elle fait l'un des principaux ornemens. Il y a même des thèmes qui sont susceptibles de se travailler avec tant d'art, que, dans la strette, on peut les traiter de plusieurs manières, c'est-à-dire à la distance d'un, deux, trois temps, d'une mesure entière de cinq ou six temps, quelquefois même de deux mesures (1). Dans tous les cas, on réserve la strette ou le resserrement le plus beau et le plus étroit pour le placer à la fin, après avoir fait préalablement une cadence finale parfaite ou imparfaite à la quinte [si le mode principal est majeur], ou à la tierce supérieure [si ce mode est mineur].

110. Quand le thème commence sur la tonique et finit sur cette note, sur sa tierce ou sa seconde, la réponse consiste à écrire ce thème au moment où il finit, quelquefois même avant qu'il ne finisse, une quinte plus haut ou une quarte plus bas dans une autre partie, en laissant en avant le nombre de pauses convenable. Mais lorsque le thème s'étend jusqu'à la dominante, la réponse doit passer de la dominante à la tonique, *et vice versâ.* Enfin, si le thème commence et finit sur la dominante, il faut que la réponse commence et finisse sur la tonique (fig. 220, *a*, *a'*, *b*, *b'*, *c*, *c'*).

Souvent, et surtout quand la tonique et la dominante se trouvent l'une près de l'autre dès le commencement du sujet,

---

latin, *restrictio*; en italien, *ristretto* ou *stretta*. Ce dernier mot est devenu presque français, et l'on dit faire la *stretta* ou la strette.

Le traducteur d'Azopardi, ne trouvant pas pour le mot *stretta* d'analogue en français, en a conclu, avec trop de précipitation, que la chose n'était pas aussi nécessaire que l'assurait son auteur.

(1) On ne peut bien entendre ce passage, si l'on ne sait ce que c'est que la strette. La strette consiste dans l'union en une même harmonie, du sujet et de la réponse. Dans le cours de la fugue, on attend, pour faire la réponse, que la proposition soit achevée; mais dans la strette on fait entrer la réponse avant la terminaison du sujet, sans rien déranger, ou en ne dérangeant que le moins possible à l'un ou à l'autre. On conçoit qu'il peut y avoir des sujets qui se prêtent plus ou moins à ce renversement, et en un plus ou moins grand nombre de manières.

on est obligé de changer, dans la réponse, la marche et les intervalles de cette réponse. Pour mieux entendre ceci et être capable de le faire au besoin, il faut savoir que dans plusieurs thèmes on est obligé de changer dans la réponse une seconde en tierce, et réciproquement (fig. 221, *a*, *a'*, *b*, *b'*), de répondre à une seconde ascendante ou descendante par l'unisson (même fig., *c*, *c'*, *d*, *d'*); à une tierce par une quarte (*e*, *e'*, *f*, *f'*); à une quarte par une quinte (*h*, *h'*); à une quinte par une sixte ou par une quarte (*i*, *i'*, *j*, *j'*); à une sixte par une septième (*k*, *k'*, *k''*, *l*, *l'*, *l''*, *l'''*); enfin à une septième par l'octave (*m*, *m'*, *n*, *n'*). Toutes ces opérations se font pour éviter de tomber, dès le commencement de la réponse, dans un mode trop éloigné du mode principal : elles sont fondées sur cette règle très ancienne, que pour avoir une réponse juste, la tonique doit se changer en dominante et la dominante en tonique (1).

(1) Dans la facture moderne, on distingue, quant aux rapports qui exercent entre le sujet et la réponse, deux sortes de fugues, la *fugue réelle*, ou *fugue d'imitation*, et la *fugue tonale*. La fugue d'imitation, qui est la plus ancienne, consiste à transporter le sujet à la quinte au-dessus, ou à la quarte au-dessous, s'il est dans la région de la tonique, et à la quarte au-dessus, ou à la quinte au dessous, s'il est dans la région de la dominante. Mais en suivant cette méthode, on peut quelquefois être entraîné dans un mode fort éloigné : par exemple, si le sujet va de la tonique à la dominante, et qu'il fasse cadence sur cette dominante, il est clair que la réponse ira, de la dominante, former cadence à la deuxième de l'échelle, qui deviendra tonique, genre de modulation étranger à la fugue. Cette considération a porté les anciens compositeurs à chercher s'il n'était pas possible de faire à la réponse quelques modifications, à l'aide desquelles on pût éviter cet inconvénient. Ces recherches ont donné naissance à la *fugue tonale*, espèce de fugue où la réponse se fait de manière à ne point moduler hors des modes analogues au mode principal. La règle fondamentale qu'ils ont établie est celle que vient de donner l'auteur, de répondre à la tonique par la dominante, et réciproquement; celle des opérations de détail est, en se conformant à cette règle principale, de dénaturer le moins possible le chant du sujet, dont les formes très variées présentent quelquefois des cas assez difficiles. Les exemples que donne l'auteur pourront guider le lecteur dans le plus grand nombre de circonstances; on trouvera de plus amples développe-

111. Quand la seconde voix commence en proposant le sujet, la première fait un contre-sujet, non en notes de même valeur, selon la première espèce, mais en notes de valeur différente, selon les règles de la cinquième espèce. Dans les fugues à deux voix, après une courte modulation ou imitation, on amène une demi-cadence avec 7 +6 ou 2 3 à la dominante ou cinquième du mode principal. Pendant la dernière mesure de cette cadence, l'une des deux parties fait un trait de mélodie libre de deux, trois ou quatre temps; alors l'autre partie entre avec le thème, plus haut ou plus bas, selon le diapazon de la voix ou de l'instrument, dans le mode de la dominante, ou dans le mode principal lui-même : bref, la première partie prend le sujet qu'avait d'abord proposé la seconde, sur le même ton ou à l'octave, et la seconde fait la réponse que la première avait d'abord faite, sans attendre, s'il est possible, que le thème soit achevé entièrement, ce que les compositeurs nomment une *demi-strette*. Lorsque le thème [le sujet et sa réponse] ont été ainsi entendus deux fois, on fait encore une courte et libre imitation, qui termine, par une demi-cadence, à la troisième de l'échelle, et sur laquelle la voix peut se reposer ou ne pas se reposer; alors on fait la strette en commençant par la voix qui s'y prêtera le mieux, et par le sujet ou par la réponse. Dans les fugues vocales, on donne ordinairement à chaque voix le chant de sa première entrée, mais, comme on l'a dit, en resserrant davantage les parties. Après ces deux thèmes, on fait encore une courte imitation, et l'on finit la fugue dans le mode principal avec 7 6 en haut ou 2 $\frac{6}{3}$ en bas, à la manière de la quatrième ou de la cinquième espèce (1).

mens dans le *Manuel de Musique*, liv. V, ou dans les *Principes de Composition des écoles d'Italie*, liv. IV.

(1) L'exposition que nous venons de faire du procédé de composition de la fugue est la traduction littérale de ce qu'enseigne à ce sujet notre auteur. Si quelques-uns de nos lecteurs éprouvaient quelque difficulté à la com-

112. La figure 222 présente l'exemple d'une fugue que nous allons analyser.

Les quatre premières mesures contiennent le sujet qui est

---

prendre, nous essaierions de leur présenter le même sujet en d'autres termes, qui peut-être leur paraîtront plus clairs et plus faciles à saisir.

Lorsque l'on veut faire une fugue, il faut commencer par imaginer un sujet d'un certain nombre de mesures. Dans le style *a capella*, dont il s'agit ici, il doit avoir de quatre à six mesures. Ce sujet étant arrêté, on l'écrit dans une des parties, dans le contralto, par exemple, et cette première opération faite, on fait la réponse, que l'on place à la suite, dans le dessus. Sous cette réponse, on écrit dans le contralto, un contre-point fleuri, qui se lie avec le sujet et s'étend jusqu'à la fin de la réponse. Il faut alors introduire un épisode. Pour cet effet, au moment où la réponse est achevée, on fait une terminaison féminine dans l'une des parties (pendant que l'autre continue), et après cette terminaison, qui doit être suivie d'un repos de demi-mesure ou d'un quart de mesure, la partie qui a fait la pause propose un sujet d'imitation tiré du corps du sujet, et ayant deux mesures d'étendue; l'autre partie doit à son tour faire pause, une mesure après celle qui a proposé l'imitation, de manière à répondre à cette imitation deux mesures après qu'elle a été proposée. Les deux parties continuent ainsi ensemble pendant quelques mesures, pour amener le renversement de la fugue. Ce renversement consiste à placer le sujet dans la partie qui a fait en premier lieu la réponse, et la réponse dans la partie qui a fait en premier lieu le sujet. On fait donc encore une pause dans une des parties, dans le dessus, par exemple, qui en premier lieu avait fait la réponse; et cette pause faite, on y place le sujet, sous lequel le contralto continue de faire un contre-point qui peut être entremêlé de quelques petits repos pour la respiration. Ce contre-point doit se terminer sous l'avant-dernière mesure du sujet, afin de faire partir la réponse dans le contralto dès la dernière mesure du sujet. Sur toute cette réponse, le dessus fait à son tour un contre-point fleuri, et le renversement ainsi terminé, on fait un nouvel épisode en imitation, qui amène la cadence ou point d'orgue à la troisième ou à la dominante du mode principal. Il s'agit alors de faire la strette : or la strette n'est autre chose que le raccourci de la fugue ; on y fait les mêmes opérations que dans le corps de la fugue, mais d'une manière beaucoup plus resserrée. Ainsi, l'une des parties ayant proposé le sujet, on n'attend pas, pour y répondre, qu'il soit achevé, mais on place, s'il est possible, la réponse dès la seconde mesure. On resserre encore davantage, s'il se peut, le renversement de la strette: les épisodes de cette partie doivent aussi être plus serrés ; les imitations s'y font à une mesure, au lieu de se faire à deux mesures de distance. Celui qui suit le renversement de la

placé au contralto. Ce sujet commence par la tonique et finit par cette même note dans la quatrième mesure : dans cette même mesure, le dessus commence à la quinte supérieure la réponse, qui se termine sur la première note de la septième mesure. Sous cette réponse, le contralto fait un contre-sujet ou contre-point de la cinquième espèce, qui commence en *la*, dans le second temps de la quatrième mesure. Au frappé de la septième mesure, sur la note *mi*, le contralto propose un sujet d'imitation, auquel le dessus répond dès le levé de la même mesure, à la tierce supérieure. Dans la onzième et la douzième mesure, on a une première terminaison à la dominante. Le contralto ayant fait seul une courte modulation qui se lie bien à cette première cadence, le dessus, qui en premier lieu avait fait la réponse, prend le thème à la quatorzième mesure dans le mode principal, à la quinte au-dessous de la réponse ; on pourrait également le prendre

---

strette doit faire une espèce de *coda*, c'est-à-dire une suite d'imitations modulées formant une sorte de canon qui amène la cadence finale.

Dans le renversement de la fugue et de la strette, on peut prendre la réponse pour thème et faire répondre par le sujet, c'est-à-dire commencer par la réponse et faire suivre le sujet : cela est indifférent ; ce qui importe, c'est que la réponse et le sujet changent de partie. De même, dans la strette, on peut, en commençant, placer le sujet dans la partie qui a répondu au commencement de la fugue ; mais alors cette partie fera la réponse dans le renversement de la strette. Dans tous les cas, il convient que la strette commence par le sujet ; cette disposition est d'ailleurs commandée par la modulation.

Telle est la description la plus exacte, et, je crois, la plus claire que l'on puisse faire de la marche ordinaire de la fugue simple à deux parties : les exemples que l'on trouvera ci-joints achèveront d'éclaircir cette matière. Il faut remarquer néanmoins que la forme enseignée dans cette note développe plus la fugue que ne le fait celle qu'indique l'auteur. J'aurais pu entrer dans de plus grands détails, et donner, sur la nature et la composition de la fugue, des notions beaucoup plus développées et plus approfondies ; mais je crois devoir réserver tout ce que j'ai à dire sur cette matière pour mon *Introduction à l'Étude générale et raisonnée de la Musique*, où je présenterai tous ces objets sous un point de vue entièrement neuf, beaucoup plus vaste et plus exact en même temps qu'on ne l'a fait jusqu'à présent.

une octave plus haut, si la voix qui doit l'exécuter s'arrangeait de cette position. Quoi qu'il en soit, dans la seizième mesure, le contralto [qui en premier lieu avait proposé le sujet] fait ici la réponse, mais d'une manière moins serrée que celle de l'imitation précédente. [Le renversement de la fugue ainsi opéré], les deux voix modulent par une petite imitation, depuis la dix-neuvième jusqu'à la vingt-quatrième mesure inclusivement, où elles font une cadence à la troisième note de l'échelle, sur laquelle elles peuvent se reposer toutes les deux.

A la vingt-cinquième mesure commence la strette. Le contralto entre par le sujet sur la tonique, disposition qui a été adoptée ici comme la plus commode : dès la vingt-sixième mesure, le dessus répond à la quinte supérieure. Quelquefois on peut, et cela est même souvent nécessaire ; quelquefois, dis-je, on peut commencer par la dominante, c'est-à-dire par la réponse, et faire répondre par la tonique, c'est-à-dire par le sujet. La strette ainsi faite, on a pratiqué depuis la vingt-huitième jusqu'à la dernière mesure trois imitations différentes, qui n'étaient pas toutes nécessaires, mais qui servent ici à embellir et prolonger la fugue.

Les *N. B.* placés sur la trente-troisième et la trente-septième mesure annoncent que dans la composition sévère, aussi bien que dans la composition libre, on peut prendre par saut la septième de passage. On défend dans la fugue à deux voix la cadence de basse où la partie inférieure fait un saut de quinte en descendant, ou de quarte en montant, et où l'avant-dernière note de la partie supérieure fait une quarte liée et résolue sur la basse. Ex. 4 3 / *sol* | 8 / *ut* ||.

113. On voit, fig. 223, une autre fugue en *ré* mineur, dont le lecteur fera facilement l'analyse. Cette fugue et la précédente sont faites dans l'ancien genre diatonique ; c'est pourquoi, dans l'une comme dans l'autre, il n'y a pas à la clef de bémol sur le *si* [selon l'usage des anciens]. C'est par la même raison que dans beaucoup de compositions anciennes,

on ne voit qu'un bémol à la clef pour le mode mineur de *sol*, qu'un pour celui d'*ut*, etc. ; de même que l'on trouve le mode majeur de *sol* sans *fa* dièze : telle était la méthode de la composition des six modes authentiques, comme on peut le voir dans l'ouvrage de Fux, chap. des modes (1).

114. On voit, fig 224, une autre fugue diatonique appartenante au mode phrygien, que nous plaçons ici en l'honneur de nos bons ancêtres. Quelques compositeurs nomment ce mode *A* ou *La plagal :* d'autres *E* ou *Mi plagal :* la première dénomination est plus exacte, la seconde est plus usitée en Allemagne.

Le premier *N. B.* placé sur cette fugue annonce que, dans ce mode, la première cadence doit se faire à la sixte supérieure [qui, comme on l'a vu précédemment (art. 9), est la dominante du mode]. Le second *N. B.* fait remarquer qu'après la première cadence le dessus commence en *mi* dans le temps faible de la mesure. Cela se fait par deux raisons : la première est que c'est un des principaux ornemens de la fugue d'employer le thème à contre-mesure ; la seconde est qu'au moyen de cette variation, le thème peut entrer plus promptement dans une strette.

Le troisième *N. B.* fait remarquer que le contralto reprend le renversement du sujet une seconde plus bas sur *la* au lieu de *si*, ce qui se peut [par forme de modulation] dans le cours d'une fugue. Le quatrième *N. B.* annonce que la dernière note du thème est également abaissée d'une seconde, ce qui est permis dans le cours de la strette [par l'altération des dernières mesures du sujet, pour faciliter la strette]. Dans les fugues à grand nombre de parties, plusieurs d'entre elles peuvent éprouver de pareilles altérations, pourvu que celle

---

(1) Les anciens n'employant généralement que les modes primordiaux, ou tout au plus les premiers modes transposés, n'étaient pas dans l'usage d'armer la clef comme le font les modernes ; ils marquaient les dièzes et les bémols, comme accidentels, chaque fois qu'ils se présentaient.

qui entre la dernière contienne le thème entier [ou la réponse], comme il était en premier lieu. Le dernier *N. B.* fait remarquer la cadence prolongée, qui fait bon effet dans ce mode destiné à l'expression des sentimens de piété et de tristesse.

115. On doit remarquer encore que ces trois fugues ont été faites pour des parties de chant, quoiqu'elles n'aient point de paroles (1). Dans les fugues pour les violons et instrumens à vent, on a un champ plus vaste, c'est-à-dire que l'on n'est pas obligé de se tenir renfermé dans l'étendue de la portée, et que l'on peut faire des sauts plus grands que l'octave, ce qui est défendu pour les voix.

Enfin, on observe toujours de placer une pause, ou du moins un saut à chaque partie qui reprend le sujet dans le cours de sa mélodie [pour rendre la rentrée plus sensible], quoique l'on voie néanmoins beaucoup d'exemples de rentrée par degrés [et sans repos préliminaire].

CHAPITRE XXVII.

Des Fugues à trois et à un plus grand nombre de parties.

116. Dans les fugues à deux, à trois ou à un plus grand nombre de parties, le thème étant une fois fini, il n'est pas permis [le thème finissant, par exemple, sur la tonique] d'ajouter à la partie qui l'a proposé un trait de liaison pour conduire à la dominante [où doit, par hypothèse, commencer la réponse]. Dans la même supposition, il n'est point permis d'ajouter à la partie qui fait la réponse une liaison qui ra-

(1) Cette sorte de musique, composée pour les voix sans paroles, s'exécute en vocalisant sur *a*; c'est par cette raison que l'on y défend la répétition d'une note brève sur le même degré, comme formant un hiatus très dur et très difficile à chanter.

mène de la dominante sur la tonique (fig. 225, *a*). On doit commencer la réponse sur la dernière note du thème : si cela n'est pas possible, on laisse cette première note sans harmonie, et l'on commence la réponse tout de suite après (1). Avant l'entrée de la troisième voix, on fait ordinairement une cadence d'*inganno*, comme on peut le voir fig. 225, *b*, sous le signe *N. B.*, où j'ai mis dans le contralto, un *fa* naturel au lieu du *fa* dièze.

117. Les cadences parfaites $\frac{5}{4}\,\frac{-}{3}$ ne s'emploient dans la fugue à trois et à un plus grand nombre de voix, que dans la strette et à la fin de la fugue. Les cadences d'*inganno* [par surprise] sont très usitées ici ; elles sont très belles et très ingénieuses. Il est également très utile de savoir faire entrer le thème sous une dissonance ou sous une note changée. (*Voyez*, fig. 226, *a*, une cadence parfaite, fig. 226, *a'*, *a''*, etc., diverses cadences par surprise.) On voit, fig. 226, *b*, *b'* ; *c*, *c'*, comment on peut faire entrer le thème sous une dissonance.

Outre les *notes changées*, dont nous avons parlé en traitant de la troisième espèce de la composition à deux voix (art. 45), il y en a encore beaucoup d'autres qui ne sont pas employées aux parties faibles, mais aux parties fortes, et même au frappé de la mesure. Ces notes peuvent être consonnantes ou dissonantes ; mais en tout cas, dans la fugue aussi bien que dans les autres morceaux, elles doivent se faire par degrés, soit en montant, soit en descendant. De cette manière elles peuvent être les premières dans une partie forte, et mieux encore dans une partie faible de la mesure, et par

---

(1) La raison de cette règle est qu'une liaison ou *coda* de ce genre fait perdre de vue le sujet principal et rend moins sensible le contraste qui doit exister entre le sujet et la réponse. Néanmoins cette prohibition ne paraît pas de rigueur absolue ; de fort bons maîtres prescrivent au contraire cette liaison, que défend ici notre auteur.

conséquent en être les premiers ou troisièmes membres (fig. 227, *a*, *a'*; *b*, *b'*; *c*, *c'*).

118. Lorsque, dans un mouvement vif, une partie supérieure de la composition renferme de ces notes changées, il est inutile de les chiffrer; mais cela devient nécessaire dans un mouvement lent : cette précaution est encore plus nécessaire quand les notes sont dans la basse. On suit pour cela deux méthodes qui reviennent au même : la première est de mettre les chiffres sur toutes les notes; la seconde [que nous préférons] est de ne placer les chiffres que sur les notes de basse auxquelles appartient l'harmonie, et de placer une barre oblique sur la note changée (fig. 228, *a*, *b*, *c*, *d*).

Toutes les notes changées de cet exemple et des précédens s'appelaient autrefois notes de passage irrégulier (*transitus irregularis*). Les notes placées à la partie faible de la mesure étaient les notes de passage régulier (*transitus regularis*) ; on leur donnait une barre horizontale que l'on supprime le plus souvent ; ces notes sont marquées d'un astérisque dans la fig. 229.

La barre oblique qui sert pour les notes changées du dessus se place encore pour indiquer une anticipation des parties supérieures (fig. 230, *a*). La barre horizontale peut servir à indiquer les anticipations de la basse (fig. 230, *b*).

En général le compositeur ne doit chiffrer que les accords qui sont hors des règles ordinaires de l'harmonie, c'est-à-dire hors de la règle de l'octave et des mouvemens de la basse et que l'accompagnateur ne pourrait pas deviner : tels sont les *inganni* ou surprises, les dissonances par prolongation, la résolution de ces dissonances, soit naturelles, soit par surprise. Celui qui voudra prendre connaissance des bons principes du chiffrage, devra lire l'ouvrage de Ch. Ph. Emm. Bach, sur *La véritable manière de toucher le clavecin*, 2e partie, p. 11 (1).

---

(1) *Versuch über die wahre Art das Clavier zu spielen*. Toutes ces

119. Pour enrichir et développer la fugue, on emploie plusieurs moyens, dont les principaux sont l'augmentation, la diminution, l'abréviation, la syncopation et le rapprochement, qui cependant peuvent rarement s'employer tous dans une même fugue, parce qu'elle deviendrait trop longue.

(α) L'augmentation, *augmentatio* [autrement appelée accroissement, *incrementum*, ou aggravation, *aggravatio*] consiste à faire reparaître dans le cours de la fugue le sujet en notes de plus grande valeur qu'au commencement. L'artifice est encore plus remarquable, si quelques mesures ou quelques temps plus tard, on emploie le sujet en nature, sous le sujet ainsi aggravé (fig. 231). On voit en *a* le thème de la fugue : en *a'*, on voit le sujet au naturel en dessus, et augmenté dans la seconde partie ; enfin en *a''*, ce sujet entre sous la forme inverse, comme troisième partie.

(β) La diminution, *diminutio* [autrement appelée décroissement, *decrementum*, est le contraire de l'accroissement, et] consiste à faire reparaître dans le cours de la fugue, dans le ton principal ou l'un des relatifs, le sujet en notes de moindre valeur qu'il n'avait au commencement (fig. 232, *a*, *a'*) : même observation sur l'union du sujet diminué avec le sujet en nature.

(γ) L'abréviation consiste à répéter le thème deux, trois ou quatre fois au plus, en montant ou descendant d'une seconde ou d'une tierce ou en montant d'une quarte, mais non en descendant [autrement ce serait une réponse] (fig. 233). On voit en *a* le sujet dans la basse ; en *a'* les premières sont reprises à l'octave dans le dessus ; fig. 234, on voit en *a* le sujet qui est dans le dessus, et qui en *a'* est repris à la tierce au-dessous. Quand le sujet est court et qu'il ne consiste qu'en un seul membre de phrase, on peut le répéter en entier, en montant et en descendant (fig. 235).

---

observations appartiennent à la doctrine de l'harmonie et de l'accompagnement, et nullement à celle de la fugue, ni même du contre-point.

(δ) La syncopation a lieu quand le thème est repris un temps ou un demi-temps plus tard [ou plus tôt] qu'au commencement [c'est ce qu'on appelle aussi *contre-temps*], fig. 236.

(ε) Le rapprochement, ou resserrement, dont il y a plusieurs sortes, a lieu lorsque deux parties font entendre, à peu de distance l'un de l'autre, le sujet et le contre-sujet, ou bien un épisode. Pour pratiquer cette espèce d'ornement, il faut bien observer le trait sur lequel on veut le pratiquer, car tous les traits ne s'y prêtent pas également. On voit, fig. 237, un thème rapproché successivement de trois manières différentes. Dans la première manière (fig. 237, *a*), qui peut servir au milieu d'une fugue, le rapprochement est à la distance de deux mesures; dans la seconde, qui convient dans la strette (fig. 237, *b*), il n'est écarté que d'une mesure; dans la troisième, qui convient partout (fig. 237, *c*), il est à la distance d'une demi-mesure seulement; c'est pourquoi il y a en même temps syncopation.

(ζ) Il y a encore une autre manière de figurer le chant de la fugue, c'est de couper par des pauses les notes du thème (fig. 238). Cette manière n'est ni si mâle ni si belle que les précédentes : on pourrait l'appeler *interruption* [ou *aspiration*].

120. Dans chaque mode majeur, on trouve, comme on l'a déjà dit, les six modes les plus proches avec leurs tierces naturelles en montant diatoniquement, et dans le mode mineur on les trouve en descendant (art. 11). Des six modes conjugués, il y en a toujours trois majeurs et trois mineurs (fig. 239, *a*).

Dans le mode majeur, celui de la septième corde, et dans le mode mineur, celui de la deuxième sont exclus de cette catégorie. En plaçant le sujet ou la réponse, tantôt dans une partie, tantôt dans une autre, dans les divers modes, et en faisant la même chose pour les épisodes, il est facile de donner à une fugue à trois ou quatre parties, jusqu'à soixante ou soixante-dix mesures d'étendue. On ne doit pas s'astreindre à faire les réponses de sujet ou d'épisode à la quinte, soit dans une même partie, soit dans une autre, selon l'usage des anciens (1). De nos jours, ces imitations, quand elles sont répétées plus de trois fois (fig. 239, *b*), sont regardées comme aussi vicieuses que les liaisons d'un mode à l'autre, que nous avons précédemment proscrites (art. 116).

121. Dans une fugue de quatre-vingt-dix, de cent mesures, et même au-delà, on peut sans difficulté faire passer, dans des modes plus éloignés que ceux que nous venons d'indiquer, le sujet, la réponse, quelques-unes de leurs subdivisions, ou bien quelque imitation particulière. Cependant on ne doit pas passer légèrement d'un mode principal appartenant à la série des quintes ascendantes, dans un autre appartenant à celle des quintes descendantes, et réciproquement [c'est-à-dire dans un mode trop éloigné], autrement on ferait oublier le mode principal. Ce serait mal vu, par exemple, de passer du mode mineur de *ré* à celui de *fa;* c'est une modulation suffisamment hardie, que de passer du mode mineur de *mi* au mode mineur d'*ut**, ou au mode majeur de *mi* lui-même; on revient ensuite, de ce mode, aux modes analogues du principal, par des imitations.

Quelques organistes, qui ne connaissent pas la composition, regardent comme une beauté, de parcourir, par ordre de quinte ou de quarte, les vingt-quatre modes. Il y a, comme on l'a déjà dit, de meilleurs moyens pour étendre une fugue simple, surtout quand le thème a plusieurs membres (et cela sans recourir au double contre-point, à l'octave, la dixième et la douzième). Tel est, par exemple, le *tasto-solo,* enrichi de ligatures et d'imitations.

---

(1) Les imitations à la quinte ou à la quarte sont les meilleures, parce qu'elles reproduisent les tons et demi-tons dans le même ordre. Dans une fugue à plusieurs parties, l'ordre naturel indique l'imitation à la quinte ou à la quarte, de là à l'octave, et ainsi de suite; cependant on peut, surtout lorsqu'il en résulte une belle modulation, faire la réponse à un autre intervalle. Une répétition vicieuse, telle que l'indique notre auteur, dans l'exemple suivant, est du genre de ce que les musiciens appellent une *rosalie.*

122. Les fugues se font ordinairement pour l'orgue ou les violons seuls, ou pour des voix avec ou sans accompagnement d'instrumens. S'il en fallait faire pour les instrumens à vent, il faudrait avoir soin, 1° de ne pas excéder l'étendue de ces instrumens, et de donner, tantôt à l'une, tantôt à l'autre des parties, une pause ou un soupir, comme dans les fugues de chant, pour faciliter la respiration. Dans les fugues d'orgue ou de violon, cela n'est pas si nécessaire : néanmoins ce serait une disposition fatigante et monotone, que de faire toujours entendre quatre ou cinq parties. C'est aussi une faute, en passant dans un mode voisin, de faire recommencer une voix seule avec le sujet, comme dans le début de la fugue : par exemple, si l'on était en *sol* majeur, et que l'on voulût passer au mode mineur de *la*, il faudrait qu'au moins une des parties accompagnât celle qui répéterait le sujet.

123. Enfin, il est encore à remarquer que la manière la meilleure et la plus usitée de faire entrer les voix, en commençant, dans les fugues, soit à trois, soit à un plus grand nombre de parties, est celle où ces voix se succèdent, selon leur ordre de gravité, soit en montant, soit en descendant, quoique cependant les autres arrangemens soient permis. Ainsi, dans une fugue à trois parties, on les fera se succéder dans cet ordre : tenor, contralto, dessus, ou dessus, contralto, tenor ; basse, tenor, contralto, ou contralto, tenor, basse : dans celles à quatre parties, on aura n° 1 basse, tenor, contralto et dessus, ou n° 2 dessus, contralto, tenor et basse. Les répliques doivent se faire alternativement entre la tonique et la dominante, ou réciproquement. (*Voyez* fig. 240, *a*, *a'*; *b*, *b'* pour les fugues à trois; fig. 240, *c*, *c'*; *d*, *d'* pour les fugues à quatre parties.)

On voit, par ces exemples, que si la première voix commence par la tonique [ou dans la région de la tonique], la deuxième doit commencer par la dominante [ou dans la région de la dominante]; la troisième, par la tonique; la quatrième, par la dominante [et ainsi de suite, s'il y en avait un plus grand nombre]. Réciproquement, si la première voix commence par la dominante, la deuxième commencera par la tonique, la troisième par la dominante, et la quatrième par la tonique.

Il y a aussi des sujets qui commencent par la seconde, la tierce, la quarte, la quinte, la sixte et la septième de la tonique : lorsque cela arrive, la réponse doit être faite partout à la quinte au-dessus du sujet, c'est-à-dire à la seconde, la tierce, la quarte, la quinte, la sixte et la septième de la dominante (fig. 241, *a*, *a'*, etc.) (1).

124. Quoique la réponse de la tonique à la dominante, et de la dominante à la tonique, soit ce qu'il y ait de mieux en général, il n'est pas absolument nécessaire de suivre toujours, au commencement d'une fugue à trois ou à un plus grand nombre de parties, cet ordre symétrique de répercussion (c'est ainsi que l'on nomme cette suite de rentrées). Les dix répercussions suivantes, où la tonique répond à la dominante, et la dominante à la tonique, et où les voix entrantes sont voisines deux à deux, sont reconnues pour de bonnes entrées de fugue.

N°				
3	Dessus,	Alto,	Basse,	Tenor.
4	Alto,	Dessus,	Tenor,	Basse.
5	Alto,	Dessus,	Basse,	Tenor.
6	Alto,	Tenor,	Dessus,	Basse.
7	Alto,	Tenor,	Basse,	Dessus.
8	Tenor,	Alto,	Dessus,	Basse.
9	Tenor,	Alto,	Basse,	Dessus.
10	Tenor,	Basse,	Alto,	Dessus.
11	Tenor,	Basse,	Dessus,	Alto.
12	Basse,	Tenor,	Dessus,	Alto.

125. Les quatre répercussions suivantes, pour une fugue à quatre parties, sont moins bonnes et plus rares, parce qu'elles ne font pas un si bon effet, les deux premières voix étant trop éloignées l'une de l'autre.

(1) *Voyez* le *Manuel de Musique*, liv. V.

Nº 13	Dessus,	Basse,	Tenor,	Alto.
14	Basse,	Dessus,	Alto,	Tenor.
15	Dessus,	Basse,	Alto,	Tenor.
16	Basse,	Dessus,	Tenor,	Alto.

On trouve encore, chez de bons maîtres, les huit répercussions suivantes, qui se répondent par octave au commencement d'une fugue.

Nº 17	Dessus,	Tenor,	Alto,	Basse.
18	Dessus,	Tenor,	Basse,	Alto.
19	Alto,	Basse,	Tenor,	Dessus.
20	Alto,	Basse,	Dessus,	Tenor.
21	Tenor,	Dessus,	Alto,	Basse.
22	Tenor,	Dessus,	Basse,	Alto.
23	Basse,	Alto,	Tenor,	Dessus.
24	Basse,	Alto,	Dessus,	Tenor.

126. La dernière règle que je donnerai concernant la fugue, est que, dans une des voix au moins, il y ait toujours une note frappée à chaque temps, quelle que soit la mesure, afin que [le mouvement soit toujours marqué et que] le chant ne soit pas languissant et monotone, mais porte le caractère du contre-point fleuri.

Je vais maintenant donner (fig. 242 et suiv.) deux exemples de fugues à trois et à quatre parties. Ces fugues ne sont plus composées dans les anciens modes, mais dans ceux qui sont à présent en usage; on y trouvera quelques licences indiquées par les *N. B.*, licences permises à tout commençant. Le premier *N. B.* sur l'*ut* du tenor, dans l'exemple 242, signifie qu'il est permis de commencer la réponse par une note plus courte ou plus longue que celle du sujet; il en est de même pour la terminaison. Le deuxième *N. B.* sur le tenor signifie qu'en cet endroit il y a une strette ou rapprochement entre cette partie et celle de contralto, ce qui est un artifice et non une disposition nécessaire. Le troisième *N. B.* sous le *la* de la basse fait remarquer qu'à cet endroit le thème passe en *si*♭ majeur, au lieu d'*ut* majeur, licence permise dans le cours de la fugue, surtout quand elle est jointe à un resserrement, comme il arrive ici. Le quatrième *N. B.* sous le *fa* de la basse, au commencement de la strette, veut dire qu'il n'est pas nécessaire que ce soit la voix qui a commencé la fugue qui commence aussi la strette. Enfin le cinquième *N. B.* sur l'*ut* du tenor, qui commence la réponse dans le tenor, signifie qu'il est également bon de prendre le thème après un saut, soit ascendant, soit descendant, ou après une pause ou soupir.

Les licences que forment les *si*♭, dans une fugue dont le thème commence par un *la*, sont bonnes dans l'usage ordinaire, parce que le *si*♭ est plus analogue au mode de *ré* mineur que le *si*♮; il forme une surprise qui a de l'élégance (1).

127. On voit, fig. 244, la fugue de l'exemple 242, et fig. 245, celle de l'exemple 243, mises à quatre parties.

Le premier *N. B.* que l'on voit sur le *mi* du dessus, dans ce dernier exemple, veut dire que dans le milieu d'une fugue, et particulièrement dans le cas d'un resserrement, on peut allonger ou raccourcir quelques notes du sujet. Le second *N. B.* sur l'*ut* lié de la basse annonce que le thème a été légèrement altéré par syncope, la troisième note ayant été allongée et la quatrième raccourcie d'un temps, licence permise dans un resserrement. Le troisième *N. B.* placé sous le *la* dans le contralto signifie que l'on peut redoubler la tierce majeure, lorsqu'elle est le troisième ou quatrième degré de l'échelle d'un mode majeur, ou même le sixième de celle d'un mode mineur. Le quatrième *N. B.* sous le *sol* du tenor indique une licence amenée par l'harmonie, et d'où il résulte que la strette se fait une seconde plus bas qu'elle ne devrait se faire. Le cinquième *N. B.* sous le *mi* lié de la basse indique que l'avant-dernière note du thème peut, comme les autres, être allongée ou raccourcie dans la strette. Le sixième *N. B.* placé sous le *fa*✱ du contralto, à la der-

(1) Cette licence semble déplacée au commencement d'une fugue, où la modulation appelle le mode mineur de la dominante.

nière mesure, annonce que dans les modes mineurs on peut finir par une tierce majeure, cette tierce donnant un repos plus parfait. La tierce mineure est cependant plus régulière, elle est même nécessaire, s'il vient quelque chose à la suite [de la fugue dans le même mode]; mais si le mode suivant était plus élevé d'une quarte juste, tel que serait celui de *sol* majeur ou mineur, la tierce majeure ferait un meilleur effet. Enfin, il faut encore remarquer dans cette fugue le triple resserrement du thème que font les trois voix supérieures sur le *tasto-solo* en *la* dans la basse, où par licence on a mis partout l'*ut*✻ au lieu de l'*ut* naturel. Quelquefois, on pratique un resserrement du même genre avant la cadence finale, sur la réponse du sujet, ou sur un épisode déjà entendu plusieurs fois. Tous ces artifices aident à développer la fugue, à laquelle ils fournissent de nouvelles beautés.

128. Nous donnons, fig. 246, deux cadences ou terminaisons à quatre parties, l'une à la quinte, l'autre à la tierce supérieure, que de bons maîtres emploient avant la dernière strette.

CHAPITRE XXVIII.

De l'Inversion.

129. Il y a quatre sortes d'inversion (1).

(*a*). La première se nomme *inversion simple ;* elle consiste à renverser tous les intervalles d'un trait de fugue ou de toute autre sorte de composition, de manière que ceux qui sont ascendans dans le sujet soient descendans dans la ré-

(1) L'inversion consiste à prendre un sujet ou trait quelconque de mélodie, dans un ordre différent de celui où il est proposé. Cette opération se nomme autrement *imitation inverse*

ponse, et réciproquement (fig. 247). On ne s'astreint néanmoins pas toujours à conserver les mêmes intervalles. Cette inversion peut se faire à l'octave (fig. 247, *a'*), à la quinte (*ibid.*, *a''*), à la quarte (*ibid.*, *a'''*), à la seconde (*ibid.*, *a''''*), ou à l'unisson (*ibid.*, *a*ᵛ) (1).

(β). La seconde inversion est appelée *inversion stricte;* elle se fait comme la précédente, mais de manière que les tons répondent aux tons, et les demi-tons aux demi-tons. Pour cela, il faut commencer l'inversion à la septième, à la sixte ou à la tierce majeure en dessus, et laisser les demi-tons sans altération dans les cordes qui composent la partie répondante (fig. 247, *b*, *b'*, *b''*, *b'''*) (2).

Quand le sujet commence sur la quinte, ces deux inversions se présentent différemment. Si l'on examine bien ici le sujet (qui se nomme en latin *subjectum rectum*), on trouvera que, de la première à la deuxième note, il y a une quarte mineure ascendante; de la deuxième à la troisième, un saut de tierce mineure descendante, et de la troisième à la quatrième, une seconde majeure ascendante. Quand les mêmes intervalles se trouvent en même ordre dans l'imitation, comme on le voit fig. 247, *b'*, *b''*, *b'''*, l'inversion est rigoureuse; mais quand ils ne s'y trouvent pas, comme on le voit fig. 247, *a*, *a'*, *a''*, etc, alors l'inversion est simple. Dans ces derniers exemples, le saut de quarte est mineur, il est vrai, dans l'inversion comme dans le sujet; mais la tierce qui suit est majeure au lieu d'être mineure, et la seconde finale est mineure au lieu d'être majeure.

(γ). La troisième espèce d'inversion se fait en copiant toutes les notes, à commencer par la dernière, en rétrogradant jusqu'à la première inclusivement, soit sur le même degré, soit sur un degré plus haut ou plus bas, selon que l'exige la mo-

(1) Cette inversion se nomme *inversion* ou *imitation par mouvement contraire*.

(2) Cette seconde espèce n'est qu'une sorte de la précédente.

dulation. Cette inversion se nomme *inversion rétrograde* (*inversio cancrisans*) (fig. 248) (1).

(*δ*). Enfin, la quatrième espèce d'inversion est celle où l'on renverse cette troisième sorte par un mouvement contraire, depuis la première jusqu'à la dernière note; on la nomme *inversion rétrograde et contraire* (fig. 249).

130. Ces deux dernières espèces d'inversion, dans lesquelles on peut observer ou négliger l'ordre des tons et des demi-tons, ne seraient pas susceptibles d'être employées, si le sujet renfermait une note pointée, parce qu'elles donneraient un chant désagréable et boiteux (fig. 250, *a*, *a'*, *a''*); mais les deux premières peuvent très bien s'employer quand le thème n'a pas de ligature [dissonante] dans les bonnes parties de la mesure (fig. 250, *b*, *b'*) (2).

131. On demandera peut-être à quoi servent ces inversions? Je répondrai que leur antiquité et l'usage qu'en ont fait les grands maîtres, dans leurs chefs-d'œuvre, en démontrent l'utilité. A la vérité, il n'est pas bien difficile de retourner une pensée musicale, selon les formes de la première et de la

(1) Cette inversion se nomme autrement *inversion* ou *imitation en écrevisse*, parce qu'elle marche en reculant.

(2) Un sujet de chant étant proposé comme on le voit fig. 251, *a*, on peut d'abord imiter ce sujet par mouvement contraire (fig. 251, *a'*), puis l'imiter en rétrogradant (*ibid.*, *a''*); enfin renverser la rétrogradation elle-même, par mouvement contraire (*ibid.*, *a'''*). Chacune de ces *fonctions* du sujet peut être transportée sur chacun des sept degrés de l'échelle, soit dans le mode principal, soit dans chacun des modes prochains ou éloignés; chacun des produits de ces opérations peut subir l'accroissement ou le décroissement simple, double, triple, etc., dans la valeur de ses notes; chacun de ces nouveaux produits peut éprouver une variation par le genre de la mesure; enfin, tous ces résultats peuvent être modifiés par les différentes places qu'ils occupent dans la mesure, étant pris au frappé, au quart, au demi-temps, etc. Que l'on juge par là des moyens immenses que l'on a pour varier un même sujet, et de ce que l'on peut en obtenir en y appliquant toutes les ressources de l'art. On en voit un bel exemple dans l'ouvrage de J.-Séb. Bach, *De la Fugue à quatre parties*, où ce grand maître a déduit un œuvre entier et fort considérable, d'un seul et d'un très simple motif.

seconde espèce, ainsi que les parties d'instrumens qui l'accompagnent : il n'est pas non plus difficile de prendre, en rétrogradant, la première moitié d'un menuet, ou d'un trio, pour en former la seconde partie ; mais si, pour composer une fugue, on imagine un thème, ou un contre-thème, de manière qu'il puisse s'employer [simultanément] avec une ou deux de ces inversions, il en résultera une beauté véritable qui servira à enrichir et à développer la fugue, et qui fera d'autant plus de plaisir aux auditeurs, qu'ils n'auront pas toujours dans l'oreille le sujet lui-même.

132. Il est nécessaire de savoir ce que c'est qu'un *ricercare*, ou mieux encore, un *ricercato* ou *ricercata*. C'est une sorte de fugue dans laquelle on propose la première moitié du sujet, comme dans une fugue ordinaire, mais où la seconde moitié se travaille en inversion simple ou stricte. Voici le procédé que l'on suit : on prend un sujet naturel, c'est-à-dire diatonique ou chromatique, dans un mode majeur ou mineur; on le place ordinairement, d'abord dans la voix la plus basse ou la plus haute ; ensuite on place la réponse [selon la manière ordinaire] dans la voix la plus voisine, par exemple dans le tenor, après la basse, ou dans le contralto, après le dessus. Quant à la troisième et à la quatrième voix, elles prennent l'une le sujet, l'autre la réponse, par inversion simple. La fugue ainsi engagée se conduit, dans quelques-uns des modes alliés, ou même dans tous les cinq, en faisant de petites imitations, en donnant des pauses, tantôt à une voix, tantôt à l'autre, ce que l'on prolonge à volonté, selon les règles du contre-point sévère.

On fait ensuite le renversement de la fugue dans lequel la voix la plus haute devient la plus basse et la plus basse la plus haute (1). Cette voix recommence alors toute seule, ce qui serait une grande faute dans toute autre espèce de fugue, à

(1) L'auteur veut dire que les parties changent de direction, et que celle qui allait en montant va en descendant, et réciproquement.

moins qu'un nouveau texte ne l'exigeât, auquel cas on prend aussi pour l'ordinaire un nouveau sujet. Cette première voix ainsi renversée, on traite toutes les autres d'une manière analogue, et l'on achève la seconde moitié de la fugue.

133. Quand la fugue n'est qu'à trois voix, la voix moyenne reste moyenne, que l'inversion soit rigoureuse ou non rigoureuse; mais quand la fugue est à quatre parties, la voix inférieure devient supérieure dans le renversement, et la voix supérieure devient inférieure. Comme le renversement de toutes les voix ne produit pas de cadence finale, il faut encore ajouter quelques épisodes déduits du thème, ou des épisodes antérieurs, ou bien répéter ces imitations d'une manière un peu variée, et faire une cadence formelle et entière dans le mode principal.

Toutes ces inversions peuvent se faire, à deux, trois ou un plus grand nombre de voix. Si on ne les fait qu'à deux parties, on peut les accompagner d'une troisième ou d'une quatrième partie libre. On peut les employer en style libre aussi bien que dans les fugues. Si dans une fugue on renverse simplement le thème proposé (*subjectum rectum*) sans s'assujettir dans l'inversion (*in subjecto contrario*) à l'ordre des tons et des demi-tons, cela s'appelle une fugue *par inversion contraire simple* (*fuga per contrarium simplex*); mais quand on s'astreint à cet ordre, cela se nomme fugue *par inversion contraire stricte* (*fuga per contrarium reversum*).

134. On verra, fig. 252 et 253, deux petites fugues par inversion contraire, où le renversement répond toujours au sujet jusqu'à la strette. Le première est une fugue en *la* mineur par inversion contraire simple; la seconde est une fugue en *sol* mineur par *inversion contraire rigoureuse,* à la quinte: cette dernière est de Fux, elle va fournir matière à quelques observations. A l'endroit indiqué par *a*, le dessus varie légèrement la réponse d'inversion, ce qui est permis: en *a'* et en *a''*, il se trouve dans la basse, et dans le contralto, un soupir ainsi placé pour mieux faire ressortir la phrase renversée, usage dont Fux fait une règle qui ne s'observe point

aujourd'hui, vu qu'un thème entier n'échappe point si facilement à l'oreille de l'auditeur : en a''', le tenor imite le dessus à l'octave grave par accroissement (*per figuram augmentationis*).

135. On voit, fig. 254, un *ricercato* (1) à trois parties pour l'orgue, selon les formes de l'inversion contraire stricte, par Ph. Kirnberger. Ici, le sujet chromatique, qui commence sur la septième du mode majeur, règne jusqu'à la soixante-douzième mesure ; au levé de cette même mesure, la partie la plus élevée commence l'*inversion contraire rigoureuse* qui règne dans les trois voix et aussi long-temps que le sujet proposé, avec son accompagnement jusqu'à la cent quarante-troisième mesure et selon les règles de l'harmonie la plus pure. La fugue continue ensuite pendant neuf mesures avec de petites imitations, et se termine par une cadence plagale dans le mode principal.

CHAPITRE XXIX.

De la Fugue sur un plain-chant.

136. Pour faire une fugue sur un plain-chant, on choisit ordinairement pour sujet quelques notes du plain-chant lui-même, prises par décroissement, et l'on fait entrer succes-

(1) Le mot *ricercato*, en italien, signifie *recherché*. On donne ce nom à tout genre de composition où sont employées les recherches du dessin musical. Ce nom convient à certaines fugues ; mais on l'applique plus particulièrement encore aux compositions madrigalesques, qui, outre les recherches de dessin, offrent encore celles du goût et de l'expression. L'École italienne possède une quantité prodigieuse d'ouvrages et même de chefs-d'œuvre en ce genre : les principaux auteurs qui s'y sont distingués sont Palestrina, L. Marenzio, Cl. Monteverde, Don C. Gesualdo, A. Scarlatti, A. Lotti, B. Marcello, J.-B.-M. Clari, Ag. Steffani et Fr. Durante.

sivement les trois premières voix sur ce sujet et sa réponse, comme dans une fugue ordinaire, jusqu'à ce qu'enfin la quatrième arrive apportant le plain-chant. Lorsque celui-ci commence sur la tonique, une autre voix saisit l'occasion de le reprendre sur la dominante au grave ou à l'aigu ; mais toutes les fois que l'on fait entendre le plain-chant [par imitation dans une des voix], il faut que les autres voix travaillent en opposition par imitation. On peut quelquefois resserrer ces sortes de fugues, et y introduire les ornemens de contre-point et autres figures. (*Voyez*, fig. 255, une fugue où le plain-chant passe successivement dans toutes les voix) (1).

137. On compose aussi des fugues dans lesquelles une voix seule fait entendre le plain-chant, les autres faisant des imitations en contre-point fleuri. On a un excellent exemple de ce genre de fugues, dans l'*Ave Maria* de M. Fux. Si l'on ne voulait pas travailler par forme de fugue un plain-chant destiné à être chanté par une seule voix, il suffira de faire un bon contre-point dans les autres parties de chant, ou dans celles de violon et d'orgue, comme on peut le voir fig. 256 et 257.

VI.

DU CONTRE-POINT DOUBLE.

138. [On désigne généralement sous le nom de *contre-point double*, ou mieux encore de *contre-point complexe*,

(1) On voit, par cet exemple et les suivans, qu'il ne s'agit point proprement de fugues sur le plain-chant, comme l'annonce le titre de ce chapitre, mais de contre-point en imitation sur le plain-chant. On peut voir de très beaux modèles de ce genre, dans l'ouvrage du P. Martini, *Trattato di Contrapunto sopra il canto fermo*. Ces exemples se trouvent au sixième livre des *Principes de Composition des écoles d'Italie*.

toute partie de contre-point qui peut s'employer de plusieurs manières différentes, par opposition au contre-point simple, qui ne peut s'employer que d'une seule manière.

Le nom de *contre-point complexe* se donne non-seulement à la partie de contre-point susceptible de ce double emploi, mais encore à la composition qui renferme cette partie. Il y a plusieurs espèces de contre-point complexe, selon les différentes modifications et le nombre d'emplois que reçoit le contre-point. On appelle proprement *contre-point double* celui qui peut être employé de deux manières; *contre-point triple*, celui qui peut être employé de trois manières, etc. Quant aux diverses manières de contre-point complexe, elles consistent en ce que le contre-point peut être employé sur un autre degré, soit au grave, soit à l'aigu, c'est-à-dire à la seconde, à la tierce, à la quarte, à la quinte, etc., soit supérieure, soit inférieure, ce qui donne les doubles contre-points de même nom. Il y a aussi les doubles contre-points par mouvement contraire, ou double contre-point inverse, le double contre-point rétrograde, le rétrograde inverse, le double contre-point par accroissement ou décroissement.

Toutes ces espèces de contre-point se font d'après les mêmes principes, et lorsque l'on connaît bien l'une d'entre elles, on apprend facilement toutes les autres. Notre auteur ne traite que du double contre-point à l'octave, à la dixième et à la douzième. Le lecteur qui voudra connaître les autres, consultera le troisième livre des *Principes de Composition des écoles d'Italie*, ou le *Manuel de Musique,* liv. IV, sect. 2. On verra, dans les trois premiers chapitres qui vont suivre, la doctrine des trois espèces dont nous venons de parler; le suivant traitera de la fugue double, qui est fondée sur cette espèce de contre-point; le dernier, qui est le trente-quatrième de l'ouvrage, traitera du canon.]

CHAPITRE XXX.

Du Contre-point double à l'octave.

139. Lorsque, dans une composition à deux voix [les parties sont faites de manière que] la partie supérieure peut être renversée une octave plus bas, ou bien l'inférieure une octave plus haut, tandis que l'autre reste à sa place, cela se nomme un *double contre-point à l'octave;* il peut d'ailleurs y avoir une troisième ou une quatrième partie accompagnante, mais il faut que les intervalles, dans les deux parties renversées, paraissent de la manière suivante :

1 2 3 4 5 6 7 8
8 7 6 5 4 3 2 1.

Par là on voit que l'unisson répond à l'octave, la seconde à la septième, la tierce à la sixte, la quarte à la quinte, la quinte à la quarte, la sixte à la tierce, la septième à la seconde et l'octave à l'unisson (1).

(1) Ceci veut dire que si, au-dessus d'un plain-chant quelconque, on fait un contre-point qui ne soit jamais à plus d'une octave de distance du plain-chant, et que l'on essaie ensuite de transporter le plain-chant au-dessus du contre-point, ou le contre-point au-dessous du plain-chant, les intervalles se changeront, savoir, l'unisson en octave, la seconde en septième, etc. (*V.* fig. 258.) En supposant que les notes blanches de cet exemple représentent le plain-chant, et les notes noires supérieures, le contre-point fait au-dessus, les notes noires inférieures font voir ce que deviennent les intervalles de ce contre-point, quand on l'abaisse d'une octave. La réciproque a lieu. Cette considération préliminaire est nécessaire pour faire le double contre-point à l'octave; car on voit qu'il ne faut employer les intervalles que de manière à ce qu'ils puissent se renverser; par exemple, puisque la quinte se change en quarte, on ne peut pas l'employer comme consonnance, et ainsi du reste.

Les intervalles diminués deviennent augmentés, les majeurs deviennent mineurs, et réciproquement. On ne devrait pas excéder l'octave juste dans le contre-point qui doit être renversé (1), cependant on emploie quelquefois des intervalles plus grands que l'octave, à l'effet d'avoir un plus beau contre-sujet. Ces doubles intervalles doivent, au reste, être regardés comme simples et chiffrés tels dans la partie d'orgue.

On voit, fig. 260, *a*, *b*, *c*, un exemple de contre-point double à l'octave; en *a*, on voit ce contre-point dans sa position originaire; en *b*, le contre-point est transporté au-dessous du sujet; en *c* au contraire, c'est le sujet qui passe au-dessus du contre-point.

140. Le renversement de la partie supérieure à l'octave, où elle devient partie grave, se nomme *renversement à l'octave inférieure* (*inversio* ou *evolutio in octavam gravem*). Le renversement de la voix inférieure à l'octave au-dessus, où elle devient partie aiguë, se nomme *renversement à l'octave supérieure* (*evolutio in octavam acutam*). Quand la seconde devient neuvième, la tierce dixième, etc. [en un mot, quand le contre-point excède l'octave], les renversemens ne valent rien pour le contre-point à l'octave (fig. 261, *a*, *b*, *c*).

Ce désordre vient de ce que le contre-point primitif est tantôt au-dessus, tantôt au-dessous du sujet; pour y remédier, il faudrait transporter le contre-point deux octaves plus haut, ou plus bas, ou, ce qui revient au même, transposer une des deux voix d'une octave, et l'autre également d'une octave, en sens contraire (fig. 262, *a*, *b*, *c*).

---

(1) Parce que les intervalles plus grands que l'octave restent au-dessus du thème, lorsque le contre-point n'est abaissé que d'une octave, la neuvième se changeant alors en seconde, la dixième en tierce, etc.; mais il faut observer que dans le contre-point soi-disant à l'octave, on élève ordinairement le sujet d'une octave, en même temps que l'on abaisse le contre-point d'une octave; alors la différence de position se trouve être de deux octaves, ce qui permet de donner au contre-point deux octaves d'écartement vis-à vis du sujet (fig. 259). *V.* plus bas.

Le renversement que l'on voit fig. 263, autrefois très usité, ne vaut rien à cause de ce croisement fréquent du contre-point et du sujet, marqué par les signes *N. B.*

141. La première règle pour composer ce contre-point, est donc de ne pas dépasser facilement l'octave dans le contre-point.

La deuxième, de ne point employer l'octave par saut au frappé [par mouvement contraire], parce que dans le renversement elle donne l'unisson à vide; cette défense n'a pas lieu dans la composition à plusieurs parties. Dans celle à deux et à un plus grand nombre de voix, l'octave est permise après une courte ligature, telle qu'un demi-temps; elle est également permise comme note de passage, par degré ou par saut; elle se permet encore au commencement ou à la fin, de même que l'unisson.

La troisième règle défend d'employer la quinte majeure par saut, même quand les deux parties marcheraient ensuite par degrés, parce que dans le renversement elle donnerait une quarte non préparée (fig. 264, a, a'). Elle est permise comme note de passage, quand elle est employée régulièrement (fig. 264, b, b', b'', b'''); elle l'est encore quand elle devient quarte par renversement, comme note changée, et qu'elle est préparée par la tierce, la sixte ou l'octave (fig. 264, e, e', e_{1}, e_{1}', etc.).

Le signe *N. B.* que l'on voit, fig. 264, b''', signifie qu'en cas de besoin on peut faire double renversement; celui que l'on voit, fig. 264, e'_{2}, fait remarquer qu'il vaut quelquefois mieux faire le renversement à la double octave, pour éviter l'unisson.

La quatrième règle, enfin, est que l'on ne doit pas employer deux neuvièmes liées; on en a déjà donné la raison précédemment. On permet cette dissonance comme note de passage régulier, et dans ce cas, on la regarde et on la chiffre comme une simple seconde. Il en est de même de la dixième, de la onzième, de la douzième, etc., que l'on regarde comme des tierces, des quartes, des quintes, etc., vu que dans cette espèce de contre-point on ne doit pas dépasser l'octave [c'est-à-dire que le contre-point ne doit nulle part s'écarter du sujet de plus d'une octave]. Cependant si l'on fait une neuvième à dessein, elle se trouvera mieux à la suite de l'octave ou de la dixième ; par exemple, dans une disposition comme celle-ci : 8.9,9.10,8.9.10,10.9.8, elle fera meilleur effet à l'œil et sera plus facile à chanter que dans une disposition comme 8.2, 2.10, 8.2.3, 3.2.8 [c'est-à-dire que la deuxième ne doit pas être employée par saut, mais par degré].

142. Quand, dans la proposition d'un contre-point (1) à deux voix du genre dont il s'agit ici, on n'emploie que la tierce, la sixte et l'octave, qui paraissent alternativement comme notes frappées ; que l'on évite en outre d'employer de suite deux consonnances de même espèce (c'est-à-dire deux tierces ou deux sixtes, car deux quintes sont toujours défendues) ; quand enfin on ne se sert que du mouvement oblique ou du mouvement contraire, la composition peut facilement être mise à trois ou à quatre parties, et fournir en même temps un contre-point à la dixième, en sorte que l'on n'a pas besoin d'ajouter de partie étrangère, c'est-à-dire ne renfermant ni le thème, ni le contre-thème, et qu'en même temps le mode déterminé par la première phrase est conservé. La composition sera à trois voix en mettant une partie à la tierce supérieure de la voix haute ou de la voix basse ; elle sera à quatre voix, si l'on en met une à la tierce supérieure de l'une et de l'autre partie.

On voit, fig. 265, *a*, une proposition de fugue contenant un sujet avec le contre-sujet, et fig. 265, *b*, le renversement de cette proposition. On voit, fig. 265, *c*, la proposition portée à trois voix par l'adjonction d'une partie à la tierce

(1) Nous employons préférablement le terme de *proposition d'une fugue*, pour désigner la première phrase de cette composition, contenant le sujet et tous les contre-sujets, quel qu'en soit le nombre.

supérieure du sujet. Dans la figure 265, *d*, le contre-sujet est abaissé d'une octave; en 265, *e*, la proposition est mise à trois voix par l'addition d'une partie à la dixième au-dessus du contre-sujet; en 265, *f*, on a quatre parties par l'addition de celles qui sont à la tierce au-dessus du sujet et du contre-sujet; enfin en 265, *g*, la partie ajoutée à la tierce au-dessus du sujet est renversée à la sixte au-dessous de ce même sujet, position plus avantageuse, parce que les unissons des voix intermédiaires de la figure précédente se changent en octaves, que le tenor fait avec le dessus.

Cet exemple peut être regardé comme un préliminaire du contre-point à la dixième; car si, au lieu de la tierce supérieure, on avait ajouté à chaque partie sa tierce inférieure, cette nouvelle disposition (fig. 265, *h*) serait le contre-point à la dixième des précédentes. Le *N. B.* de cet exemple veut dire que dans cette espèce de contre-point, aussi bien que dans celui à la douzième, on doit tolérer souvent le saut de quarte majeure. On remarquera encore que dans cet exemple le contre-point passe du mode majeur d'*ut* dans le mode mineur de *la;* si l'on voulait, avec le premier exemple à la dixième supérieure, passer dans des modes voisins, on se servirait de cette modulation pour prolonger la fugue.

143. On se sert donc, comme on l'a déjà fait voir, de ce double contre-point à l'octave, pour traiter un plain-chant; on l'emploie aussi sur le chant libre, dans les épisodes et dans tous les styles possibles, mais surtout dans les fugues, où l'on a coutume de l'appliquer aux thèmes, contre-thèmes et épisodes. Nous plaçons ici deux exemples, dont le premier (fig. 266, *a*), en *ut* majeur, représente un épisode qui, après les deux renversemens (fig. 266, *b*, *c*), est mis à trois parties par l'adjonction d'un dessus libre (fig. 266, *d*), ou d'une basse libre (fig. 266, *e*). Le second exemple est une fugue brève pour l'orgue, à quatre parties, en *ut* majeur (fig. 267), où le double contre-point à l'octave, entre le thème et le contre-thème, est conservé partout.

Quelques maîtres prétendent que l'on ne doit pas placer

de ligature dans un sujet de fugue que l'on veut renverser. Ils auraient raison de porter cette défense s'il était question de renverser le contre-thème, ce qui ne doit jamais se faire; mais quand on ne se sert point de contre-thème ni direct ni renversé, on peut facilement employer par liaison une couple de consonnances qui se retrouvent ainsi liées dans les renversemens du thème; c'est ce que l'on voit aux signes *N. B.* dans la fugue 267.

CHAPITRE XXXI.

Du Contre-point double à la dixième ou tierce.

144. Ce genre de contre-point s'allie facilement au précédent, qui est le contre-point double à l'octave, dans les compositions à trois et à un plus grand nombre de voix; mais avant de s'occuper de cette combinaison, il faut savoir composer ce contre-point à deux parties. Voici le tableau des inversions auxquelles il donne lieu :

1	2	3	4	5	6	7	8	9	10
10	9	8	7	6	5	4	3	2	1 (1).

On se sert le plus souvent de ce contre-point double, ainsi que du précédent, dans les fugues, tant dans la proposition que dans les épisodes; il se nomme *contre-point double à la dixième, à l'aigu* (*contrapunctus duplex in decimâ acutâ*), lorsqu'avec le sujet, le contre-sujet ou le thème d'épisode, on fait marcher une ou deux voix à la tierce ou dixième su-

(1) Ce tableau veut dire que dans le renversement à la dixième, l'unisson devient dixième inférieure; la seconde supérieure devient neuvième inférieure; la tierce, octave, etc., et réciproquement (*Voyez* fig. 268.)

périeure ; il se nomme *contre-point double à la dixième inférieure* (*contrapunctus duplex in decimâ gravi*), quand ces mêmes voix marchent à la tierce ou dixième inférieure.

Quelquefois, comme on le verra ci-après, ce contre-point produit, dans la composition à quatre parties, une tierce ou dixième supérieure et une tierce ou dixième inférieure ; mais souvent, et surtout quand dans le thême on a déjà employé en différens endroits le mouvement semblable, on est obligé de faire une partie libre dans la composition à trois voix, ou deux dans celle à quatre ; alors on ne peut plus donner à ce contre-point qu'une seule transposition, comme dans la composition à deux voix.

REMARQUES.

145. L'unisson devient ici dixième ; cet unisson peut se pratiquer même à deux voix, en ce genre de composition, dans toutes les parties de la mesure.

La seconde se change en neuvième. Cette seconde, en cas de liaison, ne doit pas être préparée par la tierce, mais par une autre consonnance ; autrement on aurait, dans le renversement, une neuvième préparée par l'octave, ce qui donnerait deux octaves couvertes défendues. [Ainsi la seconde préparée par la tierce, sous le sujet que l'on voit, fig. 269, *a*, devient une neuvième préparée par l'octave, sur ce même sujet abaissé d'une dixième (fig. 269, *a'*), ou lorsqu'elle-même est transportée une dixième plus haut (fig. 269, *a''*). La septième préparée par la sixte, et résolue en octave au-dessus du sujet, comporte le renversement du sujet lui-même à la dixième supérieure à trois parties (fig. 269, *a'''*).

La seconde préparée par l'unisson se prête au contre-point à la dixième, fig. 269, *b*, *b'*, *b''*, *b'''* ; il en est de même de la préparation par la quinte et la sixte (fig. 269, *c*, *d*)].

L'exemple 270, *a*, serait fautif à trois parties, en abaissant le sujet d'une dixième (fig. 270, *a*), et l'exemple 270, *b*, serait également fautif à trois parties, en transportant le contre-point à la dixième supérieure (fig. 270, *b*). Les exemples 270, *c* et *d*, vont médiocrement à trois parties à la dixième inférieure ; ils ne vont nullement à la dixième supérieure.

146. La tierce se change en octave ; par conséquent, dans les compositions à deux voix, il est défendu de faire la tierce par mouvement semblable, parce qu'il en naîtrait, dans le renversement, des octaves couvertes (fig. 271, *a*, *a'*, *a''*) ; mais, quand le thème se traite à trois ou quatre parties, on permet cette tierce par mouvement semblable, parce que la troisième et la quatrième voix couvrent cette faute. Deux tierces de suite par mouvement semblable donnant deux octaves dans le renversement, restent toujours défendues (fig. 271, *b*) ; il en est de même des dixièmes qui produisent des unissons (fig. 271, *c*).

147. La quarte devient septième : elle est permise comme note de passage, soit régulière, soit irrégulière, à deux, à trois, à quatre parties, etc. ; mais elle ne peut être prise par syncope dans les contre-points à deux ni à un plus grand nombre de voix en la partie supérieure, parce qu'il faudrait la résoudre sur la tierce, ce qui, dans le renversement, donnerait dans la basse une septième résolue sur l'octave, que l'on sait être défendue (fig. 272, *a'*, etc.).

Lorsque la quarte est prise par syncope dans la partie inférieure, et résolue comme à l'ordinaire sur la quinte (mineure le plus souvent), on peut la renverser de deux manières dans le contre-point à deux voix (fig. 272, *b*, *b'*, *b''*) ; mais elle ne peut se renverser que d'une seule manière, et à la dixième au grave dans le contre-point à trois (fig. 272, *b'''*).

148. La quinte se change en sixte ; mais malgré cela, on ne peut, dans le contre-point sévère, employer la quinte majeure par mouvement semblable, quoiqu'elle donne une sixte dans le renversement.

La sixte se change en quinte : par conséquent, on ne peut, dans le contre-point à deux parties, employer de suite, par mouvement semblable, deux ou un plus grand nombre de sixtes, parce qu'il en résulterait [dans le renversement] des suites de quintes (fig. 273, *a* et suiv.) ; et quand on voudra n'employer qu'une seule sixte, il ne faudra pas le faire par mouvement semblable [parce que dans le renversement, il en résulterait une quinte par mouvement semblable] (fig. 273, *b* et suiv.).

149. La septième se change en quarte ; ainsi elle peut être employée comme note de passage régulier ou irrégulier : elle peut être aussi employée par syncope à deux parties, mais non à trois parties. [*Voyez,* fig. 274, *a*, une proposition en contre-point à la dixième à deux voix ; on trouve le contre-point renversé à la dixième au grave, fig. 274, *b* ; le sujet transporté à la dixième à l'aigu, fig. 274, *c*, le tout à trois voix ; fig. 274, *d*, par le redoublement du contre-point à la dixième au grave ; et fig. 274, *e*, par le redoublement du sujet à la dixième à l'aigu].

On voit, fig. 275, *a*, *b*, la manière dont il faut changer la cadence finale de l'exemple 274, *d*, pour que les parties supérieure et inférieure marchent bien. Il faut se garder de la cadence citée fig. 275, *c*, et que Fux a employée page 179.

150. On voit, fig. 276, un exemple pour l'emploi des notes changées, dans la partie supérieure, c'est-à-dire lorsque la septième majeure ou mineure succédant à l'octave, descend par saut sur la quinte majeure, disposition très convenable pour la composition à deux voix, parce que, dans les deux renversemens, il en résulte une quarte qui descend à la sixte. Dans le contre-point à trois voix, cette disposition ne convient que dans le renversement du sujet à la dixième supérieure (fig. 276, *b*). [Le renversement du contre-point à la dixième inférieure serait défectueux (fig. 276, *b'*, *b''*)]. Dans la composition à quatre voix, cette disposition n'est également bonne que quand le renversement à la dixième supérieure se fait en transportant la voix inférieure à l'octave grave, et celui à la dixième inférieure, en laissant à sa place la voix supérieure (fig. 276, *c''*).

Nota. En supprimant le ♭ qui se trouve devant le *mi*, dans la troisième mesure du sujet (fig. 276, *a''*), on pourra encore pratiquer d'autres renversemens dans la composition à trois voix, surtout si l'on veut passer du mode majeur de *si*♭ au mineur de *ré* (fig. 276, *d*, *d'*).

151. L'octave se change en tierce, la neuvième en seconde, la dixième en unisson ; ainsi les remarques que l'on a faites sur la tierce (146) trouvent ici leur application presque entière. On a déjà donné des exemples sur la dixième.

Nota. On peut employer des neuvièmes dans les contrepoints à deux parties (fig. 277, *a*) pour les deux renversemens; dans ceux à trois voix, elles ne peuvent s'employer que dans le renversement à la dixième supérieure (fig. 277, *b*) ; il en est de même de ceux à quatre voix, lorsque la quatrième partie est libre (fig. 277, *c*).

152. Si l'on veut rester jusqu'à la fin dans un mode déterminé, il faut qu'au moins le partie supérieure commence et finisse sur la troisième ou la cinquième [note de l'échelle] du mode principal, et l'on ne peut employer que le renversement à la dixième supérieure (fig. 278, *a'*, *a''*). Quand on commence sur la tonique, le renversement à la dixième inférieure conduit dans le mode de la sixième, ce qui est permis, à raison de l'affinité des deux modes (fig. 279).

Nota. Dans le premier renversement (fig. 278, *a'*), il a fallu, pour éviter les sauts de quarte majeure, mettre le ♭ devant le *si*, dans la troisième et la sixième mesure du tenor; dans le second (fig. 278, *a''*), il faut, pour la même raison, mettre le * devant le *fa* dans le dessus.

Nota. Le renversement à la dixième ou à la tierce supérieure, dans le contre-point à trois, donne toujours une meilleure mélodie que celui qui se fait à la dixième inférieure, parce que le *mi contrà fa* ne paraît pas dans la première, ou n'y paraît que fort rarement. Si l'on voulait, soit par goût, soit par nécessité, ajouter une quatrième partie, on pourrait faire une partie libre sans le secours du double contre-point, à peu près comme on voit fig. 278, *c*.

Les *N. B.* que l'on voit dans la sixième mesure (fig. 279, *a'*) annoncent que dans cette circonstance la note sensible a été redoublée par nécessité, et que par conséquent ce redoublement n'est point une faute.

Nota. Le renversement à la tierce ou dixième supérieure vaut toujours mieux lorsqu'il se fait dans des intervalles mineurs, parce qu'il exige moins de signes accidentels.

On remarquera encore que dans l'exemple 279, *a''*, le dessus n'a été renversé à l'octave inférieure, et l'alto à la tierce supérieure, qu'afin de pouvoir se servir de ce renversement, ainsi que du précédent, pour les parties de chant.

Si, la note changée, le *ré* du violon de l'avant-dernière mesure [qui fait quarte sur la basse] (fig. 279, *c*) paraissait trop dure à l'oreille, on pourrait corriger, soit la partie elle-même, soit la basse, comme on le voit fig. 279, *c'*, *c''*. Le meilleur moyen, pour éviter ce défaut, est de ne pas faire de quintes dans la proposition.

153. On a déjà dit qu'il n'était pas nécessaire que toutes les notes, jusqu'à la dernière, fussent assujetties au contre-point à la dixième; il suffit, à trois et à quatre parties, que ce contre-point s'étende jusqu'à l'avant-dernière mesure.

Remarquez bien que quand on évite, dans le duo, toutes les ligatures en dissonance, et même celles de la quinte; que l'on n'emploie pour notes changées que l'octave ou l'unisson, la tierce et la sixte; que l'on n'emploie le mouvement semblable au commencement ni de la mesure, ni des temps (ou que dans une mesure large, comme la mesure *alla breve,* on ne l'emploie ni dans une bonne, ni dans une mauvaise partie de la mesure); si dans les notes de passage régulier, on ne fait paraître la quinte que diatoniquement, et si dans la cadence sur l'avant-dernière note, on fait passer la sixte majeure à l'octave, alors le contre-point pourra être à la dixième à trois ou quatre parties, jusqu'à la dernière mesure, sans ajouter de partie libre.

Si, après un contre-point double, on n'a rien à ajouter qui puisse former une cadence générale à trois ou quatre parties, on pourra se servir de celles que l'on voit fig. 280, *a*, *b*.

On trouvera, fig. 281 et 282, un troisième exemple relatif

à tout ce qui a été dit précédemment. Les exemples 283 et 284 sont des fugues avec contre-point double à la dixième, l'une pour les voix, l'autre pour l'orgue.

CHAPITRE XXXII.

Du Contre-point double à la douzième ou quinte.

154. Le contre-point double à la douzième ou à la quinte est un contre-point qui, à deux parties, est disposé de manière à ce que, l'une des voix restant immobile, l'autre puisse être élevée ou abaissée à la douzième ou à la quinte. On a déjà fait voir, dans les deux contre-points précédens, comment les deux parties concouraient à cette permutation : par exemple, si la partie supérieure reste en place, l'inférieure est élevée d'une douzième ; si, au contraire, la partie supérieure est abaissée d'une octave, il suffit d'élever la partie inférieure d'une quinte ; le tout selon que les voix le permettent.

155. Voici le tableau de la transformation de ces intervalles, dans cette espèce de contre-point :

1	2	3	4	5	6	7	8	9	10	11	12
12	11	10	9	8	7	6	5	4	3	2	1.

On voit le même tableau en notes, fig. 285.

On déduit de là les règles suivantes.

(α). Dans une proposition à deux parties, il ne faut pas monter au-dessus de la douzième.

(β). On ne peut point employer par saut une sixte mineure ou majeure, parce que dans le renversement elle produit une septième majeure ou mineure sans préparation. — *Nota.* La sixte augmentée, employée par saut, serait bonne dans la composition libre, parce que dans le renversement elle produit une septième diminuée (fig. 286, *a*, *b*, *c*).

On peut employer les deux autres par degrés, même lorsque la voix inférieure fait une ligature ; mais deux sixtes ne doivent jamais se suivre immédiatement, à moins que la première ne soit majeure et la deuxième augmentée (fig. 287).

(γ). On ne doit pas employer, dans la partie supérieure, la septième liée et préparée par la sixte, puisque dans le renversement cette sixte deviendrait septième (fig. 288, *a*, *a'*, *a''*); mais on peut la préparer par la tierce (fig. 288, *b*, *b'*; *b''*), par la quinte (fig. 288, *c*, *c'*, *c''*), par l'octave ou par la dixième (*d*, *d'*, *d''*). Enfin, elle peut encore s'employer résolue, par saut sur la tierce, et préparée par une sixte majeure qui, dans le renversement, devient septième dominante, et qui s'emploie très bien dans un renversement à la douzième au grave (fig. 288, *e*, etc.) ; mais cette disposition vaut mieux dans les morceaux à grand nombre de voix, que dans ceux à deux parties [à cause de l'accompagnement de la septième].

(δ). Dans le contre-point à deux parties, la partie supérieure doit commencer et finir par la quinte ou la douzième majeure, principalement pour le renversement à la douzième inférieure, si le thème doit rester dans le mode primitif, mode que la partie inférieure seule peut indiquer dans ce genre de contre-point. Pour le renversement à la douzième supérieure, on peut commencer ou finir à l'unisson, à la tierce ou à l'octave (fig. 289, *a*, *b*, *c*).

(ε). En faisant le renversement à la douzième supérieure, il faut, si l'on veut mettre à trois parties un morceau à deux voix ; il faut, dis-je, dans la troisième partie libre, placer la tonique sous la première note, qui est alors la dominante, et se servir pour cela de la pause du contre-point (fig. 289, *d*). Il faut aussi prolonger de quelques mesures la dernière note de la partie supérieure qui finit sur la dominante, afin que les autres parties puissent faire une cadence libre sur la tonique.

(ζ). Si d'un contre-point à deux voix on veut faire un contre-point à quatre, qui marche continuellement à la douzième, il ne faut faire usage nulle part de mouvement semblable, ni de ligature en dissonance, et n'employer dans le contre-point à deux, au commencement de chaque temps, d'autres intervalles que la tierce, la quinte et l'octave, prises alternativement. Si ces trois conditions sont bien observées, on n'a plus autre chose à faire que d'ajouter deux parties, l'une à la dixième ou tierce inférieure de la partie supérieure, l'autre à la dixième ou tierce supérieure de la partie inférieure; alors le contre-point sera à quatre parties et exact (fig. 282 et 290). Cette dernière figure fait voir tous les renversemens que l'on obtient par l'observation des règles.

(*n*). Quand, au lieu du renversement à la douzième supérieure ou inférieure, on voudra employer le simple renversement à la quinte, il ne faudra pas que l'octave soit frappée librement dans les bonnes parties de la mesure, parce qu'il en résulterait une quarte sans préparation (fig. 291, *a*). On peut prévenir cette faute de deux manières : la première est de faire un contre-point double à l'octave sur la partie supérieure, qui doit être ainsi descendue; la seconde, de faire tout simplement un contre-point à la douzième (1), comme on le voit fig. 291, *b*, et suivantes.

156. L'exemple 291, *d*, fait voir que dans le contre-point à quatre parties, les deux contre-points précédens, c'est-à-dire celui à l'octave et à la dixième, peuvent s'allier avec le contre-point à la douzième.

On pourrait encore renverser ces contre-points à la douzième de deux autres manières, pour parcourir plusieurs sortes de modes (fig. 291, *e*).

On voit, fig. 292, un contre-point seulement à deux parties à la douzième, sans plain-chant. Les *N. B.* de la seconde et de la quatrième mesure (*ibid.*, *c*) signifient qu'au lieu des

---

(1) Le moyen le plus simple est de préparer l'octave par la quinte, ce qui produit dans le renversement une quarte préparée par l'unisson.

intervalles de neuvième, dixième et onzième, que le renversement proposé exige, on ferait mieux de mettre, selon les règles du contre-point à la quinte, ceux de seconde, tierce, quarte et tierce, parce que ces deux contre-points se mêlent volontiers ensemble.

On voit, fig. 293, une fugue à la douzième, de Fux, qui offre une cadence finale à la manière antique.

CHAPITRE XXXIII.

De la double Fugue.

157. Les doubles fugues à deux sujets, même lorsqu'elles sont à trois, quatre ou un plus grand nombre de parties, ne sont pour ainsi dire autre chose que des fugues avec double contre-point à l'octave. On peut d'ailleurs faire répondre le contre-thème en même temps que le thème, c'est-à-dire quand la répercussion est terminée.

Les doubles fugues à deux sujets ont, pour la plupart, deux espèces de contre-thèmes, l'un plus tôt, l'autre plus tard, ainsi qu'on l'a vu dans la fugue d'orgue que nous avons déjà citée (fig. 284).

Pour composer ces sortes de fugues, il faut observer toutes les règles de la fugue simple et celles du contre-point double à l'octave ; sans cette précaution, ces thèmes ne se prêteraient point au renversement.

158. Il faut agir différemment lorsque la double fugue renferme trois ou un plus grand nombre de sujets.

Pour faire une fugue de cette espèce, il faut d'abord prendre une ou deux parties de plus que l'on ne doit avoir de sujets, afin que l'une ou l'autre des parties puisse se reposer quelquefois.

En second lieu, il faut nécessairement faire usage du contre-point double à l'octave.

Troisièmement, il faut observer que les divers sujets ne soient pas composés de notes correspondantes en valeur ; qu'ils ne commencent pas tous, mais qu'ils finissent tous bien en même temps

Quatrièmement, il est de toute nécessité d'employer dans les doubles fugues à trois sujets, le contre-point triple, et dans celles à quatre sujets, le contre-point quadruple à l'octave, dont voici les règles en peu de mots.

1°. Ne point employer de liaison de neuvième.

2°. Ne jamais faire deux quartes de suite par mouvement semblable, parce que, dans le renversement, elles donnent des suites de quintes.

3°. N'employer la quinte que par mouvement oblique ou liée avec la sixte.

4°. N'employer de même que par mouvement oblique la sixte accompagnée de $\genfrac{}{}{0pt}{}{8}{3}$ ou de $\genfrac{}{}{0pt}{}{3}{1}$.

159. En péchant contre la première de ces règles, on aurait des fautes dans les deux renversemens de la fugue ou contre-point à trois sujets ; l'un donnerait $\genfrac{}{}{0pt}{}{2}{7}\ \genfrac{}{}{0pt}{}{3}{8}$, l'autre $\genfrac{}{}{0pt}{}{7}{6}\ \genfrac{}{}{0pt}{}{6}{—}$. [*V.* fig. 294*, *a*, *b*, *c*.]

La seconde règle est claire par elle-même : elle comporte une exception ; c'est que si la seconde quarte est une quarte majeure, la proposition sera bonne, parce que dans l'un des renversemens on aura la quinte majeure suivie de la quinte mineure, et dans l'autre deux accords de sixte [où ces deux quintes seront entre les parties (fig. 295*, *a*, *b*, *c*)].

En opérant contre la troisième règle, on aurait une fois un accord permis de $\genfrac{}{}{0pt}{}{6}{3}$; mais, la seconde fois, on aurait celui de $\genfrac{}{}{0pt}{}{6}{4}$, que l'on ne peut point employer librement dans la composition sévère. Pour éviter ce défaut, on ne doit pas faire de quinte dans la proposition ; il faut employer préférablement l'accord parfait $\genfrac{}{}{0pt}{}{3}{1}$ ou $\genfrac{}{}{0pt}{}{8}{3}$: la quatrième partie libre peut employer les quintes comme tous les autres intervalles.

En négligeant la quatrième règle, les renversemens présenteraient une fois l'accord parfait $\frac{5}{3}$, et une autre fois l'accord de $\frac{6}{4}$. Il faut donc sur l'accord de sixte majeure ou mineure [les autres espèces sont interdites], il faut, dis-je, dans la proposition ou la répercussion, redoubler, au lieu de la tierce, la note fondamentale ou la sixte elle-même, quand elle n'est pas la note sensible, ce qui donnera $\frac{6\ 8}{1\ 6}$ ou $\frac{6}{6}$; la quatrième partie libre peut toujours prendre la tierce avec la sixte.

160. En observant ces quatre règles et celles du contre-point double à l'octave, on pourra renverser de six manières, y compris la proposition, une fugue à trois sujets sans contre-point à la dixième; une double fugue à quatre sujets pourra être renversée de vingt-quatre manières.

Avant de composer une semblable fugue, il est très à propos d'essayer au moins trois ou quatre renversemens, pour voir si le contre-point sera partout correct et pur. Dans une fugue à trois sujets, les principaux renversemens sont les suivans; ce sont ceux qu'il faut essayer :

a	*b*	*c*
Dessus,	Basse,	Moyenne,
Moyenne,	Dessus,	Basse,
Basse,	Moyenne,	Dessus.

Dans chacun de ces trois renversemens on peut prendre, dans tel ordre que l'on juge convenable, chacun des trois sujets, et chaque partie peut entrer la première, la seconde ou la troisième. Maintenant, chacun des renversemens ci-dessus, la basse restant la même pour chacun d'eux, peut éprouver une variation dans l'arrangement des parties supérieures, ce qui donne les trois autres renversemens ci-après.

a'	*b'*	*c'*
Moyenne,	Dessus,	Basse,
Dessus,	Basse,	Moyenne,
Basse,	Moyenne,	Dessus.

Il ne faut pas faire grâce aux commençans de l'exercice que nous venons de tracer. On voit, fig. 296, *a*, *a'*; *b*, *b'*; *c*, *c'*, un exemple de ces six renversemens. Chacun des trois renversemens principaux produit des accords différens ; chaque renversement particulier donne seulement des dispositions différentes de ces mêmes accords.

161. Il n'est pas nécessaire que toutes ces *permutations* soient employées dans une double fugue. On verra, fig. 297, une double fugue à quatre parties à trois sujets, qui servira de modèle, et dans laquelle tous les renversemens que nous venons de faire connaître ne sont pas employés.

Il n'est pas non plus absolument nécessaire que les trois thèmes se suivent de mesure en mesure, comme on l'a vu dans les exemples précédens (fig. 297). On trouve dans de bons maîtres des doubles fugues, où chaque thème marche seul pendant quelque temps, et dans lesquelles, après une demi-cadence ou une cadence entière, le premier thème s'unit au second, celui-ci au troisième, et ainsi de suite.

162. Celui qui possède les fugues de Mattheson peut prendre pour modèle en ce genre, celle en *sol* mineur à trois sujets, dont nous rapportons ici les trois thèmes (fig. 298, *a*, *b*, *c*). Après avoir suivi le premier thème selon les formes de la fugue simple, pendant trente-quatre mesures, ce savant maître fait reposer ce thème sur la dominante du mode principal, c'est-à-dire en *ré* majeur. Cela fait, le second thème commence tout seul ; il produit une fugue simple à quatre parties, qui se poursuit pendant soixante mesures et se termine sur la tonique. A cet endroit, le troisième thème commence seul aussi au levé, et se développe pendant vingt-cinq mesures en fugue simple à trois parties, jusqu'aux trois der-

nières mesures ; puis il se termine à quatre parties, par une cadence parfaite en *si*♭ majeur.

Alors, l'auteur commence à lier ensemble, en *ré* mineur, le premier et le second thème, comme on le voit fig. 298, *d*; dans la septième mesure, il réunit les trois thèmes (fig. 298, *e*) ; dans la dix-neuvième, il dispose le second et le troisième thème comme on voit fig. 298, *f*. Au *N. B.*, il continue d'allier les trois thèmes, et poursuit pendant dix-sept mesures sa fugue entremêlée d'imitations. Avant de finir, il y mêle une pensée de style idéal à deux parties, avec une série de sixtes descendantes ; enfin, il termine ce morceau par une cadence générale à quatre parties.

CHAPITRE XXXIV.

Du Canon.

163. Le mot de *canon*, en musique, signifie une espèce de fugue dans laquelle doit régner l'imitation la plus sévère. Nous avons vu, chapitre XXIII, que l'imitation simple admet beaucoup de licences, tant dans les sauts que dans le progrès diatonique ; nous avons vu, chapitres XXIV et XXV, ce que c'est qu'une fugue, et quelles sont les licences qu'elle est obligée de prendre dans la répercussion ; nous savons qu'il doit régner entre le sujet et la réponse une imitation plus sévère que dans les épisodes ; mais dans le canon, soit qu'il soit à deux, à trois ou à un plus grand nombre de voix, il faut que le thème, à quelque genre de mélodie qu'il appartienne, antique ou moderne, soit imité en entier, depuis le commencement jusqu'à la fin, par les voix subordonnées, quant à l'espèce de notes, c'est-à-dire quant aux valeurs respectives, quant à la quantité des notes (1) dans les canons à

(1) *Dem Buchstaben nach ;* littéralement, quant à la lettre, parce que les Allemands nomment les notes avec les lettres de l'alphabet.

l'unisson et à l'octave, quant aux pauses et aux repos (la première entrée ou répercussion exceptée), quant aux points et ligatures, quant aux sauts ascendans ou descendans, quant aux tons et aux demi-tons, quant aux apoggiatures et ornemens, en un mot, dans toutes et dans les moindres choses.

164. [Cela posé] le canon peut être fini ou infini ; il peut être rétrograde (*cancrizans*) ; il peut, comme les fugues artificielles, être fait par augmentation, par diminution ou par l'un quelconque des renversemens ; il peut être double à quatre parties, tri-double à six, quatri-double à huit, etc. ; il peut être à la seconde, à la tierce, à la quarte, à la quinte, etc., en un mot, à tous les intervalles, non pas toutefois en même temps ; enfin il peut être de plusieurs formes, *polymorphus* [c'est-à-dire satisfaisant à plusieurs conditions]. Celui qui veut approfondir toutes ces subtilités, qui sont aujourd'hui fort peu [et l'on doit même le dire, pas assez] estimées, peut consulter la seconde partie du *Traité de la Fugue et du Contre-Point,* de Marpurg, imprimé à Berlin en 1754 (1).

165. Les canons les plus ordinaires, les plus faciles et en même temps les plus sévères, sont ceux à l'unisson et à l'octave. Ce n'est que dans ces deux espèces que les réponses peuvent se faire bien exactement, quant à l'ordre des tons et des demi-tons, quoique l'on puisse cependant obtenir la même régularité dans ceux à la quinte et à la quarte ; mais il est impossible d'y parvenir dans ceux à la seconde, à la sixte, à la septième et à la neuvième.

Rien n'est plus facile que de faire un canon à deux voix, à l'unisson ou à l'octave ; il n'est pas même nécessaire d'y em-

(1) Ce traité se trouve en entier dans le *Manuel de Musique,* où il forme la substance du IVe et du Ve livre. Il y est présenté dans une disposition beaucoup plus commode et augmenté d'un *Traité du Contre-point simple*, du même auteur, traduit de l'allemand. On peut, sur le même objet, consulter le XXIIe livre de l'ouvrage de Cerone, *El melopeo y maestro*, etc. Ces deux ouvrages renferment ce que l'on a fait de mieux sur cette matière.

ployer le contre-point double à l'octave. On écrit une pensée que l'on juge la meilleure et la plus convenable au sujet, note à note, saut par saut, etc., dans les deux voix ; mais on fait entrer la voix répondante, dans les uns une demi-mesure, dans les autres une mesure entière, et dans d'autres encore plus tard (1).

Il est indifférent, dans un canon à l'unisson ou à l'octave, que ce soit la voix supérieure ou l'inférieure qui commence ; mais l'exécution (*productio*) d'une pièce de ce genre serait mauvaise, si l'on voulait faire chanter un canon à l'unisson, par un dessus et un tenor, ou par un contralto et une basse, ou si l'on voulait faire exécuter un canon à l'octave par deux voix égales : dans les deux cas, il en résulterait un mauvais effet. Cette faute d'une fausse exécution se fait souvent pour les canons à quatre voix, qui ne sont pas faits à l'unisson, et qui ont plus d'une clef, et cela, lorsque l'on manque de voix de dessus. Par exemple, si quatre hommes,

(1) Cette description du procédé usité pour faire les canons à l'unisson ou à l'octave, pouvant présenter quelque obscurité, nous croyons devoir placer ici l'explication suivante.

Pour faire un canon à deux voix, on commence par écrire dans une des parties un trait de chant d'une, de deux, de trois ou d'un plus grand nombre de mesures. Cela fait, on écrit le même trait de chant à la suite, dans l'autre partie, à l'unisson, à la quinte, ou à tel autre intervalle que l'on se propose de faire le canon. Le trait étant ainsi transcrit dans la seconde partie, on fait au-dessus ou au-dessous, dans la première, un contre-point ou accompagnement qui s'étend jusqu'à la fin de ce trait. Cet accompagnement étant terminé, on l'écrit, dans la seconde partie, à la suite du premier trait. On fait alors, dans la première partie, sur cet accompagnement ou contre-point, un second contre-point que l'on transporte ensuite dans la deuxième partie, à la suite du premier, et ainsi de suite, jusqu'à ce que l'on juge à propos d'arrêter le canon.

Le procédé est le même, quel que soit le nombre des voix et le genre du canon, dans un grand nombre de cas. On conçoit aussi qu'au lieu d'être d'une, de deux ou trois mesures, le thème ne soit que d'une demie, d'un quart, d'un huitième de mesure, et moins encore. (*Voyez* sur ce sujet, outre les auteurs déjà cités, A. Berardi : *Documenti armonici, libro secondo.*)

avec leur voix grave, chantent ensemble un canon fermé, il en résulte qu'au lieu de l'accord parfait $\frac{5}{3}$, on entend le plus souvent un accord de $\frac{6}{4}$, et souvent même à faux, surtout quand il se présente dans la première et la dernière mesure, ou sans liaison, dans un temps fort d'une mesure quelconque. Lorsque l'on veut exécuter exactement un canon, il faut observer les clefs de la proposition.

166. On voit, fig. 299, 300 et 301, trois exemples de canon. Le premier est un canon à deux voix à l'unisson, avec accompagnement d'orgue; ce canon est fini et porte cadence parfaite, comme l'indique le *N. B.* qui est sur le premier soprano; c'est pourquoi on ne le répète pas. Le second est un canon infini de Kirnberger, à deux voix à l'unisson, ce qui est indiqué par le double signe de répétition ⁞ ⁞, qui comprend depuis la deuxième jusqu'à la dernière mesure; celle-ci ne fait pas de cadence. Le troisième est aussi un canon infini à deux voix à la quinte; cependant il a un signe de repos 𝄐, où chaque voix s'arrête après avoir répété deux ou trois fois.

167. Il est à propos de remarquer que l'on peut facilement changer un canon fini à deux voix, en un canon infini, et réciproquement. Si l'on veut que le canon soit infini, on fait le demi-signe de répétition depuis le commencement de la deuxième jusqu'à la fin de la dernière mesure; mais il faut disposer la mélodie des deux voix de manière que chacune puisse passer aisément de la dernière note de la dernière mesure, à la première note de la première mesure de l'autre partie, comme on le voit dans les deux exemples ci-dessus.

Si l'on veut que le canon soit fini, on fait de même le demi-signe de répétition, et on y ajoute une note finale dans chaque voix : ces deux notes finales peuvent être en unisson, en octave ou en tierce, comme on le voit fig. 302. Ces notes finales sont en effet les premières de la dernière mesure, celles par lesquelles, après quelques répétitions, on terminerait naturellement, quand même elles ne seraient point écrites; car on conçoit que l'on ne peut pas chanter sans cesse.

Si le canon est fait sans signe de répétition, et que l'on ne veuille pas faire cesser la première voix avant la deuxième, il faut, à cette première voix, ajouter une ligature de seconde 2 3|1||, ou une septième liée 7 6|8||, comme on peut le voir fig. 299.

168. Les canons à deux parties à la seconde, à la tierce, à la quarte, à la quinte, à la sixte, à la septième et à la neuvième sont déjà un peu plus difficiles à inventer et à composer que ceux à l'unisson et à l'octave. Quelquefois, mais rarement, il arrive que dans une mélodie capable de produire un canon, il y a plusieurs réponses cachées, surtout quand elle marche plus par degrés conjoints que par sauts. C'est ainsi que dans le premier exemple ci-dessus (fig. 299), on trouve que le canon peut être pris à la seconde supérieure, la tierce inférieure, la sixte supérieure, la septième inférieure, à l'octave inférieure et supérieure, à la neuvième et à la dixième inférieures. On peut voir toutes ces différentes manières dans la fig. 303, *a*, *b*, *c*, *d*, *e*, *e'*, *f*, *g*. Si l'on excepte la disposition à l'octave, il faudrait pour chacune de ces dispositions un accompagnement d'orgue différent du premier.

Le canon à la sixte, ceux à la septième et à l'octave, sont fondés sur le contre-point double à l'octave; celui à la dixième n'est que le renversement du contre-point simple à l'octave inférieure, c'est-à-dire du second dessus dans le tenor.

Si l'on regarde le canon à la neuvième comme un canon à la seconde supérieure, on pourra le renverser à la septième inférieure, par le moyen du contre-point double à l'octave.

169. Il n'est pas non plus difficile de faire un canon à trois voix à l'unisson. [Pour cet effet], on écrit sur des clefs égales, et pour des voix qui ne doivent pas commencer en même temps, le trio que l'on juge le plus convenable, ce que l'on nomme en latin *inventio ;* l'ayant ensuite travaillé selon les règles de la composition sévère, de la composition libre, ou

de la composition mixte, on peut en faire un canon *ouvert* ou *fermé*. On en voit un exemple, fig. 304, *a* et *b*; la première contient l'invention [ou proposition]; la seconde, le canon ouvert ou développé.

Pour l'exécution de ce canon, on n'écrit la première et la deuxième voix que jusqu'au signe *N. B.*, parce qu'à cet endroit toutes les phrases sont finies.

On voit, fig. 304, *c*, le même canon fermé.

170. Dans tous les canons ouverts (fig. 304, *b*), on écrit d'abord la partie supérieure, c'est-à-dire le chant principal; on place à la suite celle qui, dans l'invention, a fait la cadence de basse, quand même ce serait la voix moyenne, comme on le voit ici; celle-ci étant achevée, on écrit la troisième. Pour voir si toutes les transpositions sont bien justes, et pour terminer entièrement la voix inférieure, il a fallu ici répéter, dans la première partie, la première et la seconde phrase; il a suffi de répéter la première dans la voix moyenne. Comme la voix supérieure forme, ainsi que les deux autres, une mélodie continue, à l'aide des trois phrases, il arrive que le quart de soupir de la deuxième phrase se perd partout dans cette deuxième phrase, et que la demi-pause de la troisième phrase se trouve réduite à un soupir. Pour l'exécution, on copie donc chaque voix à part, et sur celle qui commence on écrit *canto primo;* sur celle qui la suit, et qui prend ici quatre pauses, on écrit *canto secondo;* sur celle qui répond en second lieu, et qui a huit pauses, on écrit *canto terzo.* Alors les chanteurs peuvent répéter le canon autant de fois qu'ils le veulent, quoiqu'il n'y ait pas le signe de répétition, et s'arrêter à la fin de l'une quelconque des phrases, lorsqu'ils le veulent. Aussi pourrait-on mettre sur la dernière note de chaque phrase un signe de terminaison en cette forme 𝄐.

171. Dans le canon fermé (fig. 304, *c*), on écrit toutes les trois voix sur une seule ligne, de manière que la première, la seconde, qui renferme la cadence de basse, et la troisième [qui fait le remplissage ou le complément de l'harmonie], étant écrites chacune en entier, fassent ensemble une suite

continue. Alors les trois chanteurs peuvent le chanter d'une même voix. L'un commence le canon, et lorsqu'il est arrivé au signe §, qui doit se mettre au-dessus de la première note de la seconde partie, le second chanteur commence; celui-ci étant encore arrivé au premier signe, le troisième commence à son tour. Chacun d'eux doit chanter le canon entier; puis ils le répètent autant de fois qu'ils le veulent; ils peuvent le finir quand il leur plaît, mais il faut qu'ils finissent tous en même temps, au signal que donne l'un d'entre eux, s'ils ne sont pas convenus du nombre de répétitions.

172. On suit le même procédé pour faire un canon à quatre ou à un plus grand nombre de voix.

Voyez, fig. 305, *a*, un canon à quatre voix fermé. Pour avoir le canon ouvert, on opère comme il suit. Après la dernière noire marquée du signe *N. B.*, dans la première voix, on écrit la première noire de la deuxième voix, en retranchant le soupir qui est au frappé; de même, en écrivant la troisième et la quatrième voix, il faut, au lieu du demi-soupir par lequel commence chacune de ces parties, écrire la dernière note de la partie précédente; et comme les voix entrent l'une après l'autre, chacune d'elles doit compter des pauses en attendant le moment où elle entre.

Pour l'exécution, on écrit chaque voix à part; les trois premières ne s'écrivent chacune que jusqu'au signe *N. B.* (fig. 305, *b*), parce que leurs quatre membres finissent en cet endroit; la partie inférieure se copie tout entière [avec les pauses qui en précèdent l'entrée], parce qu'elle ne répète aucun des membres de phrase. Au reste, on peut répéter ces sortes de canons circulaires autant de fois qu'on le désire, et l'on finira de chanter quand on voudra, tous cependant ensemble, à la fin d'un des membres indiqués par le signe 𝄐.

173. Dans le canon ouvert dont il s'agit ici (fig. 305, *b*), il faut, de la quatrième voix de l'invention, faire la troisième, parce qu'elle renferme la cadence de basse; et de la troisième il a fallu faire la quatrième, parce qu'en l'employant comme troisième voix ou troisième membre, elle aurait produit trois

fois, dans la première répercussion, l'accord défendu de quarte et sixte frappé sans préparation. Il fallait que la voix supérieure ou première phrase restât première ; que la deuxième voix ou deuxième phrase restât aussi en son rang.

Par les mêmes raisons, il faut employer le même procédé dans le canon fermé, avec cette différence qu'ici les trois phrases s'écrivent de suite et sur une seule ligne (fig. 305, *c*).

Nous donnons encore ici trois canons fermés à l'unisson : l'un à trois voix (fig. 306), le second à quatre (fig. 307), et le dernier à cinq voix (fig. 308).

174. Quand on veut que la réponse à un canon ne soit pas faite à l'unisson, mais à la quinte ou à l'octave supérieure ou inférieure, on a coutume de placer en avant du signe de mesure toutes les clefs, en rétrogradant selon l'ordre où les parties doivent se suivre, et d'indiquer, soit par ce signe §, soit par des chiffres annonçant l'intervalle auquel est fait le canon, et que l'on place au-dessus ou au-dessous des notes, celles de ces notes sur lesquelles les autres voix doivent entrer. (*Voyez,* fig. 309, un canon à trois, de Stœlzel; fig. 310, un canon à quatre voix, du même auteur; fig. 311 et 312, deux canons, l'un à trois, l'autre à quatre voix.)

Les canons où les rentrées sont indiquées par des chiffres peuvent être écrits sur une seule clef; il faut observer que les chiffres placés au-dessus de la portée indiquent les intervalles supérieurs, et ceux au-dessous les intervalles inférieurs; la même observation a lieu à l'égard du signe §.

Les intervalles indiqués par les chiffres se comptent toujours à partir de la première note de la première partie, et non de celle sur ou sous laquelle le chiffre est placé; ainsi dans l'exemple 311, aussi bien que dans le premier, le tenor reprend au chiffre 5 la partie de basse à la quinte au-dessus ; après que le tenor a répondu, le contralto entre en octave au chiffre 8. Dans l'exemple 312, le contralto entre à la quinte inférieure au chiffre 5, le tenor à l'octave inférieure au chiffre 8, et la basse à la douzième inférieure au chiffre 12.

175. En voilà assez sur les canons circulaires ou canons

chansonniers (*lieder-canonen*). Quant aux canons intrigués et contre-pointés, qui doivent toujours être ouverts et finis, et dans lesquels chaque contre-thème est un nouveau chant [déduit du thème principal] et satisfait en même temps au canon, j'avoue qu'ils ne sont pas si faciles à composer, et qu'on ne peut y parvenir que par beaucoup de recherches et d'essais. Palestrina, Fux et autres étaient fort habiles en ce genre de composition.

On voit, fig. 313, un exemple de ce genre à quatre parties, du premier auteur. On remarquera qu'à ce signe § (qui n'est point ici placé pour l'exécution, comme précédemment, mais comme renvoi), le canon finit partout, les autres mesures sont libres pour opérer la terminaison.

On voit encore, fig. 314, un canon à cinq voix, dans lequel le contre-point double a été employé jusqu'aux signes §, §§. Les deux parties inférieures chantent le premier canon, les trois autres le second.

Quelques personnes qui ne se connaissent point à la composition croient trouver un canon partout où elles entendent une imitation, et souvent il n'est question que d'un contre-point simple. On en voit, dans la strophe citée fig. 315, un exemple tiré de la *Musurgie* de Kircher.

176. Nous terminons cette exposition par quelques observations sur le canon énigmatique. Celui-ci n'emploie aucune espèce de signes, ni chiffres, ni lettres pour indiquer les quatre [et en général les diverses] parties de chant [quel qu'en soit le nombre et l'espèce, aussi bien que la loi du canon]; souvent même on n'y met pas de clef. Ainsi celui sous les yeux duquel tombe un canon de ce genre, qui, pour tout intitulé, n'a ordinairement que ces mots : canon [énigmatique] à trois ou à quatre voix, doit chercher à le résoudre par tous les intervalles possibles, soit supérieurs, soit inférieurs d'unisson, seconde, tierce, quarte, etc., jusqu'à ce qu'il trouve une solution convenable. Souvent il faut recourir au renversement, au mouvement contraire, au mouvement rétrograde et rétrograde inverse, et aux transpositions des

clefs : enfin, il faut encore essayer les pauses et demi-pauses, soupirs et demi-soupirs, l'augmentation et la diminution, etc., et tous les moyens que nous avons indiqués comme propres à varier un sujet. (*Voyez* note, art. 130, page 222.)

Le canon de M. Kirnberger : *Wir irren allesammt, nur jeder irret anders*, est un canon de ce genre.

Voyez pl. supp., fig. 109 et suivantes, divers canons de Fr. Kulhau, et *ibid.*, fig. 114, un canon de l'auteur, adressé à son illustre ami, J. Haydn.

VII.

NOTIONS COMPLÉMENTAIRES.

177. [Nous plaçons ici, sous le titre de *Notions complémentaires*, quelques objets détachés qui n'ont point une liaison intime avec ce qui précède, mais dont il est bon que l'élève prenne connaissance. Ils consistent, 1° en une instruction sur la distinction des styles ou genres de musique; 2° en quelques détails sur les voix et les divers instrumens les plus usités ou les plus connus aujourd'hui. Ce sera la matière des deux ou trois chapitres suivans qui terminent cet ouvrage.]

CHAPITRE XXXV.

Du Style d'église, de chambre et de théâtre, et de la Musique d'église avec accompagnement d'instrumens.

178. La fréquentation habituelle des églises, des concerts particuliers et du théâtre, nous apprend de quelle manière

il faut traiter chacun des trois styles ; mais, par malheur, comme de nos jours on trouve tous ces trois styles entremêlés en un seul, il faut faire voir au moins, pour l'intelligence des anciens ouvrages, comment autrefois chaque style était traité, et quelle était la destination de chaque genre de musique.

179. Les messes en latin, les graduels, les offertoires, les psaumes, les hymnes, les antiennes composées dans le style *à capella,* à quatre, à cinq voix, etc., avec ou sans orgue, dans la mesure *alla breve* ou dans celle de $\frac{4}{4}$, comme aussi dans la mesure $\frac{3}{1}$ ou $\frac{3}{2}$ (1), dans le contre-point sévère ou libre ; voilà en quoi consistait la musique d'église.

La musique de chambre consistait, comme aujourd'hui, dans des morceaux agréables, tels que les concertos de différens instrumens, les *duetto,* les *terzetto,* les *quartetto*, les ariettes italiennes accompagnées du clavecin ou d'autres instrumens; quelquefois on s'amusait encore à chanter des canons et des madrigaux.

Au théâtre appartenaient autrefois, comme aujourd'hui, les ouvertures, les récitatifs, les airs, les duo, trio, quatuor, etc., et les chœurs, tantôt gais, tantôt tristes, tantôt de demi-caractère, selon que le sujet le demandait. On se servait de tous les genres de mesure, à l'exception de la triple majeure $\frac{3}{1}$, de la triple mineure $\frac{3}{2}$ (2). On employait aussi

---

(1) La mesure $\frac{3}{1}$ emploie une ronde pour chaque temps. (*Voyez* mon *Introduction à l'Étude générale et raisonnée de la Musique*, première partie, première section, livre I, chap. II et IV.)

(2) L'auteur se trompe en ce qui concerne la mesure $\frac{3}{2}$; elle était fort usitée dans l'origine du style dramatique ; les opéras de Monteverde, ceux même de Cavalli, de Cesti, de Colonna, de Perti, et dans notre école française, ceux de Lully et de tous ses successeurs, sont remplis d'airs écrits en ce genre de mesure, qui n'a été abandonné, dans le style de théâtre, que vers le commencement du dix-huitième siècle.

les instrumens, comme aujourd'hui ; mais on n'introduisait pas les instrumens à vent dans toutes les ariettes. Ici, je pourrais dire quelque chose au sujet du rhythme musical ; mais comme ce rhythme ne doit être bien observé que dans des airs nationaux, tels que menuets, trio, allemandes, gavottes, airs, chansons, etc., je renvoie mes lecteurs au Traité de M. Riepel (1), et je dirai seulement que le rhythme musical n'est pas assujetti dans de grands morceaux, tels qu'ariettes, symphonies, trio, etc., aux formes régulières et symétriques des petites pièces, parce que la gêne qu'il impose pourrait déranger et même anéantir la plus belle pensée (2).

Ainsi pour trouver la véritable méthode de la musique d'église, qui n'a à observer le rhythme que dans les hymnes, quand ils ne sont pas en contre-point, je conseille à tous les jeunes compositeurs de choisir des pensées sérieuses, relevées, sublimes, pieuses ou gaies, selon que le texte l'exige. Il ne faut donc pas toujours composer dans des modes mineurs, comme on le fait ordinairement pour les messes des morts, les *Miserere* et les *Stabat mater*. Une grand'messe solennelle, des vêpres, un *Te Deum*, font un bon effet dans des modes majeurs et dans une mesure vive ; cependant il est quelques morceaux, comme le *Kyrie*, le *Qui tollis*, le *Dona nobis pacem*, etc., qui ne comportent pas l'*allegro*. Ce mouvement ne conviendrait pas non plus dans tous les psaumes de vêpres, ni dans la strophe *Te ergo quæsumus* du *Te Deum*. Un bon compositeur, qui entend la langue latine, doit savoir arranger sa composition suivant les paroles.

180. Enfin, il est indispensable de savoir employer les instrumens avec les voix.

(1) *Anfangsgründe zur musikalischen Setzkunst*, etc. Principes élémentaires de Composition musicale, traités, non d'après les formes mathématiques des musiciens géomètres, mais par des exemples très clairs et très intelligibles, première partie : de la *Rhythmopée*, etc. Ratisbonne, 1754.

(2) Cette simple remarque d'un maître, fait sentir l'absurdité du système qui tend à introduire dans tous les genres de composition la symétrie la plus rigoureuse.

(α). Si l'on veut ajouter aux parties de chant les violons avec des notes courantes ou sautantes, les seizièmes et les trente-deuxièmes de mesure [c'est-à-dire les doubles et les triples croches] font le meilleur effet, et si l'on donnait ces dernières aux instrumens de basse, il en résulterait un bruit confus. Pour produire de la variété, on peut broder les parties de violons en notes rapides, par mesure ou par demi-mesure. On obtient encore un bon effet, lorsque les instrumens graves et la basse continue alternent avec les violons, mis à l'unisson.

On trouve aussi des compositions où les violons vont à l'unisson avec le dessus et l'alto, tandis que la basse continue agit toujours avec des huitièmes et des seizièmes de note. Je ne conseillerais pas de faire marcher surtout le premier violon à l'octave au-dessus de l'alto, et le second violon en unisson avec le dessus, parce que les suites d'accords de sixte produiraient des quintes. Il y a encore d'autres ornemens et des traits vifs et brillans en usage pour les violons; pour se les rendre propres, il faut imiter et suivre les compositeurs les plus modernes et les plus exacts, quand on n'a pas soi-même un grand esprit d'invention.

(ϐ). On donne aux deux hautbois un chant facile, avec des noires et des croches, entremêlées de quelques doubles croches. Les symphonistes n'aiment pas à rencontrer beaucoup de notes soutenues, quoiqu'elles fassent souvent un excellent effet pendant une, deux ou trois mesures. Si dans la musique d'église, on ne veut rien faire de particulier dans les parties de ces instrumens pour remplir l'harmonie, on les fait marcher tous deux à l'unisson, plutôt avec le dessus qu'avec le violon, cette dernière méthode étant rarement praticable.

(γ). La même chose s'entend des clarinettes.

(δ). Les flûtes traversières, quand elles n'ont rien d'obligé, peuvent aller avec l'alto, mais à l'octave au-dessus, principalement dans les fugues. Dans les morceaux d'un autre genre, on leur donne volontiers un chant propre, composé tantôt de notes un peu rapides, tantôt de notes soutenues.

(ε). Les cors et les trompettes marchent volontiers dans toute leur étendue, par tierce ou par sixte; souvent la quinte se trouve sur la dominante, et l'octave sur la tonique (fig. 325).

(ζ). A ces derniers, on joint aussi les timbales, toutes les fois que l'harmonie retombe sur la tonique ou sur la dominante. Ces instrumens s'écrivent, comme on sait, sur la clef de basse, et n'ont que deux tons seulement, savoir, *ut* et *sol* en descendant en *ut* majeur ; *ré* et *la*, en *ré* majeur; *si*♭ et *fa*, en *si* majeur; *mi*♭ et *si*♭, quand elle est en *mi*♭ majeur; mais ces deux tons s'écrivent toujours par *ut* et *sol*. Or, comme ces instrumens peuvent s'employer dans quatre modes différens, il faut que le compositeur ait soin d'indiquer le mode où il veut les employer; ainsi l'on écrit *timpani* en C, ou timbales en *ut*, etc.

(η). Les bassons doivent marcher avec la contre-basse, quand ils n'ont rien d'obligé.

(θ). Le premier trombonne doit aller avec l'alto, le second avec le tenor, et le troisième, qui n'est plus guère d'usage, avec la basse du chant. Cet instrument demande plutôt des notes lentes que des notes brèves; il veut peu de notes poussées, que les trompettes seules font volontiers; il ne faut jamais lui donner un mouvement vif dans des morceaux obligés.

(ι). Le cornetto, instrument à vent assez rare, s'écrit ordinairement en unisson avec le dessus.

(κ). Les cors anglais peuvent être employés comme partie moyenne et de remplissage, ou bien marcher tous les deux avec l'alto, dans les *tutti* et les chœurs. On les emploie plus souvent dans les symphonies, ariettes, etc., où on leur donne des traits propres au chant.

Il est inutile de rapporter ici des exemples avec accompagnement d'instrumens, attendu que dans toutes les grandes villes on peut entendre et se procurer les plus beaux modèles de tous les genres de musique, faits par les meilleurs compositeurs de tous les pays (1).

CHAPITRE XXXVI.

Courte description de tous les Instrumens de musique qui sont maintenant en usage, avec leurs échelles

Instrumens à touches.

181. L'orgue a plusieurs registres [jeux] et encore plus de tuyaux; il a un, deux, trois [et même jusqu'à quatre et cinq] claviers, composés de quatre octaves; il a, de plus, un clavier de pédales qui contient treize touches longues et sept courtes. Le [jeu] fondamental est ordinairement de seize pieds; on en trouve quelquefois de trente-deux; l'orgue a encore des soufflets, des ventilles, etc.

N. B. Dans les chapelles ou petites églises, il n'y a souvent que de petits orgues portatifs, avec trois, quatre, cinq, six, ou au plus huit registres; ceux-ci n'ont qu'un clavier et point de pédale (2).

(1) Il eût été au contraire fort utile de placer ici une instruction suffisamment détaillée et soutenue d'un bon nombre d'exemples, pour compléter l'instruction en cette partie délicate. L'auteur n'ayant point jugé à propos de traiter de cet objet, nous renvoyons le lecteur à l'ouvrage qui a pour titre : *Traité général des voix et des instrumens d'orchestre, et principalement des instrumens à vent, à l'usage des compositeurs*; par Francœur, ancien chef d'orchestre de l'Académie royale de Musique. Cet ouvrage est fort méthodique, fort clair, fort sagement composé; mais comme il est devenu fort rare, on pourra consulter le *Manuel de musique*, livre V.

(2) On néglige beaucoup trop en France l'usage de l'orgue pour l'accom-

182. Le clavecin est un instrument large par-devant, du côté du clavier, long de plus de sept pieds, s'étendant en pointe. Sa carcasse est faite de bois dur, mais sa table est en bois blanc ; il est garni de cordes d'acier ou de laiton ; quelques-unes de celles de la basse sont cannetillées d'un fil d'acier très délié ; le clavier de cet instrument comprend cinq octaves. *Voyez* ses tons et ceux du forté-piano, ci-après (204).

183. Le forté-piano diffère principalement du clavecin, en ce que dans ce dernier la percussion se fait par de longues touches de bois, portant un petit tuyau de plume de corbeau, qui accroche la corde et la fait résonner, tandis que dans le forté-piano ce sont de petits marteaux de bois garnis de peaux, qui produisent à volonté le son fort ou faible, en frappant la corde.

N. B. Cet instrument et le clavecin ont souvent encore un registre appelé le *registre de luth*, ou *jeu céleste ;* mais il résonne rarement juste dans les tons élevés.

184. L'épinette (*clavicordium*) est un petit instrument qui tantôt n'a que quatre octaves d'*ut* en *ut*, comme l'orgue, et tantôt cinq octaves de *fa* en *fa*, comme le clavecin et le forté. Il est garni de cordes de la même nature que ces deux derniers ; mais étant beaucoup plus petit, ses touches de laiton ou de fer sont très courtes ; le son en est un peu faible ; il est néanmoins bon pour l'exécution.

185. Le pantalon, qui a près de quatre pieds de large,

---

pagnement. Il serait à désirer que dans le chœur de toutes les églises il y eût un petit orgue d'accompagnement ; cet instrument, soutenu de la contre-basse et du violoncelle, produirait une excellente harmonie, même sur le simple plain-chant.

Pour qu'un instrument de ce genre fût en état d'accompagner à volonté les solos, le grand et le petit chœur, il faudrait qu'il fût composé d'un bourdon, d'un prestant, d'un dessus de flûte, d'un haut-bois et d'un basson ; il n'aurait qu'un seul clavier partant du *sol* et montant au *fa*, c'est-à-dire ayant à peu près cinq octaves, avec une tirasse d'une octave et demie. (*V.* ci-après, page 274.)

garni d'un grand nombre de cordes d'acier que l'on touche avec deux petites baguettes de bois, est un instrument très beau, mais très rare.

Le tympanon est presque de la moitié plus petit et se touche de même.

186. L'harmonica. Cet instrument doit son existence au célèbre Franklin, qui en a donné les premières idées. Mademoiselle Davis le fit connaître davantage. MM. Frick, Rœllig, de Meyer, Naumann, Weis et autres l'ont ensuite porté, par leurs profondes connaissances musicales, à la perfection qu'il a aujourd'hui. Ce charmant instrument contient ordinairement trente-six et jusqu'à quarante cloches, faites dans les verreries, tout exprès pour cet usage. L'assortiment de ces cloches, leur assujettissement à une broche de fer carrée, et leur accord, sont les travaux les plus pénibles que demande la facture de cet instrument.

M. Rœllig fut le premier qui y adapta un clavier, et c'est ce qui a fait donner à cet instrument le nom d'*harmonica à clavier*. Le même M. Rœllig et M. Naumann ont aussi composé les premiers quelques morceaux, et M. Muller a fait imprimer une Méthode avec des exemples, pour apprendre à jouer de cet instrument.

187. La guitare. Il y en a de trois espèces : la guitare allemande, l'italienne et l'espagnole; chacune est traitée différemment.

188. Le théorbe ne diffère du luth que par un manche plus allongé et quelques autres bagatelles. C'est un instrument agréable et très propre pour jouer la basse continue.

189. Le luth, instrument assez grand, en forme de tortue, est garni de cordes à boyau; on le tient de la main gauche, un peu en l'air, les quatre doigts de la même main faisant le doigté; le petit doigt de la main droite sert à le tenir, et les quatre autres pincent les accords. Sur le manche de cet instrument il y a des touches de cordes à boyau pour chaque demi-ton. Chaque demi-ton, au lieu de notes, s'exprime par une lettre de l'alphabet; néanmoins on pose les notes sur

les lettres au-dessus de la sixième ligne, pour la division de la mesure. Il faut donc un papier tracé de six lignes pour noter la musique de l'instrument. On n'y marque pas de clef, mais bien le genre du mode. Les trois tons les plus bas de la basse sont indiqués par des numéros ; les quatre suivans par la lettre *a* et des barres droites. Les six lignes tracées sont pour les tons supérieurs. Ainsi dix cordes vides se nomment *a* dans le luth, quoiqu'on n'y trouve réellement que trois cordes vides (fig. 326).

Le luth est l'instrument le plus harmonieux, parce que chaque ton se trouve au moins sur trois cordes, que l'on peut toucher à volonté ; le premier groupe de cordes s'appelle *b*, le second *c*, la troisième *d*, et ainsi de suite ; mais les groupes ne font, comme on l'a déjà dit, que des demi-tons ; par exemple, si, sur la quatrième ligne d'une partie de luth, il y avait ces lettres : *a*, *b*, *c*, *d*, *e*, *f*, *g*, *h*, *i*, *k*, *l*, *m*, *n*, cela produirait à nos oreilles les demi-tons suivans d'une octave en tenor (fig. 327).

Le luth a dans le fond huit cordes de basse passablement graves, accompagnées d'une octave ; ensuite, en montant, ses cordes deviennent toujours de plus en plus fines ; elles sont destinées pour le chant. Les vingt-quatre cordes composent ensemble treize groupes ; il se joue dans tous les tons. *Voyez* fig. 336 ci-après, où au lieu de lettres on a mis des notes dans la clef de la basse et du violon ; ces notes représentent, du moins à peu près, son accord.

190. La mandore, espèce de petit luth, se joue comme cet instrument, mais s'accorde différemment. La mandore n'a que huit groupes de cordes à boyau.

N. B. Un groupe se compose de deux cordes accordées en unisson ou en octave ; le groupe le plus haut n'a plus qu'une corde, qui se nomme ici *mi* ; son accord est, conformément aux trois cordes supérieures, toujours en *mi*♭. *Voyez* ci-après, art. 204.

191. La mandoline est de deux espèces, la mandoline napolitaine et la mandoline milanaise. L'une et l'autre sont

encore plus petites que la mandore ; elles ont aussi une autre forme et un accord différent. La première n'a que quatre cordes, qui s'accordent comme le violon ; mais la seconde en a six, dont les deux premières sont couvertes et se nomment du bas en haut : *gg*, *hh*, $\overline{cc}$, $\overline{aa}$, $\overline{dd}$, $\overline{ee}$; toutes les deux emploient la clef du violon et des notes.

192. Le psaltérion, instrument ancien et rare, qui tient de la forme du clavecin ; il se joue des deux mains, en mettant aux doigts des anneaux tout plats, d'où sort un fort tuyau de plume pointu.

193. La harpe ordinaire [sans pédales] est un instrument qui maintenant ne se joue plus guère que par des musiciens de bas aloi. Mais la harpe anglaise fait encore l'amusement des gens distingués, dans leur particulier. Cette dernière a des pédales qui servent à faire des demi-tons et porte la clef du violon dans deux rangées de lignes.

194. Les timbales. Ces instrumens, qui peuvent être battus dans plusieurs tons, accompagnent ordinairement les trompettes et font un superbe effet dans une musique à grand nombre d'instrumens ; ils s'écrivent sur la clef de la basse.

Instrumens à archet.

195. Le violon (*violino*) s'écrit sur la clef de *sol* en seconde ligne. Dans les symphonies, on le divise en premier et second violon ; quelquefois aussi on admet un troisième violon, sans parler du violon principal, qui, dans un concerto, joue le *solo*. Cet instrument n'a que quatre cordes de boyau, dont la plus grosse doit être cannetillée ; on nomme ces cordes *sol, ré, la, mi*. Son accord se fait donc par quintes majeures justes, quoiqu'à proprement parler on ne dût pas l'accorder si parfaitement, à cause du tempérament inégal des orgues et des autres instrumens à touches.

196. L'alto viola, ou viole, est un instrument un peu

plus gros que le violon ; sa partie s'écrit sur la clef d'*ut* en troisième ligne. On se sert de cet instrument avec les violons, comme partie moyenne ; mais il peut outre cela faire la partie la plus haute.

N. B. Dans des morceaux anciens, on trouve quelquefois des parties de *viola seconda*, écrites sur la clef de tenor ; mais les cordes s'appelaient toujours comme aujourd'hui, en montant, *ut, sol, ré, la;* les deux plus basses sont cannetillées. La viole s'accorde également par trois quintes parfaites, mais d'une quinte plus bas que le violon.

197. La viole d'amour, instrument de chambre très agréable, est un peu plus large que la viole ; elle a au-dessus du manche sept cordes à boyau, dont les quatre ou cinq plus basses sont cannetillées ; elle en a autant au-dessous, mais on prend celles-ci d'acier ou de laiton, pour obtenir un son plus fort. Cet instrument s'accorde le plus ordinairement en *ré* majeur. Les sept cordes supérieures se nommaient *la*, *ré, la, ré, fa**, la, ré,* à raison de son étendue ; la partie de cet instrument s'écrit sur deux clefs, savoir, le clef de basse et la clef de violon. Jadis l'on employait aussi la clef d'*ut* sur la troisième ligne, mais cet usage était incommode.

198. Le violet anglais diffère de la viole d'amour, en ce qu'il n'a que six cordes, le *la* de basse étant retranché.

199. La viole de jambe (*viola di gamba*) est un instrument un peu plus petit que le violoncelle, et n'a le plus souvent que cinq cordes, qu'on nomme, en descendant, *ré, la, mi, ut, ut;* sa clef est celle du violon. C'est encore un de ces instrumens de chambre entièrement hors d'usage.

200. Le violoncelle a la clef de la basse, quand il ne fait qu'accompagner les autres parties ; mais quand on veut jouer un solo ou un concerto sur cet instrument, il peut avoir aussi, dans les parties hautes, la clef de tenor, qui se pose également sur la quatrième ligne, une quinte plus haut que celle de la basse. Un virtuose habile joue toutes les cinq parties, l'alto, le soprano et le violon ordinaire ; mais ce dernier doit être joué, dans des morceaux modernes, le plus

souvent d'une octave plus bas. En considérant les cordes en montant, on les appelle *ut, sol, ré, la;* les premières ou les plus basses sont cannetillées ; ces quatre cordes sont d'une octave plus basses que celles de la haute-contre du violon (viole ou alto-viola).

201. Le dessus de basse (*baritono*), instrument de chambre très agréable, et presque égal en grosseur à la viole de jambe, mais la table en est plus large ; il a sept cordes à boyau ; au-dessous du manche il a plusieurs autres cordes de laiton que l'on pince du pouce. Le manche contient neuf touches, qui marquent autant de demi-tons.

202. [La contre-basse est le plus grave des instrumens d'archet. Il y en a de deux sortes, celle à trois cordes et celle à quatre cordes. Celle à trois cordes en avait originairement quatre accordées par quintes du grave à l'aigu, *ut, sol, ré, la,* à l'octave au-dessous du violoncelle ; mais comme on a supprimé la plus grave, il n'est resté que les trois autres, *sol, ré, la,* qui constituent la contre-basse à trois cordes, la plus usitée en France et en Italie.

La contre-basse à quatre cordes, très usitée en Allemagne, s'accorde par quartes du grave à l'aigu, en cet ordre, *mi, la, ré, sol ;* le *mi* étant à la tierce, au-dessous du *sol* grave de la contre-basse à trois cordes.]

Instrumens à vent.

203. La flûte traversière est un instrument très usité et propre à tous les genres de musique ; sa clef est celle de *sol* sur la deuxième ligne ; il va du *ré* au-dessous de la portée jusqu'au *sol* à trois barres. Pour faire connaître au lecteur ce que j'entends par les mots *à une barre, à deux barres,* etc. (1),

---

(1) Ces mots de *barres* équivalent à ce que nous nommons en français *première*, *deuxième*, *troisième octave*, etc.

Ces octaves marchent comme il suit :

je placerai (fig. 329), le tableau en montant de tous les tons qui sont possibles, et je les marquerai avec les lettres et les petites barres, suivant la manière des facteurs d'instrumens et d'orgues.

La flûte traversière a tous les tons portés sur la clef du violon, excepté l'*ut* et l'*ut** graves ; on écrit pour cet instrument sur cette clef.

Il y a encore une espèce de flûte pastorale qui reçoit l'intonation par le bec, qui est plus courte que la précédente et a aussi moins d'étendue ; mais comme elle est peu propre à l'harmonie, elle ne sert presque plus.

204. Le hautbois, instrument propre à tous les genres de musique, s'écrit aussi sur la clef du violon ; il reçoit son intonation par un petit tuyau qu'on y adapte par-devant et que l'on nomme *anche ;* il va depuis l'*ut* à une barre jusqu'au *ré* à trois barres ; il n'y a que l'*ut** ou à une barre qui soit difficile à former. Le *sol** à une barre, ou *la*♭, est également difficile à jouer dans les traits rapides, quand il est entremêlé de tons non diatoniques (fig. 330).

On n'aime pas non plus à jouer l'*ut* à deux barres répété avec le *si*♭ à une barre, ni le *fa* à deux barres avec le *mi* qui

---

1re, comprenant les tons rendus par les tuyaux de	32 p. à	16 p.	
2e	16	8	
3e	8	4	
4e	4	2	
5e	2	1	
6e	1		6 pouc.
7e	6 pouc. à	3	
8e	3	1	6 l.

Le tuyau de 8 pieds est à l'unisson de l'*ut* grave du violoncelle ; l'étendue ordinaire des voix va depuis le *sol* de la troisième octave jusqu'à celui de la sixième octave ; les voix très graves donnent l'*ut* de 8 pieds, les voix très aiguës l'*ut* de 6 pouces ; c'est dans cet espace, comprenant quatre octaves, que se fait généralement tout le travail harmonique : tout ce qui se passe au-delà n'est censé que redoublement et renforcement des parties régulières.

est à côté, parce que ces sortes de passages forment une fourche (fig. 330).

205. Le cor anglais est un instrument de bois un peu plus grand que le hautbois. Son intonation se fait également par une anche ; on lui donne aussi la clef du violon, mais il est généralement une quinte plus bas que ce dernier instrument ; il faut donc que le compositeur arrange son morceau en conséquence. Par exemple, s'il veut composer en *ut*, il faut qu'il écrive en *sol* majeur avec *fa*✻ ; mais si son morceau est en *fa* majeur, il faut qu'il mette ses cors en *ut* majeur. Si le compositeur compose en *si*♭ majeur, il suffit de mettre à la clef un *b*; par conséquent cet instrument a dans les modes en bémol un ♭ de moins, et dans les modes par dièze un ✻ de plus que les autres instrumens.

206. La clarinette ressemble presque au hautbois pour la forme, mais ses sons se rapprochent plus de la voix humaine. La clarinette se termine par une ouverture plus large que celle du hautbois; elle a beaucoup plus d'étendue que la plupart des instrumens à vent. Elle est garnie de plusieurs clefs, et elle descend jusqu'au *mi* de la basse. Son ton le plus haut est l'*ut* à quatre barres; mais il ne faut employer ce ton, ainsi que toute l'octave à trois barres, que pour jouer des concerto. On se sert volontiers de la clarinette par couple, comme on fait pour les cors. La musique pour clarinette se fait toujours en *ut* ou en *fa* majeur; par ce moyen, on conserve à cet instrument ses meilleurs tons ; il a cela de commun avec les cors, que par le moyen d'un corps de rechange, on peut l'accorder dans tous les modes possibles ; ses modes principaux sont toujours ceux d'*ut* et de *fa*.

On peut aussi employer pour la clarinette les autres modes que l'on voit fig. 331, *a'*, *b'*, etc.

Tous ces différens modes peuvent être accompagnés avec des clarinettes en *sol*, *la*, *si*♭, *si*♮, *ut* et *ré*; ceux pourtant qui proviennent de la clarinette en *sol* et en *ré* sont les plus difficiles.

207. Le cor de basset (*corno di bassetto*). Cet instrument

est très utile; c'est le plus riche de tous les instrumens à vent; il ne diffère de la clarinette, qu'en ce qu'il est recourbé et qu'il descend d'une tierce plus bas. Il n'avait autrefois que l'*ut* grave [de 4 p.]; il eut ensuite le *si*♭, puis après les deux demi-tons; mais MM. Antoine et Jean Stadler, musiciens de la chapelle de l'empereur d'Autriche, y ont fait ajouter l'*ut*✻, le *ré* et le *ré*✻ de la basse, qui est de leur invention, et par ce moyen cet instrument marche selon l'ordre accoutumé dans les quatre octaves entières. Quoiqu'il suive aussi la clef du violon, ses tons sont néanmoins de quatre ou cinq tons entiers plus bas que celui du violon. Le mode principal de *fa* est plus ancien et plus usité que celui de *sol*; l'un et l'autre s'écrivent en *ut* (fig. 332).

L'échelle de ces deux modes principaux ordinaires, pour toutes les quatre octaves, se trouvera ci-après (fig. 347); mais à l'oreille elles font quatre octaves de *fa* ou de *sol*.

N. B. On a aussi des cors de basset bas en *mi*, *mi*♭ et *ré* majeur, mais qui sont difficiles à jouer, à cause de leur grosseur. Au reste, toutes les règles rapportées ci-dessus pour les clarinettes s'appliquent aussi aux cors de basset, par rapport au toucher. Il faut encore remarquer que dans les passages bas, le second ou le troisième cor de basset a plus ordinairement la clef de la basse (fig. 332, *c*).

Mais pour la seconde clarinette, on met les passages bas sur la clef du violon une octave plus haut, et l'on écrit dessus : *chalumeaux*. D'après cela, le son en est aussi bas que l'on voit (fig. 332, *d*).

208. Le basson, instrument très connu, est fait de bois dur, percé de trous et garni de clefs; on peut s'en servir partout; il remplit le milieu entre le violon et le violoncelle, dans une musique à grande harmonie, et donne plus de force à la basse; l'anche dans laquelle on souffle se met dans un arc de laiton qu'on appelle *S*. Cet instrument a la clef de la basse, et rend le ton de basse naturel du tuyau de 8 pieds.

N. B. Il y a aussi un contre-basson qui est d'une octave plus bas, et qui rend par conséquent complètement le ton à

16 pieds ; mais on ne s'en sert que dans les musiques des régimens, pour renforcer le basson ordinaire ; ce que l'on indique en écrivant sur la partie ces mots : *all' unisono*.

209. Le cor (*corno*) ; on ne s'en sert ordinairement que par couple, *corno primo* et *corno secondo*. Cet instrument se fait en laiton, quelquefois en argent ; il est de forme circulaire, l'embouchure est la même que celle du trombonne et de la trompette ; on souffle dedans au moyen d'un bocal fait de même métal que l'instrument. Les parties de cors s'écrivent aussi sur la clef du violon ; mais il n'y a que les cors en *ut* haut qui s'accordent avec le violon, tous les autres sont plus bas. On peut donner la clef de la basse au second cor, dans les tons bas de l'échelle, quand ces tons durent un peu longtemps ; mais on doit réserver pour un joueur de la première force les tons plus hauts que l'*ut* à trois barres en montant. Ordinairement, on ne doit pas, pour les chanteurs et instrumentistes, composer au-dessus de la septième ligne. Au reste, comme la partie des cors est toujours écrite au naturel, c'est-à-dire en *ut* majeur, il est nécessaire d'indiquer au-dessus de la partie le mode où ils doivent jouer. Par exemple, *corni bassi* en B ou en *si*♭, *corni bassi* en C [ou en *ut*], *corni* en D [ou en *ré*], *corni* en E*b* ou E*s* [ou en *mi*♭], mais non *dis* [ou *ré*✻], *corni* en F [ou en *fa*], *corni* en G [ou en *sol*], *corni* en A [ou en *la*], *corni alti* en B [ou en *si*♭], *corni alti* en C.

210. Les trombonnes sont de trois sortes : les trombonnes basse, tenor et alto.

211. La trompette ne se joue qu'en *la*, *si*, *ut*, *ré* et *mi*♭, *mi*, *fa* et *sol* majeurs ; ses parties s'écrivent aussi sur la clef du violon, mais elles se notent toujours au naturel, c'est-à-dire en *ut* majeur, et par conséquent le mode doit être indiqué au-dessus de la portée. On emploie les trompettes au moins par couple dans une musique complète, et on les désigne par *clarino primo*, *clarino secondo*, ou première et deuxième trompette ; mais si l'on veut employer quatre trompettes, comme cela se fait dans les mar-

ches, on donne à la troisième trompette le nom de *principale*, et à la quatrième celui de *toccato*. On marque encore ces deux dernières du nom de *tromba prima* et *tromba seconda*. Dans la musique d'église, elles ont la clef de l'alto au lieu de celle du violon. On donne aux *clarini* ou clairons un chant brillant, le plus souvent en tierce dans le haut, depuis l'*ut* à deux barres jusqu'à l'*ut* à trois barres; la quinte *ré*/*sol* et ensuite *mi*/*ut* entre les cinq lignes, en font volontiers la cadence. Quand la musique passe d'*ut* majeur en *fa* majeur, on leur donne volontiers la quinte redoublée en octave *ut*/*ut*, et la quinte redoublée *mi*/*mi*, quand elle passe en A mineur. La *tromba prima* n'a le plus souvent que *mi* et *sol* entre les cinq lignes, quand les trompettes sont dans le haut; et la *tromba seconda* prend volontiers l'*ut* et le *sol* alternativement au-dessous des cinq lignes, et marche ainsi en octave avec les timbales.

N. B. Le *fa* à une barre, le *fa** et le *la* ne doivent jamais être employés pour la trompette, comme notes initiales, mais seulement comme notes de passage, parce que ces trois tons ne sont pas justes.

Diapason des divers instrumens.

212. On voit, fig. 333 et suivantes, le diapason des divers instrumens, sur lequel nous placerons ici quelques observations relatives à chacun d'eux.

Figure 333, diapason de l'orgue.

Quand l'orgue a sa première octave de basse incomplète, et qu'il n'a ni *ut**, ni *ré**, le *fa** de cette octave a sa touche contre celle du *ré*, et le *sol** la sienne contre celle du *mi* [selon les procédés de l'ancienne facture].

Figure 334, celui du clavecin ou forté-piano.

Figure 335, celui de l'harmonica.

Figure 336, celui du luth.

La première octave (fig. 336, *a*) s'accorde selon le mode. Les six groupes suivans restent toujours les mêmes, parce que les touches donnent tous les demi-tons possibles.

Figure 337, pour la mandore.

Les quatre cordes, fig. 337, *a*, s'accordent selon le mode; les quatre autres, fig. 337, *b*, restent les mêmes.

Figure 338, pour la harpe.

Les dièzes et les bémols se font avec des pédales.

Figure 339, pour le violon. Les *N. B.* indiquent les cordes à vide.

Cet instrument a tous les tons dièzes et bémols (339, *b*, *c*).

Figure 340, pour l'alto-viola.

Cet instrument a de même les dièzes et les bémols.

Figure 341, pour la viole d'amour.

—— 341, *a*, première échelle.

—— 341, *b*, seconde échelle.

—— 341, *c*, échelle de comparaison.

—— 342, pour le violoncelle.

Cet instrument a aussi tous les demi-tons.

Figure 343, pour le baryton.

—— 343, *a*, accord du baryton dans les cordes supérieures.

—— 343, *b*, accord des cordes graves selon l'ancienne manière.

D'après la manière dont l'a arrangé M. André Lidl, cet instrument, en partant du *mi* grave, a quatorze tons et six demi-tons.

Figure 344, pour la contre-basse.

—— 345, pour le hautbois.

La même échelle, prise une quinte plus bas, sert pour le cor anglais.

Figure 346, pour la clarinette.

Cet instrument procède chromatiquement par tous les bémols.

Figure 347, pour le basset-horn.
—— 348, pour le basson.
—— 349, pour le cor de chasse.
—— 349, *a*, premier cor.
—— 349, *b*, deuxième cor.

Le mode d'*ut* reste toujours mode principal ; on n'emploie de dièzes et de bémols que pour les virtuoses, à l'exception du *si*♭ du milieu de la portée et du *fa*✱ d'en haut ; dans la pleine harmonie, on n'emploie que les tons de trompette [les tons ouverts].

Figure 350, pour les trombonnes.
—— 350, *a*, trombonne basse.
—— 350, *b*, ———— tenor.
—— 350, *c*, ———— alto.
—— 351, pour la trompette

Observations diverses.

213. Parmi les instrumens à vent, aujourd'hui en usage, il en est dont l'auteur ne fait point mention parce qu'ils sont peu usités en Allemagne, mais qui sont néanmoins dignes d'attention, autant par l'usage dont ils sont en d'autres endroits, que par l'utilité dont ils sont susceptibles. Je veux parler du serpent et de ses différentes espèces, telles que le serpent ordinaire, le serpent à clef, l'ophicléïde, etc. Ce genre d'instrumens, autrefois très employé en France, dans la musique militaire, a cessé de l'être depuis l'invention du contre-basson ; mais il est encore très usité à l'église, où il pourrait être de la plus grande utilité s'il était employé convenablement. Par malheur, la classe d'artistes à laquelle il est confié se compose, à peu d'exceptions près, de gens sans instruction et sans goût, qui l'ont presque entièrement discrédité par le mauvais usage qu'ils en font. Mais lorsqu'il est placé entre les mains d'hommes de talent, tels que MM. Hermenge,

Péters, Bécherias, Lebrun et autres justement estimés, on reconnaît qu'aucun instrument n'est réellement plus convenable pour soutenir les voix, avec lesquelles il s'allie parfaitement, et pour renforcer la partie grave dans l'accompagnement et l'exécution de la basse continue.

114. Depuis la rédaction de ce traité, plusieurs instrumens ont reçu des perfectionnemens notables : telle est par exemple la trompette qui, par l'addition de plusieurs clefs, est devenue susceptible de jouer dans divers tons, et d'exécuter une foule de traits qu'elle ne pouvait entreprendre précédemment. Cette nouvelle faculté, que cet instrument a acquise, a donné naissance à un nouveau genre de musique où il remplit les parties supérieures, tandis que les cors et les trombonnes remplissent les parties graves et les parties moyennes. On consultera, sur cet objet, les méthodes faites pour ces instrumens.

L'orgue a également reçu des perfectionnemens très importans. Sans parler de la faculté de renfler les sons qu'il ne possède que d'une manière encore assez incomplète, les facteurs anglais ont depuis quelques années réussi à améliorer singulièrement la qualité des sons de cet instrument. On peut voir chez M. Érard, si célèbre par la facture du piano et de la harpe, des orgues construits selon ce nouveau système. On peut voir aussi dans le chœur de l'église de Saint-Étienne-du-Mont, à Paris, un de ces orgues construit par M. Abbey, très habile facteur anglais, et qui y a été placé par les soins de M. Ad. Lafasge, maître de chapelle de cette église. C'est un exemple que toutes les autres devront, selon nous, s'empresser d'imiter.

APPENDICE.

SYSTÈME

DES VOIX HUMAINES,

PAR M. CHORON.

La classification des voix, c'est-à-dire leur distribution en genres et en espèces, et leur dénomination établie d'après cette distribution, est un des points les plus épineux de la théorie de la Musique. On ne trouve point ici de ces caractères distinctifs et tranchés qui peuvent servir de base à une opération de ce genre. Chacune des qualités des voix est susceptible d'une graduation dont les termes sont extrêmement rapprochés; de sorte que, sous quelque rapport qu'on les envisage, il devient on ne peut plus difficile d'établir entre elles des points de démarcation. Cependant, de même que, dans certaines professions, on a établi dans les facultés physiques des individus des limites pour l'aptitude à telles ou telles fonctions, de même, dans la composition musicale, on a établi entre les voix certaines limites pour être propres à l'exécution de telle ou telle partie de l'harmonie. Nous croyons faire une chose utile, d'exposer ici succinctement les principes d'après lesquels il a été possible ou convenable de régler cette détermination.

La classification des voix se fait par genres et par espèces.

La division en genres s'opère par la considération du sexe des individus : il y a donc deux genres de voix ; les voix masculines et les voix féminines.

Les voix masculines ou viriles sont celles des hommes

après la mue; les voix féminines ou puériles sont celles des femmes et celles des jeunes garçons avant la mue. Les voix masculines se nomment génériquement *tailles*, et les voix féminines *dessus*.

La division des genres en espèces se fait d'après la considération combinée du diapason et du corps de la voix.

Le diapason de la voix est l'espace qu'elle occupe dans l'étendue générale des tons. Le corps, qu'il est difficile de définir, paraît être une conséquence du volume ou de la masse des cordes vocales : de même que le corps du son rendu par une corde ou un tuyau dépend du diamètre de ce tuyau ou de cette corde. Un son, pour être bien conditionné, doit être d'un volume ou corps proportionné à sa gravité; de même que tout individu doit être d'une corpulence proportionnée à sa taille.

Cela posé, les voix, quant à l'étendue, se divisent d'abord en voix simples et en voix composées : les voix simples sont celles qui ont l'étendue ordinaire d'une voix, c'est-à-dire celles d'une portée de musique sans ligne additionnelle, ce qui comprend dix à douze sons diatoniques ; les voix composées sont celles qui réunissent l'étendue de deux ou plusieurs voix simples, contiguës.

Pour indiquer clairement le nombre de voix simples existantes en chacun des deux genres de voix, nous ajouterons hypothétiquement aux sept clefs connues, deux autres clefs : l'une de *fa* cinquième ligne au-dessous, et l'autre de *sol* première ligne au-dessus de ces sept clefs. Ceci admis, il faut savoir que les cinq premières clefs, en partant de la plus grave, appartiennent à autant de voix masculines simples, *A*, *B*, *C*, *D*, *E*, et qu'à l'inverse les cinq premières clefs, en partant de la plus aiguë, indiquent autant de voix féminines simples, *a*, *b*, *c*, *d*, *e*.

Maintenant, en chaque genre, les trois voix médiaires sont les voix ordinaires, et les deux extrêmes les voix extraordinaires, parce qu'elles se rencontrent moins fréquemment que les autres. Les trois voix ordinaires se distinguent en basse, moyenne et haute; les voix extraordinaires se désignent par l'épithète de *contre* ajoutée à la qualification de la voix ordinaire qu'elles excèdent, l'une au grave, l'autre à l'aigu.

On aura donc en chaque genre, les *voix simples* ci-après :

1° Voix masculines : tailles; *voix ordinaires*.

(*B*) *Basse-taille :* clef de *fa* quatrième ligne, étendue du *fa* et *sol* au-dessous de cette clef jusqu'au *si* et à l'*ut* au-dessus.

(*C*) *Moyenne-taille,* autrement appelée *baryton* ou *concordant;* clef de *fa* troisième ligne, étendue de *la*, *si*, au-dessous de la clef jusqu'à *ré* et *mi* au-dessus: c'est le diapason ordinaire des voix masculines.

(*D*) *Haute-taille,* ou taille proprement dite, autrement appelée *tenor,* parce que, dans le contre-point elle *tient* le sujet ou chant principal; clef d'*ut* quatrième ligne, étendue d'*ut* et *ré* au-dessous de la clef, à *fa* et *sol* au-dessus.

——————————— *Voix extraordinaires.*

(*A*) *Contre-basse-taille,* ou, par abréviation, *basse-contre,* s'écrit sur la clef de *basse-taille,* voix dont elle est employée à renforcer les sons graves. Étendue, de *ré* et *mi* au-dessous de la portée à *sol* et *la* au-dessus de la clef.

(*E*) *Contre-haute-taille,* ou, par abréviation, *haute-contre,* sorte de tenor très élevé, montant facilement au *la* et au *si;* genre de voix qui n'est pas rare en certains cantons de France, et par cette raison, très usitée précédemment en France : s'écrit sur la clef d'*ut* troisième ligne.

2°. Voix féminines : dessus; *voix ordinaires*.

(*b*) *Bas-dessus :* confondu souvent avec le *contre-alto,* a pour véritable clef celle d'*ut* deuxième ligne. Son étendue est du *sol* et du *la* au-dessous de cette clef jusqu'à l'*ut* et au *ré* à l'octave au-dessus : on l'écrit sur la clef d'*ut* troisième ligne. Genre de voix très commun chez les jeunes garçons, surtout dans les campagnes.

(*c*) *Moyen-dessus* ou *second-dessus,* mal à propos nommé *bas-dessus :* clef d'*ut* première ligne, étendue du *si* et de l'*ut* de cette clef au *mi* et au *fa* au-dessus de la portée. C'est la voix ordinaire des femmes, à qui le passage du *mi* au *fa* coûte singulièrement : ce passage est ce que les Italiens nomment *il ponticello*.

(*d*) *Haut-dessus, premier-dessus*, ou *dessus* proprement dit; sa clef est celle de *sol* deuxième ligne, selon l'usage actuel de France et d'Allemagne. En Italie, on l'écrit encore sur la clef d'*ut* première ligne, ce qui est fort incommode. Étendue du *ré* et du *mi* au-dessous de la clef, au *sol* et *la* au-dessus.

——————————————— *Voix extraordinaires.*

(*a*) *Contre-bas-dessus*. C'est le véritable *contralto*, la *contre-basse* des voix féminines. Voix très rare, que l'on remplace par le *bas-dessus*, dont il doit lui-même réunir l'étendue. Sa clef et son étendue sont les mêmes que celles de la *haute-contre*, dont il ne diffère que par le timbre, qui est viril chez la *haute-contre*, et féminin dans le *contralto*.

(*e*) *Contre-haut-dessus*, ou *contre-dessus*. C'est un *premier-dessus* qui monte sans limites.

Quant aux voix composées, on en aura, en chaque genre, autant d'espèces que l'on pourra former d'alliages deux à deux, trois à trois, quatre à quatre, etc., des voix simples contiguës. Ainsi, en les désignant, pour abréger, par les lettres qui s'y rapportent, on aura pour voix masculines doubles ou de deux diapasons simples, les voix *AB*, *BC*, *CD*, *DE*, c'est-à-dire les voix de basse-contre et basse-taille, de basse-taille et baryton, de baryton et taille, de taille et haute-contre.

Pour voix triples ou de trois diapasons, les voix *ABC*, *BCD*, *CDE*. (*Voyez* le tableau.)

Pour voix quadruples ou de quatre diapasons, les voix *ABCD*, *BCDE*.

Et, enfin, la voix quintuple ou de cinq diapasons *ABCDE*.

Et de même pour les voix de femmes : ce qui donne en tout quinze espèces de voix, tant simples que composées, pour chaque genre.

On pourra quelquefois être embarrassé de savoir à quelle espèce simple on devra rapporter une voix composée. On se réglera d'après la considération du corps de la voix. Toute voix composée doit être rapportée à l'espèce de voix simple dont elle possède le corps. La même observation s'applique aux voix incomplètes, c'est-à-dire celles qui n'ont même pas l'étendue d'une voix simple.

Il faut remarquer que, d'un genre à l'autre, les voix de même rang sont à l'octave l'une de l'autre, c'est-à-dire la basse-contre (*A*) du contralto (*a*); la basse-taille (*B*) du bas-dessus (*b*), etc. Cependant, si on entend ces voix ensemble, on les croira à l'unisson. Par suite de cette illusion, lorsque deux voix de genre différent sont à l'unisson, la voix masculine paraît au-dessus de la voix féminine. Il faut de l'habitude pour discerner leurs véritables rapports.

Tels sont, autant que nous pouvons le croire, les principes qu'il convient de suivre en cette partie : principes dont l'oubli a occasioné beaucoup d'incertitudes et a même entraîné, ainsi que nous en avons été souvent témoins, des professeurs, d'ailleurs très recommandables, dans des erreurs très graves et très préjudiciables au succès de l'enseignement.

Pour toutes les autres observations relatives à cet objet, et pour tout ce qui regarde la doctrine des voix en général, nous invitons le lecteur à consulter notre *Exposition raisonnée des Principes fondamentaux de la Musique*, ou notre *Méthode de Chant*, dont nous avons extrait, par abrégé, cette théorie sommaire des voix.

FIN.

www.ingramcontent.com/pod-product-compliance
Ingram Content Group UK Ltd.
Pitfield, Milton Keynes, MK11 3LW, UK
UKHW020236180726
13839UKWH00001B/15